I0826650

# LA POLICE

## DÉVOILÉE.

---

II.

SAINT-DENIS.
IMPRIMERIE DE ÇONSTANT-CHANTPIE,
Rue de Paris, n° 8.

# LA POLICE

## DÉVOILÉE,

## DEPUIS LA RESTAURATION,

ET NOTAMMENT

SOUS MESSIEURS

# FRANCHET ET DELAVAU,

PAR M. FROMENT,

EX-CHEF DE BRIGADE DU CABINET PARTICULIER DU PRÉFET.

TOME DEUXIÈME.

Paris.

LEMONNIER, ÉDITEUR,

RUE DE LA BIBLIOTHÈQUE, N° 17, PRÈS LA RUE SAINT-HONORÉ.

LEVAVASSEUR, LIBRAIRE, PALAIS-ROYAL.

1829.

# AVIS DE L'ÉDITEUR.

Le premier volume *de la Police dévoilée* a obtenu quelque succès, grâce à la vérité et à l'authenticité des faits qui le composent.

Ce qui est digne de remarque, c'est qu'il n'a été l'objet d'aucune réclamation. Nous avons seulement éveillé des petites haines, des petites passions.

Certains individus, qui se sont trouvés démasqués et peints sous les couleurs convenables, ont montré de la colère. Ils ont trouvé très-extraordinaire qu'on osât parler d'eux, comme s'ils étaient des *fétiches* que l'on dût endurer.

Est-ce donc notre faute, à nous, s'ils ont prêté le flanc à la critique?

Leur inviolabilité ne nous était pas connue. Elle n'avait point encore été annoncée officiellement. Nous avons cru que nous pouvions, en observant toujours les convenances, et sans y mettre d'aigreur ni d'amertume, redresser les torts qu'on pouvait leur reprocher; et ils se sont fâchés.

C'est ainsi que M. Dugué, jadis officier de paix, et maintenant commissaire de police de *seconde classe*, étant accompagné des agens sous ses ordres, a cru devoir apostropher publiquement, dans le Louvre, l'auteur et l'éditeur de cet ouvrage, parce que son nom, et quelques-uns de ses faits et gestes y sont consignés.

Il eût peut-être voulu, le sieur Dugué, qu'ils lui répondissent sur le même ton, afin d'avoir un prétexte pour verbaliser et dire qu'on l'avait insulté dans l'exercice de ses fonctions.

Car messieurs les commissaires de police de seconde classe sont des fonctionnaires *péripatéticiens*, dans un état d'exercice perpétuel et permanent.

Le sieur Dugué a été déçu de ses espérances, et sa provocation s'est perdue en fumée.

D'autres agens de police se sont rendus les échos de quelques mécontens, et ils ont répandu le bruit que l'auteur et l'éditeur s'étaient transportés chez diverses personnes pour transiger avec elles, et demander des sommes assez fortes, afin de ne pas insérer dans *la Police dévoilée* des articles qui les concernaient. Ces discours, ces propos, ces bavardages sont aussi faux que calomnieux. Il n'y a eu aucuns changemens dans la rédaction du manuscrit.

Bien loin d'altérer la vérité, on y ajoute de nouveaux articles communiqués par des victimes de la police Franchet et Delavau.

Des agens de la police actuelle, qui avaient appartenu à l'ancienne, se sont permis quelques propos dans les rues, en rencontrant l'auteur. Il n'a fait aucune attention à leurs bourdonnemens; et pour toute réponse nous leur dirons :

« Eh! Messieurs, au lieu de murmurer parce » qu'on vous fait de justes observations, rem» plissez vos devoirs, vos fonctions avec zèle, » exactitude et probité. Soyez dignes de la con» fiance de votre chef.

» Conformez-vous strictement à ses intentions. » Ne mettez point vos pensées à la place des » siennes, et vous serez dignes de la bienveillance » dont il vous honore.

» Vous ne craindrez plus alors qu'on vous » blâme, et notre silence fera votre éloge. »

Nous espérons que le second volume *de la Police dévoilée* obtiendra l'accueil qu'on a fait au premier.

Le troisième paraîtra très-promptement, et complettera le tableau que nous avons commencé.

On y trouvera la clé de divers événemens dont jusqu'à ce jour on n'a pas encore connu les moteurs ni les causes.

Le voile tombera tout-à-fait, et nous pensons que nous aurons rempli la tâche que nous nous sommes imposée.

# LA POLICE

SOUS MESSIEURS

# FRANCHET ET DELAVAU.

## LA PRÉFECTURE DE POLICE

**Et ses Succursales, sous MM. Delavau et Compagnie.**

Lorsque M. Delavau fut nommé à la préfecture de police, on pouvait penser que ce magistrat, qui avait été membre de la Cour royale de Paris, qui avait même présidé dans plusieurs circonstances importances, apporterait dans l'exercice de ses nouvelles fonctions de préfet de police, cette impartialité, cet amour de l'humanité, de la justice et des lois, qui, de toute éternité, ont caractérisé la jurisprudence française.

On fut bientôt détrompé. M. Delavau avait été élevé par une de ses tantes, qui n'avait fait de son neveu qu'un homme méticuleux, enveloppé de scrupules, défiant, jaloux de son autorité, s'imaginant toujours qu'on voulait la lui ravir, et semant adroitement la haine et la discorde au milieu de ceux qui l'entouraient, afin de mieux assurer sa puissance.

La préfecture de police ne fut donc qu'un atelier d'intrigues et de cabales, et on ne dut l'employer, cette police, que sous le *bon plaisir* du parti dominant et pour servir ses vues, ses projets, ses haines, ses vengeances, ses vues, ses désirs et sa passion.

Qu'allaient donc devenir ceux qui n'étaient pas membres de la sainte ligue ou ses amis? Ils étaient destinés à être ses victimes, et pour y réussir, on organisa les bureaux de la préfecture. La police visible fut confiée à des hommes dévoués et sur lesquels on pouvait compter. Mais il fallait encore avoir d'autres moyens de persécution pour arrêter les projets, vrais ou faux, des ennemis de la religion, des mœurs, du roi et du gouvernement; on organisa une police occulte, secrète, inquisitoriale, en succursales de la préfecture de police, et chaque arrondissement de Paris eut une de ces sous-préfectures, sous les ordres de chefs habiles et intelligens.

M. le comte de Sallabéry, beau-père de M. Delavau, membre de la chambre des députés, eut la haute-main pour l'organisation et l'établissement de la police, tant à la préfecture que dans les diverses parties de la capitale, et s'il soigna le tronc, il eut soin des rameaux, afin de leur donner une direction convenable. M. le chevalier de Bordet, recommandable par son dévouement, par ses lumières et par une grande conformité d'opinions avec celles du comte de Sallabéry, dont il était l'ami, ainsi que celui de M. Delavau, se chargea gratuitement de la direction d'une partie de la police secrète.

Les bureaux de M. le chevalier de Bordet furent établis rue du Dragon, n° 32; les agens étaient les nommés Froment, brigadier, Louis, George, Ronquetty, Castillon, Estre, Lemarrier, Guenay, Lahaye, Genestey, Marre, Quiret et Lavigne.

Il fut arrêté que Froment se rendrait tous les matins à 8 heures à l'hôtel du bon La Fontaine, rue de Grenelle-Saint-Germain, où logeaient MM. de Sallabéry et de Bordet, et qu'il remettrait à ce dernier un rapport général des opérations de la veille.

La deuxième sous-préfecture était établie rue Poupée, n° 16, sous la direction de M. Bordet, qui avait Corbiau, brigadier, Meunier, Félix, Roux et Desportes, pour agens. Il est aujourd'hui employé au bureau des archives de la préfecture de la police.

La troisième sous-préfecture était rue de l'Hirondelle, n° 1, sous la direction de M. Delaneuville, aujourd'hui commissaire de police du quartier de l'Ecole de Médecine.

La quatrième sous-préfecture, place Beaudoyer,

n° 6, sous la direction d'un nommé Deslauriers, brigadier; il avait pour agens, les nommés Bisson, Dorel et Gilles.

Deslauriers avait d'abord été employé comme agent subalterne sous M. le comte Anglès; renvoyé ensuite pour inconduite, il trouva moyen de s'insinuer auprès de M. Bonneau, qui avait besoin de gens propres à tout faire, et qui ne fussent arrêtés par aucune considération. Il ne pouvait faire un meilleur choix que ce Deslauriers. Il n'y a point de piéges qu'il n'ait tendus à la bonne foi, à la crédulité, pour seconder les intentions de son chef. Il envoyait ses agens dans les manufactures, chez les fondeurs, les armuriers, pour faire des demandes d'objets prohibés ou séditieux, ensuite il faisait saisir ceux qu'il avait fait tomber dans ses filets, et on les condamnait à la prison ou à l'amende. Tels étaient les ressorts que la police faisait jouer.

Deslauriers tenait en outre un bureau d'affaires, et faisait des dupes à l'abri de son titre d'agent de la police. Il serait difficile d'énumérer le nombre de ses victimes. Il fut suspendu de ses fonctions, arrêté, et mis à la salle Saint-Martin pour arrestations arbitraires. M. Bonneau le tira d'affaire, parce qu'il craignait qu'il ne commît quelques indiscrétions; il parvint à lui retirer des pièces relatives à la police, et, lorsqu'il les eut entre les mains, il l'abandonna.

Deslauriers ne profita point de cette leçon pour faire un heureux retour sur lui-même. Il se lança dans de nouvelles spéculations, prit un établissement de marchand de vins, Vieille-Rue-du-Temple, qu'il mit sous le nom d'une femme avec laquelle il vivait depuis long-temps. Ensuite il réorganisa son bureau d'affaires, mit des effets en circulation, acheta des marchandises avec certains individus qui, comme lui, n'avaient d'autres ressources que leur industrie; et ils exploitèrent de concert la confiance publique.

Les succès que Deslauriers avait obtenus lui firent croire qu'il pouvait tout oser impunément. Il émit un billet faux. Le délit fut constaté. On dit même que ce fut Lacour, le successeur de Vidocq, qui fit cette découverte. Deslauriers fut arrêté, mis en jugement et condamné, comme faussaire en écritures de commerce, à cinq années de réclusion et à la flétrissure. Il parvint à trouver des protecteurs, et la police, à laquelle il avait rendu des services, si l'on peut qualifier ainsi des provocations et des embûches tendues à des artisans et à des manufacturiers, fit commuer sa peine en cinq années de détention. On lui fit grâce de la flétrissure : il en était déjà assez entaché. Deslauriers fut conduit à Bicêtre. Arrivé dans cette maison, il y joua son rôle de dénonciateur. Il écrivait chaque jour à l'autorité les dénonciations les plus mensongères et les plus absurdes. Il n'épargnait personne, pas même le directeur de la maison, qui avait eu quelques égards pour lui. Un nommé Burdet, condamné comme lui pour avoir soustrait un registre chez un négociant où il était employé en qualité de commis, rédigeait ses dénonciations; car Deslauriers n'était pas en état de lier deux idées. Il n'avait que le génie du mal, et l'impudence d'un homme qui ne rougit de rien.

Quoique ces calomnies, aussi dégoûtantes que leur auteur était méprisable, restassent sans réponse et ne produisissent aucun effet, on finit par s'en lasser, et il fut transféré dans la prison de Clairvaux, où, sans doute, il continua à jouer le même rôle, quoiqu'on l'eût fait connaître et que sa réputation l'eût devancé. Nous reviendrons sur cet individu quand il sera question de M. Bonneau, inspecteur-général des prisons.

La cinquième sous-préfecture était établie rue des Rosiers, n°      , sous la direction du sieur Alexandre, chef de brigade; il avait sous ses ordres Quesnel, Victor, André, Levert et Nicole.

La sixième sous-préfecture, rue de la Barillerie, sous la direction du nommé Barthez, chef de brigade, ex-commissaire de police à Castres, ex-marchand de draps, et aujourd'hui commissaire de police à Clichy. Il avait sous ses ordres Carrayon, Mayer et May.

Ce Barthès fut pendant long-temps l'agent fidèle et dévoué de M. Bonneau, inspecteur-général des prisons; il suivait pour lui le cours de la bourse, et pour le récompenser, il le nomma concierge de la salle Saint-Martin, à la préfecture de police.

M. Hinaux, chef de la police centrale, dont le bureau touchait l'entrée du greffe de la salle Saint-Martin, voyait avec ombrage auprès de lui, un serviteur, une créature de M. Bonneau, qu'il n'aimait pas; il s'imagina qu'il pourrait séduire, corrompre, gagner l'homme de confiance de son antagoniste.

Le chef du bureau du personnel, M. Brunat, qui de son côté n'aimait pas très-passionnément M. Hinaux, le faisait surveiller; il fut informé de l'intelligence qui existait entre lui et Barthès, alors il perdit sa place de concierge. On lui continuait encore par faveur un traitement de 100 fr. par mois; mais un rapport remis à M. Brunat, fit connaître que Barthès avait donné avis à M. Michaud, lecteur du roi, membre de l'académie française et l'un des rédacteurs de la *Quotidienne*, que la police le faisait surveiller. Dès-lors Barthès fut privé de son traitement. (*Voir* l'affaire de M. Michaud, tome 1er, page 165.)

La septième sous-préfecture avait son siége rue de Grenelle-Saint-Germain, n. 50, maison de M. Bonneau, inspecteur-général des prisons; un nommé Gilbert, dit Saint-Laurent, ex-limonadier, la dirigeait sous les ordres suprêmes de M. Bonneau. Ce Gilbert avait été condamné aux fers, pour faux en écritures de commerce, et détenu à Bicêtre; il en sortit par la protection de l'inspecteur-général, six mois avant l'expiration de sa peine.

Il dut cette insigne faveur aux services que l'on prétendait qu'il avait rendus à la cause royale, lors des projets d'évasion relatifs aux quatre sous-officiers impliqués dans la conspiration de La Rochelle; nous entrerons dans de nouveaux détails, lorsque nous parlerons de M. Bonneau. Ce Gilbert, qui paraît avoir quelques moyens, avait remis à M. Bonneau, lorsqu'il fut nommé inspecteur-général des prisons, un plan de réglement pour le régime intérieur des maisons de détention; il lui avait fait connaître les abus qui existaient dans l'administration de ces établissemens. M. Bonneau avait cru devoir être reconnaissant, et lui avait accordé sa protection. Quoiqu'il l'eût chargé de diriger le bureau de police établi dans sa maison, il le nomma encore son secrétaire particulier.

Lorsqu'il y avait conseil des prisons, Gilbert se permettait d'adresser des demandes aux directeurs de ces maisons, et il le faisait avec une sorte d'arrogance. Cela leur déplut, et un jour M. Baud, directeur de Sainte-Pélagie, osa dire à Gilbert, en présence de M. Bonneau : « Il ap-» partient bien à un homme taré et flétri, qui » sort de dessous mes verroux, de faire des ques-» tions aussi impertinentes, à des personnes hon-» nêtes et dignes de l'estime publique. » Après avoir parlé ainsi, M. Baud et les autres directeurs saluèrent et sortirent.

M. Bonneau, ne pouvant plus conserver Gilbert comme son secrétaire, le réforma; mais il le chargea de l'achat des vins pour les prisons, et lui confia une somme d'environ 10,000 francs pour remplir cette mission. Gilbert s'établit alors marchand de vin en détail, rue de Cléry, et prit pour enseigne : *Au rendez-vous des Tourneurs*.

Il inspira bientôt une grande confiance, par la manière dont il avait soin de parler de ses ressources et des fournitures dont il était chargé; il avait en outre des prôneurs et des compères qui faisaient son éloge, en sorte que son crédit était bien établi; tous les marchands de Bercy lui faisaient des offres de service.

M. Bonneau, outre ses affaires de commerce, l'avait encore chargé de surveiller les marchands de vin en gros, qui à cette époque passaient pour ne pas aimer le gouvernement, et pour professer des opinions dangereuses.

Il s'acquitta au mieux de cette surveillance, et mit en pratique les leçons et les préceptes qu'il avait reçus de son chef et bailleur de fonds, pendant qu'il remplissait les fonctions de secrétaire.

Il rédigea des rapports, et il peignit les marchands de vin de Bercy sous des couleurs si défavorables, qu'ils donnèrent lieu à des investigations secrètes et à des surveillances aussi actives que soutenues.

Les faits énoncés par Gilbert parurent tellement graves, qu'ils effrayèrent même la police, et que malgré le doux penchant qu'elle avait à trouver des coupables, on crut ne pouvoir se dispenser de faire différentes enquêtes.

On eut la preuve que Gilbert était un imposteur, un calomniateur, et quoiqu'on en fût très-mécontent, il parut prudent de le ménager :

1° Parce qu'on lui avait confié des sommes assez fortes.

2° Parce qu'il était initié dans les secrets de la police et qu'on avait à craindre ses indiscrétions et ses confidences.

On ne pouvait guère compter sur la restitution des sommes qu'il avait eues entre les mains. Il avait fréquenté les tripots du Palais-Royal, et perdu au jeu la presque totalité de cet argent.

Les échéances arrivèrent; les négocians de Bercy apprirent que Gilbert n'était que le mandataire ou l'agent de M. Bonneau. Comme Gilbert ne payait pas, ils se rendirent auprès de l'inspecteur des prisons, et lui annoncèrent que s'il ne remplissait pas les engagemens pris par son agent, ils allaient porter plainte en abus de confiance.

M. Bonneau s'empressa de payer, sans faire d'observations, pour 5 à 6,000 francs des billets de Gilbert; il lui retira le titre de son agent et le renvoya.

Que penser de M. Delavau, préfet de police, de M. Bonneau, inspecteur-général des prisons, qui, investis de la confiance du gouvernement, employaient un Gilbert, un homme flétri, repoussé de la société, et auquel ils accordaient une confiance illimitée, en lui confiant des sommes considérables, et en le croyant sur parole, lorsqu'il calomniait des hommes probes, des négocians recommandables par leur honneur et leur fidélité à remplir leurs engagemens? et sur la foi d'un Gilbert ils les mettaient en surveillance.

Gilbert, abandonné de ses patrons, tomba dans la misère; cependant il ne craignit pas d'écrire à M. Bonneau et de réclamer des secours. L'espèce de liaison qui avait existé entre eux, l'autorisait à prendre cette petite licence.

Il lui observa dans sa lettre qu'il ne pouvait refuser de le tirer de la position fâcheuse dans laquelle il se trouvait, qu'il avait fait des bénéfices assez considérables sur les fournitures des vins et autres objets pour les prisons, et qu'en conséquence il espérait qu'il ne refuserait pas de lui avancer 1,500 francs ou 2,000 francs, pour établir un journal, qu'il avait l'intention de publier sous le titre d'*Annales du Commerce.*

M. Bonneau remit à Gilbert la somme demandée.

Les *Annales du Commerce*, annoncées par l'ex-secrétaire, fournisseur, marchand de vins, agent de police, commerçant, délateur, parurent; mais, après quelques mois d'une publication assez triste, d'une existence encore plus déplorable, les numéros morts-nés du pauvre journal fixèrent les regards du procureur du roi, qui lança son *veto* sur l'ouvrage de l'éditeur responsable Gilbert, qui avait mal taillé sa plume, et, qui plus est, écrivait dans un style inconvenant. Il fut traduit devant les tribunaux, condamné à cinq ans de prison et à 10,000 francs d'amende.

Il disparut pour se soustraire à cette condamnation et à ses suites.

La *Gazette de France* a annoncé sa mort dans ses articles nécrologiques; mais nous ne craignons pas d'affirmer qu'il existe encore, puisque, au moment où nous écrivons, on nous apprend que ce Gilbert, qui avait encore pris le nom de Laurent, vient d'être condamné aux fers et à la flétrissure pour vol d'argenterie. Il faut convenir que M. Bonneau avait un grand talent pour choisir ses agens et placer sa confiance.

Toute cette police occulte, qui croyait pouvoir

se livrer impunément aux plus grands excès et aux élans de son imagination exaltée, finit par effrayer M. Delavau lui-même, par ses *in-folio* de rapports, qui pleuvaient chaque jour sur son bureau.

Malgré le penchant qu'il avait lui-même pour illustrer sa police par quelques hauts faits, il trouva que ses adhérens, ses agens, nobles et roturiers, allaient trop vite, et qu'il fallait employer la *goutte d'huile* tant prônée par un ci-devant directeur-général de la police.

Il voulait bien que l'on usât de la calomnie, de la médisance, que l'on donnât au mensonge la couleur de la vérité, pour prouver que la police était utile, nécessaire et même indispensable; mais au moins il fallait y mettre des bornes, car on devait se rappeler que les formes *acerbes* avaient perdu ceux qui jadis avaient fait, au nom de la liberté, ce que l'on devait exécuter sous ses ordres au nom du royalisme; mais il fallait y mettre de la douceur, au moins en apparence.

M. Delavau, après y avoir mûrement réfléchi, prit le parti d'organiser sa préfecture avec de nouveaux élémens.

M. Hinaux, qu'on lui avait imposé malgré lui comme chef de la police centrale, ne lui inspirait aucune confiance, ni par ses talens, ni par sa manière de voir ni de penser, quoique très-royaliste.

Les agens qui avaient été sous les ordres de

MM. Anglès et Foudras étaient, pour la confiance, dans la même catégorie de M. Hinaux. Ils se connaissaient en police; mais ils ne se seraient peut-être pas prêté à des provocations, à des démarches insidieuses, ressources des faibles et des gens sans caractère. Il résolut donc d'établir un cabinet particulier, ou bureau du personnel, et tout ce qui en dépend.

Nous donnerons l'organisation de ces bureaux, et des détails sur les travaux, les faits et gestes de tous les employés et des agens.

# LE COLONEL FABVIER.

**Projet d'évasion des quatre sous-officiers condamnés comme auteurs de la Conspiration dite de La Rochelle.**

La condamnation des quatre sous-officiers, Bories, Pommier, Goubin et Raoulx, comme fauteurs et complices de la conspiration dite de La Rochelle, fit déplorer le sort de ces infortunés; car dès qu'un homme est condamné, que la loi a parlé, quelque coupable qu'il soit, l'humanité reprend ses droits.

Après leur condamnation à mort, ces quatre militaires furent conduits à Bicêtre : cette mesure est consacrée par l'usage. Le condamné à mort, dès qu'il est dans cette maison, est placé dans un cachot *ad hoc*; on fournit ce qui lui est nécessaire, on lui procure en quelque sorte toutes les douceurs de la vie, afin de lui faire oublier, autant que possible, qu'il est sur le point de la quitter.

Ces condamnés ne sortent plus qu'à certaines heures du jour; ils se promènent dans une cour séparée, toujours accompagnés d'un gardien, et d'un militaire qui a le sabre nu à la main; on prend même cette précaution, lorsqu'ils se rendent à l'église pour assister à l'office divin.

Dès que les quatre militaires furent arrivés à Bicêtre, M. Bonneau, inspecteur-général des prisons, s'y rendit; il organisa une surveillance extraordinaire dans cette maison, relativement à ces quatre détenus; et il employa tous les moyens de séduction pour que les autres condamnés le secondassent dans ses projets : il fut repoussé avec dédain, et il n'essuya que des refus.

Le nommé Gilbert, dit Saint-Laurent, ex-limonadier, condamné aux fers et à la flétrissure, pour faux, se montra moins délicat (nous en avons déjà parlé).

Les quatre militaires, qui s'étaient pourvus en grâce, comptaient sur la clémence royale, et ils espéraient que leur jeunesse, leur repentir et leur inexpérience, pourraient les faire paraître dignes d'une commutation de peine.

Soit que leur condamnation eût paru trop rigoureuse à quelques personnes, ou qu'elles fussent dirigées par le désir de sauver la vie à leurs semblables, on entendit murmurer tout bas qu'il y avait un projet de formé pour faire évader ces détenus. On voulut découvrir jusqu'à quel point ce bruit était fondé, et Gilbert, dit Saint-Laurent, fut chargé de prendre des informations; il eut donc la liberté de communiquer avec eux à toute heure.

A force d'art, de souplesse, en employant les dehors de l'amitié, en paraissant plaindre leur sort, en leur faisant entrevoir un avenir moins cruel, il parvint à capter leur confiance. Le malheureux aime à s'épancher dans le sein d'un ami, à lui faire partager ses peines et ses plaisirs : les premières semblent moins cruelles, moins amères, et les seconds plus vifs, plus doux, car l'amitié prête un charme à tout ce qui l'intéresse et la touche

Les quatre détenus voyaient dans Gilbert un compagnon d'infortune. C'était pour eux un ange consolateur. Dès-lors ils n'eurent plus de secrets pour lui. Ils lui annoncèrent donc que des cœurs sensibles et bienfaisans s'intéressaient à leur triste sort, et qu'il était question de leur procurer des moyens d'évasion.

Des élèves en médecine, qui, par leur état et leurs fonctions, peuvent approcher plus facilement des détenus, afin de leur donner des soins, étaient venus près d'eux. Ils devaient feindre d'être malades pour être transférés à l'infirmerie, et, lorsqu'ils y seraient, une somme de douze mille francs devait être donnée à l'infirmier, afin qu'il facilitât leur évasion. Une fois sortis de Bicêtre, une chaise de poste devait se trouver non loin des murs et les conduire à Calais, pour de là passer la Manche et se rendre en Angleterre.

Gilbert-Saint-Laurent sourit à ce projet, les félicita, parut envier leur bonheur, et, pour leur inspirer plus de confiance, il les assura de son dévouement et leur promit de les aider de tous ses moyens pour assurer le succès d'une entreprise qui les arracherait à la mort et au supplice.

Les quatre condamnés éprouvèrent une joie difficile à exprimer. Le malheureux qui se noie, voit dans le plus faible roseau un moyen de salut.

Gilbert les quitte en leur promettant qu'il s'occupera sur-le-champ de leur être utile. Il va trouver M. Bonneau, qui était presque tous les jours à Bicêtre pour suivre cette affaire, et lui raconte, d'un air triomphant et satisfait, ce qu'il vient d'apprendre.

L'inspecteur-général lui donne des éloges, lui renouvelle l'assurance de sa protection, et lui fait entrevoir le sort heureux qui l'attend, pour le récompenser de son zèle et du service essentiel qu'il lui rend, ainsi qu'à l'autorité. A peine M. Bonneau fut-il instruit de tous ces faits, qu'il sonne l'alarme dans Bicêtre et à la préfecture de police. Un escadron de gendarmerie arrive ventre à terre à Bicêtre; une compagnie d'infantérie du même corps s'y rend également, quoiqu'il y eût déjà une compagnie de vétérans, composée de cent hommes, qui y fût casernée et y faisait le service. Les postes furent doublés; la surveillance fut portée à l'excès, et on prit les précautions mises en usage lorsqu'une ville de guerre craint une surprise ou un assaut.

Deux brigades d'agens de police furent ajoutées, comme éclaireurs, à ces forces déjà si imposantes, et elles eurent l'ordre d'arrêter la nuit toutes les personnes qui leur paraîtraient suspectes, et qu'ils verraient rôder autour de la maison.

Dans le jour, ils devaient parcourir les environs pour s'assurer qu'on ne formait point de rassemblemens, qu'il n'y avait aucun mouvement, et recueillir tous les propos qui pourraient circuler, car les propos éclairent la police; c'est pour elle un gaz hydrogène.

Pendant quatre à cinq jours, M. Bonneau fut en permanence à Bicêtre; il y avait établi son quartier-général, et de quart d'heure en quart d'heure des ordonnances à cheval partaient pour Paris avec des bulletins, pour rendre compte à M. Delavau de la situation des choses, de l'état de son armée et de l'esprit du soldat.

Ceux qui connaissaient le caractère de M. Bonneau, ses dispositions personnelles, son opinion politique et le désir de la célébrité qui le tourmentait, ont pensé que ce complot d'évasion était imaginaire, et qu'il l'avait créé avec son affidé Gilbert; car il n'y eut pas la moindre tentative de faite, ni aucune démonstration hostile. Il y eut donc dans tout cela une teinte de provocation; on voulut tourmenter les condamnés, et leur donner quelques lueurs d'espérance qui ajoutèrent aux angoisses de leur déplorable position.

Mais ces quatre militaires ne pouvaient échapper au supplice ; il fallait trouver d'autres coupables, des victimes un peu marquantes : on jeta les yeux sur M. le colonel Fabvier, et on commença à supposer qu'il était un des principaux agens de ce projet d'évasion, que cela fût vrai ou faux; que M. le colonel Fabvier, cédant à la générosité de son caractère, à cette noble sensibilité qui nous porte à venir au secours de nos semblables, eût laissé échapper quelques mots favorables aux condamnés, ce n'était pas un crime pour le public, pour les âmes honnêtes et vertueuses. Mais la police avait une autre manière de voir, et un code de morale et d'humanité qui lui était particulier. C'est d'après cela qu'elle jugea le colonel Fabvier. Elle n'avait pas de preuves matérielles ; elle se désolait de ne pouvoir en créer pour frapper un grand coup. Elle n'eut pour se consoler de cet échec, pour se dédommager de la privation qu'elle éprouva, que le moyen *banal* et *commun* de la surveillance.

On donna l'ordre d'épier toutes les démarches du colonel, de ne pas le perdre de vue jour et nuit. Il logeait alors à Tivoli. Cette maison avait deux entrées, l'une, rue Saint-Lazare, et l'autre, rue de Clichy ; on dut mettre en mouvement un plus grand nombre d'observateurs.

La brigade de Deslauriers fut chargée de cette mission importante.

Mais il ne suffisait pas à M. Bonneau, et par suite à son chef, M. Delavau, d'être informé des allées et venues dans Paris du colonel Fabvier, le plus urgent était de connaître sa pensée. On pouvait bien le faire parler, c'était encore un petit talent que la police avait à sa disposition, mais il ne lui paraissait pas suffisant dans cette occurrence.

M. Bonneau employa donc un moyen qu'il croyait devoir être victorieux ; il y avait dans la brigade de Deslauriers un agent nommé Prou, c'était un ancien militaire ; l'inspecteur-général des prisons lui fit prendre le titre d'officier à la demi-solde, le munit même de papiers pour le prouver et l'envoya loger à Tivoli, espérant qu'il finirait par se lier avec le colonel Fabvier, et qu'au moyen des *pièces fausses* dont il était porteur, il pourrait lui en imposer, dans le cas où il paraîtrait douter de la vérité.

L'agent, déguisé en brave, fut donc prendre poste à Tivoli ; mais un événement fâcheux sur lequel on ne comptait pas, qu'on ne pouvait pas prévoir (car M. Bonneau, quoique très-fin, ne pensait pas à tout) ; un désappointement funeste vint renverser tout ce beau plan. Le sous-chef d'état-major de la première division militaire avait une police, des agens qui surveillaient de leur côté les officiers qui habitaient Paris ; ils en rendirent compte à leur chef, et, comme le nouvel habitant de Tivoli lui était inconnu, que la police civile ne l'avait point mis dans sa confidence, il fit arrêter le commensal du colonel Fabvier, comme ne s'étant pas présenté devant lui pour obtenir un permis de séjour. Le chef de la police militaire avait raison par le fait.

L'agent déguisé fut donc conduit à l'Abbaye et détenu pendant quelque temps, quoique ses patrons l'eussent réclamé, pour lui apprendre, ainsi qu'à ses commettans, que le *baudet* ne doit pas se couvrir de la peau du lion.

L'aventure fit du bruit. Les détails se répandirent dans le public. Ils arrivèrent jusqu'à Tivoli; les habitans de l'hôtel s'en amusèrent, et la police n'eut pas les rieurs de son côté. On ne pouvait donc plus surveiller le colonel Fabvier que dans les rues; les fenêtres de son appartement donnaient sur la rue de Clichy, et ce fut dans cet endroit que Deslauriers établit sa brigade, composée de dix à douze agens.

Ils avaient l'ordre de suivre, non-seulement le colonel, mais encore ceux qui se rendraient chez lui, de prendre le numéro des maisons dans lesquelles le colonel Fabvier entrerait lorsqu'il sortirait dans Paris, de savoir à quel étage il monterait, et le nom de la personne chez laquelle il entrerait.

Il s'en suivit de cette complication de demandes, de cette multiplicité de renseignemens à fournir, des quiproquos assez plaisans ; les agens prenaient souvent Paul pour Jacques, et Nicolas pour Vincent ; de là des rapports qui n'avaient pas le sens commun, et dignes de ceux qui les demandaient et des rédacteurs en chef ou en sous-ordre. Mais comme M. Bonneau tenait beaucoup à connaître les liaisons les plus intimes du colonel Fabvier, Deslauriers, qui était Auvergnat et qui connaissait tous les charbonniers, les porteurs d'eau, les commissionnaires, les décrotteurs et autres gens de cette espèce, ainsi que des portiers, ses compatriotes, qu'il était même à *toi* et à *tien* avec eux, les mit dans ses intérêts, et il obtint, grâce à eux, quelques ignobles renseignemens, qu'il payait avec une bouteille de vin, genre de séduction immanquable dans cette classe d'individus. Les autres agens de la brigade Deslauriers, qui n'étaient pas plus incorruptibles, se relâchaient de temps en temps de leur surveillance et faisaient leurs rapports au coin de leur feu, parce que leurs dépenses ne leur étaient pas remboursées. Ceux qui remplissaient exactement leurs obligations, se trouvaient souvent avoir dépensé dans quinze jours les cent francs d'appointemens du mois. Le chef Deslauriers passait pour s'approprier une partie des sommes accordées pour ces surveillances. Il oubliait même de donner l'autre partie, pensant que ce qui était bon à prendre, ne l'était pas moins à ..... garder.

Parmi les agens chargés de cette surveillance, qui se firent le plus remarquer par leur zèle, on citait, avec une *honorable distinction*, le nommé Giot, ancien marchand à la toilette.

Le colonel Fabvier s'était aperçu plusieurs fois qu'on le suivait; il soupçonnait les menées de la police, et il se faisait quelquefois un plaisir de fatiguer ses agens par des courses aussi longues que multipliées.

Giot, qui était excellent marcheur, fut le *lévrier* que la police attacha de préférence à la *piste* du colonel Fabvier. Cet agent tint bon jusqu'à l'arrestation du colonel. Il avait l'adresse de changer de déguisement plusieurs fois dans la journée, sans le perdre de vue. Il entrait avec lui dans les cafés, dans les restaurans où il prenait ses repas. Enfin, il était devenu son ombre, et ne le quittait qu'après avoir acquis la certitude qu'il était dans son lit. On crut avoir assez de motifs pour arrêter le colonel Fabvier, et qu'il avait fourni des preuves suffisantes de sa culpabilité.

Ainsi, on lança un mandat, non-seulement pour s'emparer de sa personne, mais encore de ses papiers.

Le préfet de police attachait une telle importance à cette capture, que le jour ayant été définitivement arrêté, Deslauriers se rendit sur les lieux, avec sa brigade, dès quatre heures du matin, quoique l'on sût que le colonel ne sortît jamais de chez lui avant onze heures. La brigade fut partagée en deux corps de bataille; l'une fut placée à la grille de la rue Saint-Lazare, et l'autre à la porte-cochère de la rue de Clichy.

M. le comte de Pins, chef du cabinet particulier du préfet, M. Bonneau, inspecteur-général des prisons, M. Denayer, commissaire de police, accompagnés d'un officier de paix, et d'un corps de réserve d'agens de la police centrale, arrivèrent à six heures.

A huit heures on donna le signal, et M. Denayer, l'officier de paix, les agens et Deslauriers se mirent en marche, et, ne trouvant point de résistance, ils surmontèrent tous les obstacles. Ils entrèrent dans la maison et pénétrèrent dans la chambre du colonel Fabvier. Après les complimens d'usage en pareil cas, ils commencèrent à dresser le procès-verbal accoutumé. Tandis que l'on verbalisait, un jeune homme, ami du colonel, qui venait lui rendre visite, fut arrêté et conduit de suite à la préfecture. Le colonel Fabvier eut le même sort, et il y fut transféré dans une autre voiture.

MM. le comte de Pins et Bonneau s'étaient tenus, pendant toute cette opération périlleuse, dans un *cabaret borgne* près de là, afin de la surveiller, de juger des coups et de pouvoir offrir au préfet de police un détail de cette victoire remportée sur un des plus dangereux ennemis de la police, et, par conséquent, de la France, car il avait lassé les agens de police et plusieurs étaient sur les dents.

Giot, l'agent aux pieds légers, dont nous avons célébré les pédestres exploits, demanda son salaire et ses déboursés; M. Bonneau, qui n'en avait plus besoin, le renvoya sans le payer : il s'éleva même une forte et vive discussion entre eux. Mais l'inspecteur-général tint bon; et Giot, sans argent, quitta Paris et se retira à Melun, où il reprit son ancien métier de marchand à la toilette.

Le colonel Fabvier et son ami furent *reconnus tellement coupables*, grâce à cette *bonne et aimable police*, que quelques jours après ils furent mis en liberté par ordre du procureur du roi, qui n'avait rien trouvé dans leur conduite publique et privée, ni dans leurs papiers, qui pût justifier ni motiver leur arrestation, ni leur détention. Il observa même que la police avait outrepassé ses droits, ses attributions. C'était donc plus qu'un acte arbitraire, une forfaiture, et elle a resté impunie. Mais oublions le passé : elle n'existe plus. Jouissons des douceurs du présent et détournons les yeux de toutes ces scènes affligeantes ; les Franchet, les Delavau, les Bonneau, etc., sont passés : ils ne reviendront plus.

## CABINET DU PRÉFET.

**MM. Dectot, De Pins. — M. Brunat, chef du personnel.**

M. Delavau s'était réservé, comme nous l'avons dit, la première section des affaires importantes, pour les discuter, les suivre et les terminer dans l'intimité avec son secrétaire, M. Duplessis.

M. Dectot, avocat, fut placé à la tête du premier bureau du cabinet particulier; mais comme les opérations qu'il devait diriger ne convenaient ni à sa manière de voir, ni à sa façon de penser, il donna sa démission.

M. le comte de Pins lui succéda. Ancien maire de Castres, il était venu à Paris avec des recommandations d'hommes puissans et jouissant du plus grand crédit; il fut admis au nombre des rédacteurs de *la Quotidienne*, et il seconda de sa plume les collaborateurs de ce journal.

M. de Pins parut donc digne à tous égards du poste que lui confiait M. le préfet de police. Son nom, son rang, son caractère, son teint, son physique, tout annonçait que c'était un homme sage, réfléchi, un homme enfin qui se livrait impérieusement à sa passion dominante, celle de faire triompher les principes...... de la police!!!

Dès qu'il fut installé dans ses redoutables fonctions, tout prit une face nouvelle au cabinet particulier : il mit l'univers en surveillance. Son chef de brigade, ses agens furent sans cesse sur pied la nuit et le jour. Ils devaient, comme Argus, avoir les yeux toujours ouverts, lors même que Mercure voudrait les endormir avec les doux sons de sa flûte. Il leur ordonna donc d'avoir la musique en horreur, et de n'être sensibles qu'à l'harmonie des verroux du dépôt ou de la salle Saint-Martin. Tel fut le mot d'ordre et la consigne, et ils jurèrent, par tous les mots et nombres *sacramentaux* connus et révérés en police, de les observer avec fidélité.

Ils ne perdirent donc pas de vue tous les employés de la préfecture en chef ou en sous-ordre, parce que M. le comte de Pins devait et voulait tout savoir, connaître jusqu'aux moindres démarches de tous les individus qui peuplaient la préfecture sans distinction.

Il n'y eut pas une mesure légale ou arbitraire à laquelle il ne prît part. Il était propre à tout. M. Delavau avait-il quelque chose de désagréable à dire à quelqu'un, il empruntait l'organe de M. de Pins.

Fallait-il tourmenter, vexer, torturer, inventer, M. de Pins développait son heureux génie, il surpassait même toutes les espérances qu'on avait conçues de lui. Séjean fut moins habile, moins profond. Un professeur de philosophie du collége Bourbon pensait mal, selon lui, parce qu'il insérait des articles dans un journal périodique (*le Globe*) ; il le mit en surveillance, trouva le moyen de se procurer quelques-unes de ses lettres, et ce ne fut pas sa faute s'il ne lui fit pas perdre sa place ; il l'accusa de libéralisme et de professer ces principes dans sa chaire.

Pâle, blême, décharné, comme s'il eût toujours été entre les mains de M. Purgon ou de M. Thomas-Diafoirus, il reprenait de l'énergie en rêvant des complots, et se pâmait d'aise en recevant des rapports mensongers ou des liasses de surveillances.

Enfin, il fut l'instrument le plus actif et le plus opiniâtre des actes arbitraires et vexatoires de la préfecture Delavau. Il était très-irascible, le cher comte de Pins, et parfois très-insolent; il se croyait un petit Jupiter qui pouvait lancer impunément sur tout le monde les petits carreaux de ses petites foudres surveillantes.

M. le vicomte Delahaye, sous-chef du bureau

du personnel (nous en parlerons), avait eu le malheur de lui déplaire; pour se venger, il le mit bravement en surveillance; il tint même quelques propos sur son compte à M. le préfet de police.

Les murs ont souvent des oreilles; le surveillé fut instruit des discours de M. de Pins. Il vint le trouver dans son bureau; il lui reprocha sa conduite. L'altercation fut un peu vive; on se lâcha de part et d'autre des mots un peu piquans : enfin, le vicomte Delahaye perdant patience, et voyant que M. le comte de Pins ne changeait pas de couleur et conservait toujours sa teinte jaunâtre, voulut s'assurer si le vermillon pourrait y prendre place, et lui administra une confirmation un peu forte, en lui proposant de vider leur querelle en champ-clos. Le confirmé refusa, ce fut son premier mouvement, et le vicomte Delahaye se retira. Le comte de Pins, livré seul à ses réflexions dans son cabinet particulier, pensa qu'il pouvait fort bien avoir reçu un soufflet, et si, comme don Diègue, il n'avait point le Cid pour lui confier son épée, il résolut de se venger lui-même. Mais comme il connaissait les lois de la subordination, il se rendit près de M. Delavau, préfet de police et son chef, lui raconta ce qui s'était passé, et lui demanda la permission d'envoyer un cartel à son adversaire, et de le combattre à outrance le lendemain. Le préfet, qui ne voulait pas s'exposer à perdre un sujet aussi précieux que le comte de Pins, refusa de lui octroyer sa demande, et pour éviter qu'il y eût du sang répandu, il consigna le comte et le vicomte dans leurs appartemens respectifs, avec défense expresse de rompre leurs arrêts. Le comte de Pins fut, dit-on, très-fâché de ce contre-temps, car il avait une botte secrète à pousser à son adversaire, et il se consola en disant : Le préfet ne le veut pas, ce n'est pas ma faute; rien n'est perdu, pas même *l'honneur*.

Il ne fut plus question de cette querelle, on l'oublia pour ne s'occuper que des affaires de la police; elles étaient bien autrement importantes, et M. de Pins s'y livra avec une tenacité extraordinaire. Il s'y fit une telle réputation, qu'à l'époque où M. Delavau battit en retraite, on apprit avec plaisir que M. le comte de Pins avait reçu son congé. Les journaux furent les échos de la joie et de la satisfaction publiques.

On ne parle plus de lui. Il est sans doute à soigner sa petite santé, en se remémoriant ses hauts faits de la préfecture de police, et l'auteur de cet ouvrage répondrait à ceux qui lui parleraient du noble comte :

J'ignore le destin d'une tête aussi chère !

Nous n'omettrons pas d'annoncer que M. de

Pins, pendant qu'il exerçait ses fonctions de *tyranneau* à la préfecture de police, eut sous ses ordres Froment en qualité de chef de brigade. Il lui montra beaucoup de dévouement, parce qu'il le croyait de bonne foi et qu'il agissait dans les intérêts du gouvernement. Mais lorsqu'il s'aperçut que le chef du cabinet particulier, comte de Pins, n'était que le sicaire des intrigans et des vampires de la société, il lui rompit en visière, et voilà l'origine et la cause des persécutions qu'il a éprouvées.

Après avoir, en quelque sorte, épuisé la matière sur M. le comte de Pins. chef du premier bureau du cabinet particulier, nous ne pouvons refuser une mention honorable à M. Brunat, chef du deuxième bureau dit du personnel. C'est là qu'était tenu le registre matricule des employés de la préfecture, l'état de leurs services et des actions d'éclat qui pouvaient leur faire honneur, mériter des gratifications et autres distinctions que la préfecture accordait à ceux qui se faisaient un nom sous sa bannière. M. Delavau, qui avait été si bien servi par la fortune en arrachant M. de Pins à son illustre obscurité, pour le placer à la tête du premier bureau de son cabinet particulier, se recommandait à tous les patrons de la police, pour être aussi heureux en découvrant un chef éclairé pour conduire et diriger le second bureau de ce cabinet particulier, dit *du personnel*.

Un jour qu'il sortait du séminaire de Saint-Sulpice, où il s'était rendu pour assister à un exercice dans lequel un de ses protégés devait soutenir une thèse sur la manière dont on devait attacher le *manteau court* et le petit collet. Après avoir entendu le *sic argumentabor* de l'aspirant, il sortit, préoccupé de l'idée qu'il allait lui arriver quelque chose d'heureux. Comme il était à pied, il traversa l'église Saint-Sulpice, et il aperçut dans ce temple un petit homme maigre, à la taille élancée, à la jambe à succès, qui faisait rentrer les enfans de chœur à la maîtrise, et indiquait à la *loueuse* de chaises la manière de les ranger avec art et symétrie. Il s'empara ensuite de l'éteignoir attaché à un roseau pour éteindre les cierges, et il enseignait à un apprenti sacristain à s'en servir avec grâce et dextérité pour faire disparaître les lumières.

M. Delavau, étonné qu'un seul homme pût réunir un si grand nombre de talens plus distingués les uns que les autres, demanda quel était ce prodige, ce phénix! Un donneur d'eau bénite lui annonça que c'était M. Brunat, un des marguilliers de Saint-Sulpice, le factotum de la fabrique et de l'œuvre de la paroisse; le plus honnête homme du monde, quoique des calomniateurs lui eussent fait perdre une place qu'il occupait au ministère de la justice. C'était un sujet propre à tous les emplois par sa délicatesse et sa manière de penser anti-libérale, quoique M. Anglès, préfet de police, l'eût renvoyé de son administration, enfin un trésor, un diamant dont on ne connaissait pas le prix, et qui restait enfoui sur le banc des marguilliers de Saint-Sulpice.

A peine le panégyriste de M. Brunat avait cessé de parler, que M. Delavau se dit : Voilà justement mon affaire.

Il demanda l'adresse du marguillier, et le lendemain il l'envoya chercher. M. Brunat se rendit à l'invitation. Le préfet lui fit part de ses intentions bénévoles en sa faveur; il l'installa sur-le-champ, et il entra en fonctions sans autre forme de procès. Il suffisait qu'il eût été renvoyé de divers emplois par des gens qui, selon M. Delavau, pensaient mal, pour que M. Brunat, le marguillier, fût pur et sans tache.

Après lui avoir annoncé quelles seraient ses attributions, il lui donna la liberté de nommer, destituer, recevoir ou expulser tous les employés de la préfecture, pourvu qu'il lui fît seulement connaître les actes émanés de l'autorité qu'il lui déléguait.

Il lui recommanda d'établir une police particulière pour surveiller tous les employés de la préfecture; de recevoir les rapports qui lui seraient faits verbalement ou par écrit; de ne se lier intimement avec personne, mais de paraître bien avec tout le monde, afin d'en tirer parti au besoin ; de ne pas perdre de vue le chef de la police centrale, qu'il n'aimait pas. Enfin, d'agir pour le mieux, afin de remplir ses intentions dont il pouvait connaître le but, d'après la pénétration et l'intelligence dont il avait donné tant de preuves à Saint-Sulpice. M. Brunat répondit humblement qu'il espérait être assez heureux pour justifier la haute opinion que M. Delavau voulait bien avoir de lui. Il se mit à l'œuvre, et organisa sa petite police. On lui avait donné un état nominatif de quelques sujets recommandables par leurs antécédens. Après en avoir pris connaissance, ainsi que des notes qui y étaient annexées, il mit à la tête de sa police un sieur Pascal, qui avait été autrefois officier de paix, et ensuite destitué pour avoir mal rempli ses devoirs.

Nous allons donner les détails de cette affaire dont nous avons déjà parlé, mais très-succinctement.

Pascal, colon réfugié, vint à Paris, et sollicita un secours à la préfecture de police. M. Foudras, alors inspecteur-général, lui proposa de le servir en qualité d'agent secret, pour surveiller les autres colons, qui, comme lui, se trouvaient dans la capitale. Il accepta la proposition, et l'inspecteur Foudras fut tellement satisfait de son activité et de son zèle, qu'il le nomma officier de paix *pour la politique*. Il passa ensuite dans l'attribution des mœurs, *ou des femmes* publiques. Il n'eut pas, d'après les *on dit*, la continence de Scipion, la chasteté de Joseph, ni le désintéressement de Cincinnatus.

Ses chefs furent instruits qu'on l'accusait d'avoir reçu 500 f. d'un plombier, rue des Coquilles, pour faire supprimer la maison de prostitution tenue par la femme Édouard, en face de ce fondeur et dans la même rue; plus, diverses pièces d'argenterie de plusieurs femmes publiques, pour obtenir sa protection. Un agent nommé Roux, attaché à la police centrale, fut chargé de vérifier ces faits : d'après son rapport, Pascal fut destitué. Un nommé Cliche l'avait déjà accusé; nous en avons parlé à l'article de cet agent.

M. Brunat confia donc à Pascal le soin de surveiller ses anciens collégues les officiers de paix, ainsi que tous les agens et inspecteurs de la préfecture, et dans dix jours de temps, vingt-un officiers de paix et quarante-quatre agens de police furent impitoyablement renvoyés comme entachés de *libéralisme*. On voit que Pascal *taillait en plein drap*, et que si on ne l'avait pas ménagé, il prenait sa revanche : il paraît qu'il voulut se procurer des jouissances en faisant des malheureux; il y réussit.

Pour donner plus d'étendue à ce système de délations, et opérer des réformes à son gré, M. Brunat plaça des agens dans les bureaux en qualité d'expéditionnaires, afin de surveiller les chefs de division et de bureau. Alors l'arbitraire remplaça la justice, et tous les jours il y eut de nouvelles victimes.

M. Leclerc, chef de bureau depuis dix-neuf ans, fut aussi sacrifié. On l'accusa d'avoir des liaisons honteuses avec un nommé Leblanc, syndic des commissionnaires au théâtre de l'Odéon, et il fut remplacé par M. de la Junchère, beau-frère de M. Duplessis, secrétaire intime du préfet.

M. Delavau reconnut que M. Leclerc avait été destitué injustement, il lui accorda une pension de 1,000 fr. par an.

M. Leclerc voulut se justifier d'une inculpation aussi atroce que calomnieuse; il prit des informations, et il acquit la preuve qu'il avait été dénoncé et accusé par un nommé Certain, protégé de M. Brunat, expéditionnaire à la première division. On lui avait promis une place de sous-chef de bureau pour le récompenser de ses délations; il voulut mériter ce prix de sa lâcheté et de sa perfidie. Il épia les démarches de M. de la Merville, son chef de bureau. Il se rendit dans plusieurs maisons de prostitution, et il apprit que M. de la Merville allait y passer quelquefois son temps. C'était un crime irrémissible aux yeux de

M. Delavau, qui, cependant, *gorgeait* sa caisse du dégoûtant salaire de la débauche; mais si la chose lui déplaisait *en apparence*, le résultat avait des charmes pour lui; et comme Vitellius, il disait : *L'argent sent toujours bon*, quelle que soit sa source. Des garçons de bureau furent aussi renvoyés sous divers prétextes plus absurdes les uns que les autres, et leurs remplaçans furent chargés de surveiller ceux qu'on n'avait pas encore éliminés.

Nous devons encore un mot à nos lecteurs sur M. le vicomte Delahaye, qui eut un démêlé assez vif avec M. le comte de Pins. Il était le sous-chef de M. Brunat, qui, sans lui en rien témoigner, avait épousé la querelle de M. de Pins, et ne négligeait aucun moyen de lui faire éprouver des désagrémens, sans paraître y prendre part; mais il était le champion de son collègue. Enfin, M. Delahaye, voyant qu'il ne pouvait vivre en bonne intelligence avec deux hommes qui chaque jour se trouvaient en rapport avec lui, prit le parti de donner sa démission.

M. de Belleyme, aujourd'hui préfet, l'a rappelé dans son administration, et il est sous-chef au secrétariat-général.

Tels furent les débuts de M. le marguillier Brunat, lorsqu'il parut comme un *météore* au bureau du personnel de la préfecture de police. Nous aurons encore l'occasion de parler de ce grand personnage, qui s'est éclipsé de la rue de Jérusalem avec son chef.

M. Brunat continue à remplir ses fonctions de Marguillier à Saint-Sulpice.

## MADAME JAMAIN.

**M. Bonneau; l'agent Chignard, sous le faux nom de Brown. — 30,000 fusils.**

Dès que M. Bonneau eut été élevé publiquement, par la protection de M. Franchet, à la place d'inspecteur-général des prisons du département de la Seine, et secrètement, ou *in petto*, à celle de chef d'une police occulte, il voulut prouver qu'il n'était pas fait pour se traîner servilement dans la route frayée par ses prédécesseurs dans la police; et si César avait dit à Antoine :

Il faut un nouveau nom pour un nouvel empire,

il s'écria dans un saint transport, en songeant à ses nobles fonctions, avant peu on dira de moi :

Il fallait un *Bonneau* pour faire la police.

Il ne s'agissait pas de promettre, mais de tenir. Voyons un peu comment il s'y prit pour se faire une grande réputation, et réaliser les espérances qu'on avait pu concevoir de ses talens.

Le nommé Chignard, qui avait été employé à diverses époques dans la police, qui s'était fait remarquer, dont les journaux avaient cité le nom en diverses circonstances, mais sans en faire un très-grand éloge, trouva moyen d'approcher de M. Bonneau. Il parla de ses antécédens en police, de son zèle, de son dévouement, de son activité, des talens qu'il avait pour découvrir ce qui existait, et même pour créer ce qui n'existait pas. Chignard parut un sujet précieux à M. Bonneau, et il se décida à l'employer, sauf à faire usage des documens qu'il fournirait selon l'occurrence. Il le prit donc à son service, et lui permit de s'occuper sous ses ordres, pour le mieux, des intérêts de la police et de sa gloire.

Chignard remercia M. Bonneau de sa bienveillance, et lui promit que sous peu il aurait de ses nouvelles.

Il se mit en campagne, et quelques jours après il vint trouver M. Bonneau, en lui annonçant qu'il existait plusieurs dépôts considérables de fusils dans Paris; que la malveillance et les ennemis de la tranquillité publique et du gouvernement pourraient s'en emparer; que le parti libéral avait peut-être des intentions criminelles. Pour obvier à tant de malheurs, il pensait qu'on devait employer tous les moyens possibles pour découvrir ces divers dépôts de fusils, et s'en emparer, n'importe à quel prix ; qu'on y trouverait le double avantage d'enlever cette ressource aux ennemis de la France, et de faire rentrer dans les arsenaux un grand nombre d'armes de guerre.

L'avis donné par Chignard fut trouvé excellent ; on applaudit à ses bonnes et louables intentions, et on lui laissa la liberté d'agir comme bon lui semblerait pour chercher et découvrir ces dépôts d'armes.

Chignard, qui avait carte blanche, auquel on laissait la bride sur le cou, se mit à parcourir Paris pour trouver un dépôt de fusils. Il passa sur le quai de la Féraille ou de la Mégisserie, aperçut la maison de madame Jamain, qui avait des armes dans son magasin. Il se dit : voilà où je trouverai mon dépôt. Il me faut trente mille fusils de munition garnis de leurs baïonnettes, c'est là qu'ils doivent être. Allons, Chignard, vole à la fortune, mon fils. Il rêva ensuite aux moyens à employer pour avoir accès dans la maison, et pour s'y présenter sous un prétexte plausible.

Les méchans ont l'esprit inventif; Chignard était de ce nombre, et en continuant son *à parte*, il ajouta : « Je suis le capitaine Brown, j'arrive » de la Colombie, et je suis chargé, par le libé» rateur Bolivar, d'acheter vingt-cinq à trente » mille fusils pour armer les soldats qu'il va le» ver incessamment afin d'augmenter ses forces.

» On ne pourra avoir aucun soupçon de ma ruse.
» J'ai le teint rembruni et olivâtre d'un habitant
» du Pérou. Il me faut un brevet de capitaine,
» une commission pour l'achat des fusils, des
» lettres de créance de Londres, je les fabrique-
» rai ; des répondans à Paris, j'en trouverais en
» les intéressant un peu dans l'affaire; on ne
» manque pas de gens honnêtes de cette espèce.
» Un logement près des barrières, j'en prendrai
» un à la Maison-Blanche.....; des rouliers pour
» charger les fusils et les transporter....., je sau-
» rai m'en procurer, et je les placerai en atten-
» dant dans une auberge. J'inspirerai encore
» plus de confiance; et pour porter le dernier
» coup, et ne pas avoir l'air d'un aventurier,
» ajoutons un cheval et un cabriolet; car décem-
» ment un envoyé du libérateur de la Colombie
» ne peut aller à pied dans Paris.

» De l'adresse, de l'audace, de l'impudence,
» j'en ai une dose complète; je sais mentir, le
» succès est certain. »

Chignard acheta un cheval, un cabriolet, il prit un costume analogue au rôle qu'il allait jouer, et il arriva en voiture à la Maison-Blanche; il s'y logea, et commença à se donner des airs d'importance.

Comme on a l'habitude dans Paris de juger des gens sur la mine, quoiqu'on y soit souvent trompé, l'expérience ne corrige point ces bons habitans. Chignard fut pris pour un homme comme il faut, pour un riche colon; sa couleur cuivrée prêtait à l'illusion, enfin on eut de lui la plus haute opinion. Ce qui vint encore à l'appui et la confirma, c'est qu'il s'annonça sous le nom du capitaine Brown au service de la république de la Colombie, sous les ordres du libérateur Bolivar. On ouvrit de grands yeux, et Chignard-Brown parut un brave militaire rempli d'honneur; mais, soit dit en passant, l'habit ne fait pas le moine.

M. le capitaine Brown demanda une chambre; on la lui donna. Il fit mettre le cheval à l'écurie.

Dès qu'il fut monté dans son appartement, il mit en ordre dans son portefeuille toutes les pièces fausses dont nous avons parlé plus haut; il les avait fabriquées. Les lettres de Londres portaient en outre le timbre de Calais. Quand le cheval de M. le capitaine Brown fut rafraîchi, il le fit mettre au cabriolet, se disposa à partir pour Paris, en annonçant qu'il reviendrait le soir, et que s'il se présentait des voituriers qui vinssent de sa part, de les recevoir et de les loger eux et leurs chevaux. On lui promit d'exécuter ponctuellement ses ordres, et il se mit en route pour la capitale.

Il trouva facilement des rouliers qui se rendirent à la Maison-Blanche. Ils ne furent point mis dans le secret; il leur avait dit seulement qu'ils seraient là pendant quelques jours pour attendre un chargement de marchandises; ils n'en demandèrent pas davantage. Ils conduisirent leurs chevaux dans l'écurie, et se mirent ensuite à table pour attendre plus gaîment le moment du départ.

Toutes ces dispositions étant arrêtées, Chignard, devenu le capitaine Brown, monta le lendemain dans son cabriolet, arriva à la porte de madame Jamain, descendit et demanda cette dame. Il était bien mis, il savait se présenter. Il parut devant madame Jamain; on entra dans le cabinet, ils prirent des siéges, et le capitaine entama la conversation en ces termes : « Madame, je suis chargé » par le général Bolivar, président et libérateur de » la république de Colombie, d'acheter vingt-cinq » à trente mille fusils de munition français garnis » de leurs baïonnettes. J'ai passé par hasard de- » vant votre maison, et je m'adresse à vous pour » savoir si vous pourriez entreprendre cette four- » niture. »

Madame Jamain, qui avait été saisie en 1815 et 1816, pour vente de fusils, conçut d'abord des soupçons, de la défiance, et répondit d'une manière évasive à l'envoyé colombien.

Brown s'en aperçut; alors, pour lui inspirer de la confiance et lever tous les obstacles, il lui montra la commission du gouvernement de Colombie pour faire cet achat, et des lettres de Londres fabriquées à Paris, sur lesquelles on avait eu soin d'apposer le *timbre de Calais*, comme nous l'avons dit.

La dame Jamain se crut alors tout-à-fait en sûreté, et ses craintes s'évanouirent.

Elle prit de son côté des informations à la Maison-Blanche, pour s'assurer de la vérité des faits énoncés par le capitaine colombien, et savoir si un étranger de marque y était logé avec plusieurs rouliers.

On lui en donna l'assurance; et ces voituriers, qui étaient eux-mêmes bien traités, ne manquèrent pas d'affirmer encore la chose, et que celui qui les avait arrêtés pour charger leurs voitures était un homme riche, très-généreux, qui payait tout comptant.

Chignard-Brown avait même donné à madame Jamain, l'adresse de MM. Baron et Boivin, demeurant rue d'Artois. Il les qualifiait de banquiers, et il l'engageait à prendre auprès d'eux des renseignemens sur sa solvabilité. Elle y envoya une personne de confiance; ils répondirent de la manière la plus satisfaisante. *C'était de l'or en barre!*

La dame Jamain, satisfaite de plus en plus, et très-enchantée de faire une fourniture aussi considérable qui lui serait bien payée, avoua au capitaine Brown, lors d'une nouvelle entrevue, qu'elle pouvait disposer de la quantité de fusils dont il avait besoin. Que ceux qui se trouvaient dans ses magasins appartenaient en grande partie à des gardes nationaux qui les lui avaient remis pour les réparer. Mais s'il était toujours dans les mêmes intentions, elle lui en procurerait la quantité qu'il désirerait, à condition qu'il paierait comptant au moment de la livraison. Si cette proposition pouvait lui convenir, elle l'attendrait à dîner le lendemain à cinq heures précises; qu'alors elle lui ferait voir différens modèles de fusils français, anglais et prussiens.

Chignard-Brown accepta tout; il ne pouvait ni ne devait être difficile.

Le lendemain il fut exact au rendez-vous, et il arriva à l'heure indiquée pour se mettre à table. On lui montra des fusils de différens modèles, ainsi qu'on le lui avait annoncé; ils convinrent à Chignard-Brown. Le prix fut arrêté. La dame Jamain ne demanda que trois jours pour la première livraison, et huit jours pour la terminer entièrement.

On dîna, et chacun ayant des motifs de satisfaction, fit honneur aux mets qui parurent sur la table.

Madame Jamain était tellement contente, qu'au dessert elle fit cadeau au capitaine Brown d'une tabatière de buis doublée en argent doré, et d'une paire de superbes pistolets, afin de lui prouver sa confiance et le remercier de la préférence qu'il lui avait donnée pour conclure un marché qui lui offrait d'aussi grands avantages.

M. Bonneau fut exactement informé de tous ces détails par son agent Brown; il prit ses mesures en conséquence.

Le jour de la première livraison étant arrivé, Chignard-Brown se rendit au café de la place du Châtelet, d'après les ordres de M. Bonneau. Il y fut bientôt lui-même. M. le commissaire de police Dénayer y arriva ensuite, ainsi que Deslauriers, chef d'une brigade sous l'inspecteur Bonneau. Il était déguisé en portefaix. Deux officiers de paix et plusieurs agens de la police centrale s'y trouvèrent.

L'un d'eux s'approcha de Brown pour lui transmettre les ordres de l'inspecteur Bonneau.

A l'heure dite, Brown se rendit chez la dame Jamain; il sortit de sa maison à dix heures avec un jeune homme qui était associé ou intéressé dans le commerce; la dame Jamain partit seule, et chacun prit de son côté, afin d'éviter toute fâcheuse rencontre : ils le croyaient ainsi.

Le jeune homme qui accompagnait Brown lui fit traverser plusieurs rues, parcourir différens quartiers, afin de donner le change à ceux qui auraient pu les suivre. Enfin, il finit par le conduire rue Saint-Denis, et le faire entrer dans une maison de roulage où la dame Jamain les avait précédés.

Le commissaire de police Dénayer, les agens et les officiers de paix qui les avaient suivis de loin, se mirent en embuscade près du roulage.

Brown, à qui l'on demandait de payer les fusils avant la livraison, insistait pour les voir, afin de s'assurer s'ils étaient emballés convenablement. Alors le jeune homme qui l'avait accompagné le conduisit dans un grenier à fourrage, sur le derrière de la maison. Dès qu'ils y furent montés, le jeune homme dérangea quelques bottes de foin, et il découvrit plusieurs caisses dans lesquelles il y avait des fusils de calibre des manufactures françaises, et des armes blanches. Le commissaire de police et tous les agens parurent dans ce moment, et ils opérèrent la saisie. Chignard-Brown profita de la bagarre pour s'esquiver.

Cette saisie fit rentrer dans les arsenaux pour 25 à 30,000 fr. de fusils et autres armes qui n'ont jamais été payés à la dame Jamain. Elle fut encore assez heureuse de transiger avec la préfecture de police pour l'amende à laquelle on eût pu la condamner.

Quant aux rouliers, ils ne furent point payés de leur temps perdu. La police ne les connaissait pas, et ils durent s'estimer très-heureux de ne pas éprouver d'autres désagrémens. Avec *feue* cette administration, le moindre point de contact était dangereux, surtout lorsqu'on voulait heurter celle qui croyait avoir le droit exclusif de torturer impunément tout le monde, dès qu'on n'était pas affilié au parti dominant.

## M. DUPLESSIS,

**Secrétaire intime du Préfet.**

M. Delavau en entrant à la préfecture de police voulait lui donner une autre direction; ce qu'avaient fait MM. Dubois, Pasquier, Decazes, Anglès, ses prédécesseurs, ne lui convenait pas. Autre temps, autres mœurs. Il avait son caractère, des guides et des patrons, qui ne l'avaient élevé au poste où il se trouvait, que comptant sur une soumission entière et aveugle.

Louis XVIII lui avait dit en recevant son serment : « Vous êtes bien jeune; mais je compte sur votre zèle et votre dévouement. »

Outre les engagemens qu'il avait pris avec les ultramontains, son beau-père, d'un caractère ardent, croyant qu'on ne pouvait être royaliste sans y ajouter un zèle furibond, devait encore joindre ses avis aux instructions qu'il avait déjà reçues, et qu'on devait lui prodiguer au besoin.

Pour conduire la barque de la préfecture à son gré et à celui de ses co-associés, il fallait donc qu'il se chargeât seul de tenir la barre du gouvernail, et même qu'il se réservât par devers lui la connaissance de certaines affaires qu'il dirigerait et terminerait sans le concours de ses chefs de la police centrale, de son cabinet particulier et de ceux de ses différens bureaux; il créa donc un secrétariat intime.

Depuis le directoire et sous Bonaparte, il n'y avait pas eu un seul administrateur un peu marquant qui ne se fût affublé d'un secrétaire intime ou particulier. Ils prenaient ordinairement le fils d'un de leurs amis qui sortait du collége, et son occupation était de faire les cartes d'invitations pour les dîners ou les soirées que donnaient ces Messieurs. Ensuite on voyait le petit secrétaire intime papillonner le soir dans le cercle, recevoir des bonbons et des coups d'éventails sur les doigts; enfin, c'était une espèce de sapajou parlant, avec lequel les beautés du lieu folâtraient sans conséquence.

Mais avec un préfet de police, c'était bien différent, et quoiqu'ils fussent, à peu de chose près, de la même espèce que les premiers, le poste n'était pas aussi gai, parce que la police ne rit pas. Ces messieurs les secrétaires intimes se donnaient, par cette raison, un air d'importance; ils faisaient les petits régens et singes de leurs maîtres; ils se mêlaient d'affaires sérieuses, de surveillances, se croyaient des puissances, et rendaient de petites ordonnances, ou prenaient des décisions.

M. Delavau crut donc devoir choisir un secrétaire intime ou particulier, et M. Duplessis, homme mûr, âgé de 22 ans, parut avoir les qualités requises pour remplir dignement ces fonctions, aux appointemens de 3000 fr.

Dès que sa nomination fut officiellement connue, chacun s'empressa autour de lui, chercha à obtenir un coup d'œil de celui qui, approchant du préfet à chaque instant, devait nécessairement avoir une grande influence. Dès qu'il parlait, on volait accomplir ses désirs ou ses volontés, qui devenaient des ordres pour des employés d'une administration dont la servilité est la base fondamentale.

M. le préfet eut une brigade d'agens. Un nommé Ponet en fut le chef, il avait pour agens Lesaisne et autres.

M. Duplessis dirigea cette brigade et il l'employait aux affaires dont M. le préfet se réservait la connaissance particulière, 1re section. Il en renvoyait bien aussi à son cabinet particulier; mais elles étaient d'une classe inférieure. Celles du cabinet intime étaient, proprement dit, *les affaires de cœur*. C'est ainsi que M. Duplessis était le confident de son chef, et avait la haute-main sur tout.

Le crédit de M. Duplessis augmentait à vue d'œil; il était devenu un personnage important. Il avait un rang à tenir, et il ne pouvait figurer convenablement dans le monde avec ses modestes appointemens. Le préfet voulait bien augmenter ses revenus, mais sans toucher à sa caisse! Quel moyen donc employer? L'amitié de M. le préfet fut industrieuse; il trouva que le meilleur expédient était de lui donner un nouvel emploi qu'il réunirait à sa place de secrétaire intime, en renvoyant le titulaire, il toucherait ses appointemens. On jeta les yeux sur M. Parisot, chef de la deuxième division, et on lui donna la préférence pour être remplacé par le cher M. Duplessis; mais comme il fallait un prétexte plausible pour opérer cet ostracisme, on mit M. Parisot en surveillance secrète. Une enquête fut ordonnée pour connaître la conduite qu'il avait tenue depuis 1790 jusqu'en 1793, et pendant les cent jours. Un nommé Paillet, agent sous les ordres de M. Duplessis, auquel on adjoignit le sieur Pascal, travaillèrent de leur mieux pour satisfaire M. le préfet, enrichir M. Duplessis et nuire à M. Parisot. Ils rédigèrent plusieurs rapports, annonçant que M. Parisot avait porté le bonnet rouge en 1793, et qu'il s'était montré très-chaud partisan de Bonaparte pendant les cent jours. Il n'en fallait pas tant pour être coupable et très-coupable. Dès-lors il fut mis à la retraite, et on lui fit sentir que c'était une très-grande faveur. M. Duplessis lui succéda dans la place de chef de la deuxième division, et, ce qui valait beaucoup mieux, dans ses appointemens. Un secrétaire intimé, un chef de division devait être décoré ; on ne pouvait demander pour lui la croix de Saint-Louis ni celle de la Légion-d'Honneur, quoiqu'il fût très-brave..... sur lui, c'est-à-dire bien vêtu. Ses titres de gloire parurent ne mériter que la croix de Saint-Ferdinand de troisième classe. M. le préfet Delavau la sollicita près de S. M. le roi d'Espagne, qui daigna l'accorder à son protégé, pour reconnaître les bons et loyaux services rendus par les agens de police Corbiau et Georges, qui avaient été envoyés à la suite de l'armée pour surveiller les employés français des vivres viandes et des fourrages.

Voilà donc M. Duplessis avec deux emplois et une croix à sa boutonnière. Mais comme il fallait signaler son *intronisation* à la deuxième division par quelque innovation, et qu'un changement est une marque notoire d'autorité, Vidocq, chef de la brigade de sûreté, fut mis en surveillance. On fit une enquête sur son compte ; on ne tarda pas à savoir qu'il prêtait de l'argent.... ; que le sieur Pepin, huissier, carré Saint-Martin, était chargé du recouvrement de ses créances ; qu'il y avait dans l'étude dudit Pepin un carton destiné seul pour les dossiers de Vidocq, dit Jules. Il s'occupait encore de procurer des remplaçans pour les armées, il achetait ces sortes de créances après avoir dénoncé ceux qui avaient traité avec les remplaçans, enfin gâté par la fortune et les richesses qu'il avait acquises, il négligeait ses devoirs. Il n'avait pu parvenir à découvrir celui qui avait volé le manteau de madame Delavau, *dans une soirée* où elle avait assisté ! D'après ces rapports et les griefs qu'on pouvait lui reprocher, Vidocq fut renvoyé ; et Lacour lui succéda ; plus adroit ou mieux servi que Vidocq, il avait trouvé le manteau de madame Delavau ; ce qui justifia sa nomination à la place de chef de la brigade de sûreté.

Deux expéditionnaires, ainsi qu'un garçon de bureau, placés par M. Parisot, furent également renvoyés et enveloppés dans la disgrâce de leur bienfaiteur.

M. Duplessis dirigeait donc les opérations du secrétariat intime, sans compter celles de la deuxième division. Il faisait ce travail avec Lacour, qui lui donnait, avec une doucereuse soumission, des renseignemens et des notions sur toutes les classes d'individus qui peuplent les prisons pour figurer ensuite sur la place du Palais de Justice ou sur celle de la Grève. Il ne pouvait tomber en de meilleures mains pour faire son éducation et connaître la grammaire de l'*argot* et les règles de la prosodie de cette langue harmonieuse.

M. Duplessis était en bon chemin, comme on le voit, pour acquérir des connaissances administratives en police ; et pour qu'il n'y eût rien de caché pour lui, M. Delavau l'avait encore nommé garde des archives ; ce qu'il ne faisait pas *gratis*. Aussi, à la fin du mois il était obligé de signer *trois états d'émargemens*, ce qui ne laissait pas que d'être encore très-fatigant, surtout lorsqu'après avoir rempli cette formalité, on lui remettait le revenant bon de son nom paraphé.

Il était en outre employé dans certaines occasions importantes et délicates, comme on a pu le voir lorsqu'il se rendit au Bourg-la-Reine, pour arrêter des officiers qui se rendaient en Espagne. Ces déplacemens lui étaient payés par des indemnités qui n'étaient pas réglées avec parcimonie ; mais c'était M. Duplessis !...

Il a parcouru une très-belle et vaste carrière à la préfecture de police ; il a suivi la fortune de son chef, et vit, à ce qu'il paraît, dans la retraite du fruit de ses réserves et des précieux souvenirs que lui ont laissés les divers actes de la préfecture auxquels il a pris part.

## IMPRIMERIES CLANDESTINES.

Il n'y a que les petits hommes qui craignent les petits écrits, a dit un auteur aussi spirituel que judicieux.

Nous ne prétendons point faire l'apologie des écarts, des licences de la presse; elle doit respecter ce qui est digne de nos hommages, de notre respect, autrement c'est un délit, c'est un abus qui mérite le blâme et qui doit être réprimé au nom des lois qui sont la sauve-garde de la société. Ceux qui ne vivent que de vexations et des actes qui en découlent, n'aiment pas les lettres ni ceux qui les cultivent; ils les redoutent comme un phare qui va éclairer le monde sur leur marche tortueuse. C'est ainsi que les voleurs craignent les réverbères.

La police, en appelant le bien public à son secours, voyait des coupables et des ennemis du gouvernement dans tous ceux qui voulaient user du droit que chacun a d'émettre sa pensée. Il suffisait donc de se servir de sa plume pour être classé dans cette cathégorie; aussi avait-elle des agens chargés d'aller à la découverte de ce qui s'imprimait, repréhensible ou non : on eût dit qu'elle avait pris et adopté pour principe, qu'il valait mieux condamner un innocent que de laisser échapper un coupable.

Cette opinion n'est pas très-humaine; mais que faire à cela, c'était la police. Sa surveillance inquisitoriale ne se contentait pas de l'enceinte de Paris; elle s'étendait *extra muros*, et même jusqu'aux frontières : ses ailes de chauve-souris lui permettaient de parcourir rapidement l'espace.

Un de ces *cheiroptères*, un agent de la police, caché dans les débris d'une vieille mâsure sur les bords de la Bidassoa, y trouva des pamphlets, des proclamations, des chansons, et une feuille périodique ayant pour titre *Journal National*. Ces productions étaient séditieuses, et la police des frontières les envoya à la direction générale à Paris.

Alors on pensa que les presses qui avaient donné le jour à ces écrits pouvaient être établies dans la capitale, et il fut ordonné des recherches pour découvrir les imprimeries clandestines.

On parvint à s'assurer qu'il en existait une rue de la Parcheminerie, n° 22, au deuxième étage.

M. Monnier, commissaire de police, fut chargé de faire une perquisition dans cette maison; il se fit accompagner par le sieur Froment et par Vidocq. Ils se rendirent à l'endroit désigné; mais ne trouvant personne dans l'appartement, ils eurent recours au serrurier, et la porte fut ouverte. En entrant dans la chambre, ils reconnurent qu'ils étaient dans une imprimerie : il y avait des casses, des rouleaux, un marbre, enfin, tous les ustensiles de l'art typographique. Ils y trouvèrent des proclamations imprimées, et dans un tuyau du poêle, un rouleau de papiers qu'on y avait caché, et qui contenait des instructions pour la réception et l'affiliation d'un *carbonaro*. Plus, un mouchoir marqué de la lettre J, deux fusils, trois bonnets à poil et deux habits d'uniforme de la garde nationale. Nous avouons avec franchise que, dans cette circonstance, la police faisait son devoir.

Les imprimés avaient un caractère répréhensible ; quant aux armes et aux effets d'habillement et d'équipement, il n'y avait rien à redire, l'usage en était légalement autorisé.

Après avoir terminé la visite et l'exploration, le commissaire de police fit comparaître devant lui le propriétaire de la maison, et lui demanda des renseignemens sur les personnes qui occupaient le logement dans lequel il s'était introduit au nom de la loi et en vertu des ordres de l'autorité.

Le propriétaire répondit que deux personnes qui s'étaient annoncées comme exerçant la profession de peintres, avaient loué cette chambre pour y établir leur atelier ; qu'il la leur avait louée sans leur demander leurs noms, parce qu'ils avaient payé le terme d'avance, mais que sur la quittance qu'il avait donnée, l'un d'eux avait déclaré se nommer Julien.

Le commissaire de police dressa son procès-verbal, et l'envoya à M. Delavau, en joignant à l'appui les pièces saisies. M. Delavau fut très-satisfait du succès de cette démarche, et il en donna de suite avis au directeur-général Franchet. Froment et Vidocq reçurent l'ordre d'établir des agens à poste fixe dans la rue de la Parcheminerie, et qu'ils y restassent jour et nuit, afin de s'assurer si l'un des individus qui avaient loué la chambre ne s'y présenterait pas, et dans ce cas, de l'arrêter.

Trois jours et trois nuits s'écoulèrent sans rien découvrir; alors M. de Pins fit lever cette surveillance.

On sut que l'imprimerie, rue de la Parcheminerie, était tenue et dirigée par les sieurs Hervieux, Hubert et Granvel.

Quelque temps après, M. de Pins manda Froment, et lui dit :

« J'ai maintenant la certitude qu'il existe dans » Paris plusieurs imprimeries clandestines; j'ai » quelqu'un qui me sert dans cette affaire, mais » comme je ne voudrais pas que cette personne » fût connue, je vous prie de me trouver, dans » quelque hôtel garni, une chambre que vous » louerez sous un nom supposé, afin que je puisse » y recevoir mon agent secret. »

Froment, pour remplir ses intentions, arrêta une chambre rue Saint-Germain-l'Auxerrois, n° 20, chez le sieur Dufour, perruquier, et M. de Pins s'y rencontrait avec son agent secret, mademoiselle B...., qui était jeune et jolie. * M. de Pins était tellement séduisant, que, pour lui plaire, les Grâces elles-mêmes faisaient la police! O trois ou quatre millions de fois très-fortuné chef du cabinet particulier de M. le préfet. Eh bien! n'allons-nous pas épigrammatiser le très-cher et très-honoré comte de Pins? Heureusement que nous nous rappelons que M. le chef du cabinet particulier était mort aux joies de ce monde, qu'il avait depuis long-temps renoncé à Satan, à ses pompes et à ses œuvres, et que s'il voyait mademoiselle B.... en particulier, c'était en tout bien, tout honneur, et pour remplir ses devoirs.

Après que M. de Pins eut entretenu mademoiselle B.... dans la chambre rue Saint-Germain-l'Auxerrois, il ordonna à Froment de surveiller la maison du sieur Branville, officier d'artillerie, et aujourd'hui entrepreneur du blanchissage du linge des prisons, qui demeurait boulevard des Gobelins, n°    ; il devait s'y trouver une imprimerie clandestine.

* Cette jeune personne appartient à une famille tellement recommandable, qu'il est impossible de la nommer sans porter le trouble et la désolation dans le sein de ses parens. Nous espérons que les pères de famille applaudiront à notre réserve.

Huit agens furent employés à cette surveillance; on en plaça quatre sur le boulevart, et les quatre autres sur le bord de la rivière des Gobelins, non loin de la porte de la maison du sieur Branville.

Les quatre premiers jours on ne découvrit rien qui méritât de fixer l'attention, mais le cinquième on vit sortir de la maison du sieur Branville une dame en chapeau, et de petite taille; on la suivit, elle se rendit rue Saint-Germain-l'Auxerrois, n° 20. C'était l'agent féminin du comte de Pins.

Le même jour il remit à Froment un mandat pour qu'il se fît accompagner de M. Roger, commissaire de police du quartier du Marché aux chevaux, afin de faire une perquisition dans la maison de M. Branville. Le mandat portait de saisir tous les écrits séditieux qui s'y trouveraient, ainsi que la presse et les caractères qui auraient servi à les composer.

En vertu de cet ordre, le commissaire de police et les agens se transportèrent au domicile de M. Branville. Ils montèrent au deuxième étage, et là, après avoir parcouru plusieurs pièces, ils trouvèrent dans l'une d'elles, sur un lit qui y était placé, un gilet, un col et *un mouchoir marqué de la lettre J*, ce qui fournit matière à des rapprochemens et redoubla l'attention de la police.

On demanda à M. Branville à qui appartenaient

ces effets. Il répondit que c'était à une personne qui logeait en garni chez lui.

Le commissaire voulut connaître le nom de cette personne, et lui observa qu'il eût dû en faire sa déclaration à l'autorité, conformément aux lois et ordonnances de police. Le sieur Branville balbutia une réponse insignifiante. On continua les recherches, et on découvrit un cabinet noir dans lequel on trouva deux caisses; dans l'une étaient déposés des caractères, des rouleaux, une petite presse d'imprimerie, enfin, tous les ustensiles à son usage; l'autre contenait des pamphlets, des chansons et autres écrits séditieux.

Le commissaire de police dressa procès-verbal; on saisit les caisses, et le tout fut envoyé à la préfecture de police, scellé et cacheté.

Peu de jours après, M. Branville fut arrêté en vertu d'un mandat, et mis à la disposition de M. le procureur du roi.

M. de Pins ordonna à Froment de faire ensorte de découvrir, dans les diverses imprimeries de Paris, un nommé Julian ou Julien. Toutes les recherches furent aussi inutiles qu'infructueuses.

Les soupçons se portèrent ensuite sur le sieur Audiat jeune, demeurant rue Montorgueil, n° , comme tenant une imprimerie clandestine. Froment le mit en surveillance, et un agent fut chargé de suivre toutes ses démarches. On découvrit que le sieur Audiat se rendait dans divers cafés, et qu'en sortant il avait l'habitude de laisser tomber un des écrits séditieux; il les distribuait ainsi en les semant.

On décerna alors un mandat de perquisition dans son domicile. M. Monnier, commissaire de police, et Froment s'y transportèrent; ils trouvèrent, dans une chambre au cinquième étage, une presse, des rouleaux et des caractères. Il n'y avait aucun imprimé; mais tous les ustensiles paraissaient avoir servi la veille, car ils étaient encore imprégnés d'encre qui maculait en y touchant. Le commissaire de police enjoignit au sieur Audiat de lui remettre son portefeuille et tous ses papiers; il s'y refusa. Alors on eut recours à la violence; mais dès qu'il vit qu'on le couchait sur son lit pour le lui enlever, il le donna. On y trouva trois ou quatre exemplaires des mêmes pamphlets qui avaient été saisis rue de la Parcheminerie et chez M. Branville.

On dressa un procès-verbal de perquisition et de saisie. On transporta tous les ustensiles d'imprimerie à la préfecture de police; le sieur Audiat y fut conduit également et déposé à la salle Saint-Martin. Quelques heures après, Froment fut mandé par M. de Pins, qui lui observa que la saisie n'était pas aussi complète qu'elle eût dû l'être; qu'il savait pertinemment qu'il existait des écrits séditieux dans le magasin de M. Audiat l'aîné, au premier; qu'on les trouverait dans les cartons qui renfermaient ses marchandises, et qu'ils étaient confondus avec des tulles, des soieries, etc. Ces renseignemens avaient été fournis à M. de Pins par son agent secret mademoiselle B.... Alors Froment se transporta de nouveau, avec M. Mounier, dans la maison rue Montorgueil; on bouleversa tout dans le magasin, et on trouva quelques exemplaires des écrits déjà saisis. Alors on arrêta M. Audiat aîné, et il fut conduit la préfecture de police.

Le sieur Tilhard, médecin, rue du Sentier, n° 3, fut également soupçonné d'avoir chez lui une presse et une imprimerie clandestines. On le mit en surveillance; mais pour avoir une connaissance exacte des localités, un agent bien endoctriné se rendit chez l'Esculape, sous prétexte de le consulter.

L'agent prenant la qualité d'ancien militaire, se plaignit d'un rhumatisme entre les deux épaules, et après la consultation, il pria le docteur de lui donner un rendez-vous pour le lendemain; qu'il viendrait chercher une ordonnance et lui payer ses honoraires.

Mais, au jour indiqué, à l'heure dite, le médecin vit entrer chez lui, au lieu du malade, un commissaire de police et des agens qui lui annoncèrent, en lui exhibant un mandat, qu'ils venaient pour faire une perquisition dans son domicile.

Elle eut lieu de la manière la plus exacte et la plus scrupuleuse; mais on ne trouva rien.

Un individu, nommé Dancourt, demeurant passage des Petits-Pères, fut désigné à la police comme étant possesseur d'une imprimerie clandestine. On s'y rendit pour faire une perquisition, et on ne trouva rien au deuxième étage occupé par son père, chez lequel il demeurait. Mais pour n'avoir rien à se reprocher, on monta au quatrième, et là, dans une petite chambre, où le sieur Dancourt couchait avec ses frères, on fit également une perquisition, et on trouva, dans le bas d'une armoire, une boîte d'environ dix-huit pouces de longueur sur vingt de largeur, dans laquelle étaient renfermés environ cent cinquante à deux cents exemplaires d'un écrit séditieux. Tandis qu'on procédait à ces recherches, M. de Corcelles, fils du député de ce nom, se présenta pour rendre visite au sieur Dancourt; on le laissa entrer, et on lui demanda s'il n'avait pas de papiers sur lui; il dit que non, et se fit connaître pour ce qu'il était. Alors on le fouilla, sans autre forme de procès, et on trouva sur lui un exemplaire des écrits qui venaient d'être saisis.

On s'assura de sa personne, et il fut, ainsi que le sieur Dancourt fils, conduit à la préfecture. Nous nous permettrons une réflexion: cette arrestation était-elle bien légale, malgré l'omnipotence de la préfecture de police?

Le lendemain, dès le matin, M. Duval de Laneuville, commissaire de police, accompagné de Froment, furent envoyés au domicile de M. de Corcelles, rue du Faubourg-Saint-Honoré; après deux heures de recherches, ils ne trouvèrent rien. Alors le sieur de Corcelles fils fut ramené à la salle Saint-Martin, et deux jours après il fut mis en liberté. Revenons encore à la détention de ce jeune homme.

Si ce n'est pas de l'arbitraire,
Comment faut-il donc le nommer?

L'agent féminin de M. de Pins, mademoiselle B...., lui avait déclaré qu'il existait une presse clandestine rue Saint-Martin, n° , dans une maison où logeait le médecin Lamotte; en conséquence, M. de Pins fit venir près de lui Froment et Vidocq, et leur donna l'ordre de se rendre, avec leurs brigades respectives, et le commissaire de police Genaudet, à la maison indiquée, de s'emparer de toutes les issues, et de ne laisser entrer ni sortir personne.

Ils y vinrent au nombre de vingt-cinq, et les agens furent distribués et placés dans les différens corps-de-logis.

Ils demandèrent d'abord à la portière dans quel endroit était situé le logement du médecin, et s'il était chez lui?

Cette femme leur répondit qu'il venait de sortir, mais qu'elle avait sa clé.

Alors le commissaire de police Genaudet, Vidocq et Froment, ayant requis deux témoins, dont l'un était le principal locataire de la maison, ouvrirent la porte, et commencèrent leur perquisition.

Ils trouvèrent, dans une armoire de son cabinet, dix à douze exemplaires du *Journal National*, et cent autres exemplaires du même journal dans le haut d'une grande armoire de l'antichambre.

Plus, une somme de 5 à 600 fr. en or et quelques pièces de monnaie blanches, ainsi que sa correspondance qui était dans son cabinet.

Le tout fut saisi et envoyé à la préfecture; il est encore très-heureux que la préfecture de police ne soit composée que de gens et agens probes, honnêtes et délicats; car, sans cela, avec le droit qu'elle a d'entrer, à toute heure et sans autre permission que sa volonté, chez tout le monde, que l'on soit ou non chez soi, il en pourrait résulter de très-graves inconvéniens. Mais, nous le répétons avec plaisir et avec un sentiment intime de conviction, la police n'a sous ses ordres que des hommes sans tache, et il n'en est pas un qui ne puisse dire :

Le ciel n'est pas plus pur que le fond de mon cœur.

Dès que Froment fut rentré à la préfecture,

on lui remit un mandat pour s'établir au domicile du sieur Lamotte, avec plusieurs agens, pour l'arrêter dès qu'il rentrerait chez lui; mais, pour que les agens ne fussent pas trompés dans leur surveillance, Froment parvint à gagner une fille publique qui logeait dans la maison, au quatrième étage. Elle se laissa séduire très-facilement; elle avait le cœur très-sensible, et lui promit de l'avertir dès que le docteur rentrerait. Trois jours et trois nuits se passèrent sans que le docteur parût; il était sans doute resté chez quelqu'un dangereusement malade qui avait besoin de ses secours. La surveillance fut levée. Ensuite la police lança un mandat contre M. Gosse, pharmacien, dans la même maison; on supposa que le docteur Lamotte avait des relations avec lui, et qu'il pouvait bien écrire ses ordonnances sur des écrits séditieux, afin d'en augmenter la circulation. On soupçonna encore que la presse clandestine pourrait bien être cachée dans le laboratoire du pharmacopole; on fit une perquisition exacte, et l'on ne trouva rien.

Cependant M. Gosse et ses deux élèves furent conduits à la préfecture de police; on leur fit subir un interrogatoire, et ils eurent ensuite la liberté de rentrer dans leur officine.

La police donna ensuite l'ordre à ses agens de surveiller un sieur Lamy, demeurant rue Saint-Sébastien, dans la maison habitée par M. Daunou, membre de l'Institut.

On avait donné ainsi le signalement du sieur Lamy : taille de cinq pieds deux pouces et demi, svelte, cheveux et favoris rouges, portant habituellement une redingotte bleue et des lunettes.

Froment et ses agens, après avoir surveillé la maison pendant huit jours, en virent sortir ensemble MM. Daunou et Lamy ; il les suivirent : ils se rendirent Place Royale. Lamy quitta un instant M. Daunou, qui se promena sur la place en l'attendant.

Lamy revint ayant sous le bras un paquet de papiers, et il en remit une feuille à M. Daunou, qui la lut en se promenant.

Les agens s'approchèrent, et reconnurent que le papier qu'il lisait était *le Journal National*. Alors ils arrêtèrent MM. Daunou et Lamy, sur lequel on trouva une centaine d'exemplaires de ce journal.

Ils les conduisirent chez M. le commissaire de police Dussieux, quartier Popincourt, qui fut requis de se transporter au domicile du sieur Lamy, pour y faire perquisition. On y trouva dix à douze exemplaires des nos 1 et 2 du même journal et quelques papiers de peu d'importance, qui furent saisis et envoyés à la préfecture de police, ainsi que le sieur Lamy, que l'on déposa à la salle Saint-Martin.

Une perquisition exacte eût également lieu chez M. Daunou; mais on n'y trouva rien. Cet homme vertueux ne s'est jamais fait remarquer que par la modération de son caractère qui a toujours commandé la confiance, et par le plus sage emploi de ses talens et de ses lumières.

Quoique le sieur Lamy fût arrêté, on continua à surveiller sa maison pendant quelques jours, afin de connaître les personnes qui la fréquentaient, et on ne put rien apprendre de nouveau.

On eut encore des soupçons sur une maison rue de l'Arbre-Sec, n° 32.

Elle fut mise en surveillance; on en voyait journellement sortir des jeunes gens, portant des rouleaux de papiers, et qui circulaient dans Paris tantôt d'un côté, tantôt de l'autre; il n'en fallut pas davantage pour alarmer la police; elle crut qu'il y avait une presse clandestine dans cette maison.

On prit des renseignemens auprès de la portière, et il en résulta qu'elle annonça que tous ces jeunes gens se rendaient chez un peintre qui logeait au quatrième étage, pour y prendre des leçons de dessin.

Le rapport en fut fait à la préfecture, qui ordonna une surveillance plus sévère, et de suivre les jeunes gens. Les agens firent de nouveaux rapports qui tous étaient à l'avantage des mœurs, de la conduite et de la réputation de ces jeunes gens, qui, dans les cafés où ils se rendaient, ne s'occupaient nullement de politique. On fit cependant une perquisition chez le peintre.

M. Mounier, commissaire de police, Froment et d'autres agens s'y rendirent ; toutes les recherches furent inutiles, on n'y trouva que les preuves du talent de l'artiste, et d'un pied de nez pour la police.

La demoiselle B....., l'agent fripon de M. de Pins, l'avait engagé dans un pas de clerc. Le cher comte en fut fâché, et deux jours après Froment eut l'ordre de donner congé de la chambre chez Dufour, rue St.-Germain-l'Auxerrois, n° 20. La demoiselle B..... reçut son congé, et n'eut plus de rendez-vous politiques avec M. de Pins.

On doit s'étonner qu'une femme s'abandonne à un pareil métier. Les dames ont ordinairement un caractère sensible et généreux. Si mademoiselle B..... est jolie, comme on le dit, c'est le serpent caché sous les fleurs. Des traits séduisans ne devraient point servir d'enveloppe à une vilaine âme, c'est une erreur de la nature : cette bonne mère en commet parfois quelques-unes.

La police n'en continua pas moins ses recherches et ses investigations pour découvrir les presses et les imprimeries clandestines, et voulut s'assurer en outre si *le Journal National*, ne circulait point parmi les ouvriers. Les agens parcoururent les communes *extra muros*, entrèrent dans les cafés et dans les guinguettes, et ne trouvèrent rien de suspect.

Les habitués préféraient le vin d'Argenteuil à la politique.

On trouva encore un grand nombre d'exemplaires du *Journal National*, chez M. Guinaud, rue Cassette.

Une cocarde tricolore, un poignard, un bonnet rouge des montagnards et des jacobins sansculottes de 1793.

Le tout fut déposé dans les archives et le gardemeuble de la préfecture de police.

M. Cavagnac fils, rue de Seine, n° 14, reçut aussi une visite de la police; on y trouva quelques exemplaires du *Journal National*, qui furent saisis.

Toutes ces perquisitions, ces poursuites dégoûtèrent les rédacteurs, imprimeurs, distributeurs et lecteurs de continuer la publication de ce journal; il n'en fut plus question.

## LES RÉFUGIÉS ESPAGNOLS.

Quelques réfugiés espagnols se trouvaient à Paris; ils croyaient trouver un asile dans ces murs qu'habitait un prince auguste qui avait laissé dans leur pays de glorieux souvenirs. Ces malheureux déplurent à la police, lui portèrent ombrage. Parmi eux se trouvait un nommé L. Lobez, qui passait pour être partisan des constitutionnels.

La police le fit surveiller pour connaître les personnes qui le fréquentaient et dont il faisait sa société. On le suivit pendant quinze jours, et M. de Pins lui écrivit pour qu'il eût à se rendre sur-le-champ dans son cabinet.

Il y vint de suite.

M. de Pins lui communiqua une lettre de M. Franchet qui lui ordonnait de quitter Paris sous vingt-quatre heures, en lui permettant toutefois de choisir telle ville de France qu'il voudrait pour sa résidence, ou de se retirer en Angleterre, s'il le préférait.

L. Lobez demanda trois ou quatre jours pour mettre ordre à ses affaires; on les lui refusa.

Il fut très-offensé de cette conduite, et il fit

insérer une lettre très-virulente dans le *Constitutionnel*, par laquelle il se plaignait d'un acte aussi arbitraire.

Le lendemain il partit pour une des villes du midi de la France. Quelques jours après la police manda dans ses bureaux les autres réfugiés espagnols qui habitaient encore Paris; ils furent obligés de partir dans les vingt-quatre heures, d'après l'ordre qui leur en fut donné.

## M. BONNEAU,

**Inspecteur-général des prisons; sa Police et ses Agens.**

Lorsque MM. de Villèle, Peyronnet et de Corbière parvinrent au ministère, ils voulurent tout régénérer, et mettre à la tête des administrations secondaires des hommes qui leur fussent entièrement dévoués, et qui fissent aveuglément tout ce qui conviendrait à leur ambition, à leurs vues, et aux intentions du parti dont ils suivaient l'impulsion.

La police fut regardée comme la partie la plus essentielle, parce que depuis long-temps on lui avait laissé prendre un accroissement et une influence qui la rendait, pour ainsi dire, la boussole des destinées de la France. C'était encore une de ces erreurs qui prouvent que l'homme va chercher souvent la vie dans ce qui peut seul lui donner la mort; car la police, telle que nous l'avons vue pendant quelque temps, visait à la destruction et l'anéantissement du principe social.

Tel était cependant le ciment sur lequel le triumvirat ministériel voulait établir et fonder sa puissance.

Il fallait donc détruire l'ancienne police ; le préfet de police Anglès et l'inspecteur-général Foudras, qui certes n'étaient pas exempts de reproches, furent renvoyés.

M. Franchet, qui n'avait encore figuré dans le monde administratif que comme chef de bureau à la poste aux lettres, fut nommé directeur-général de la police du royaume, et M. Delavau, préfet de police, ainsi que nous l'avons déjà dit.

Mais ce n'était pas tout: si MM. Franchet et Delavau étaient l'espoir du ministère et du parti dominant qui voulait se repaître de persécutions, il fallait que le directeur-général et le préfet eussent en sous-ordre des instrumens serviles qui les secondassent, et qui ne craignissent pas d'outrepasser les bornes du pouvoir et de l'autorité, pour mettre à exécution ce que le caprice, l'arbitraire, l'esprit de parti, la haine et la vengeance pourraient désirer et même exiger.

M. Franchet se rappela qu'il avait eu près de lui, dans l'administration des postes, un homme plus souple et plus *maléable* que cette cire que la curiosité coupable sait si bien amollir, c'était M. Bonneau! Il l'attacha à la préfecture de police comme inspecteur-général des prisons, avec des appointemens de 12,000 fr. Il y joignit encore sous le même titre, d'inspecteur-général, la surveillance de la police secrète, avec des appointemens de 30,000 fr.

M. Bonneau avait à sa nomination tous les employés des prisons, depuis les chefs jusqu'aux derniers subalternes; et le préfet ne faisait rien sans le consulter.

La police secrète se composait de cinquante agens, sans compter les surnuméraires, au nombre desquels on comptait cinq chefs de brigades, savoir :

1°. Deslauriers, qui avait sous ses ordres les agens Bisson, Duret et Gilles.

2°. Barthez, les agens Carrayon, Mayer et Mai.

3°. Corbiau, les agens Meunier, Félix, Roux et Desportes.

4°. Alexandre, les agens Quesnel, Victor, André, Levert et Nicole.

5°. Gilbert dit Saint-Laurent.

M. Bonneau était devenu, comme on le voit, un homme important; ce n'était plus, ce mince employé des postes, demeurant modestement à un cinquième étage, dans le faubourg Saint-Denis; il avait pris d'abord un logement très-vaste rue d'Enghien; ensuite il choisit le Faubourg-Saint-Germain. Là, dans un vaste hôtel, rue de Grenelle, n° 50, il étalait un grand luxe avait un équipage, des chevaux et un nombreux domestique.

Il fallait bien tout ce somptueux étalage pour le lieutenant de MM. Franchet et Delavau.

Outre ces chefs de brigades, auxquels nous

avons consacré un article, M. Bonneau avait encore des commissaires de police qui, sur sa réquisition ou celle de ses agens, porteurs d'ordre de M. le préfet, régularisaient, par leur présence et leurs procès-verbaux, les opérations désastreuses de cette police occulte.

Ceux qui étaient, grâce à leur zèle ou à leur dévouement, chargés de ces missions de confiance, obtenaient de M. Delaveau des supplémens d'appointemens, des gratifications qui tombaient sur eux comme une douce rosée.

Ils étaient bien accueillis et caressés de l'œil, lorsqu'ils se présentaient à la préfecture, qu'ils rendaient visite au secrétaire intime, le très-puissant et très-influent M. Duplessis, chevalier des ordres d'Espagne. Aussi on les voyait souvent; presque tous les jours ils venaient prendre les ordres particuliers, et consulter la boussole pour prendre le vent.

On reconnaissait facilement les élus et les hommes en faveur. Les autres enviaient leur sort, ils auraient voulu jouir du même bonheur; mais, comme le dit un ancien proverbe, il n'était pas donné à tout le monde d'aller à Corinthe.

Les chefs de brigade de M. Bonneau avaient chacun dix agens sous leurs ordres; il était défendu à ces employés d'avoir aucune liaison avec les autres agens de la préfecture, sous peine de destitution. Aussi pour se distinguer, ils prenaient le titre d'employés du cabinet particulier. Ils étaient chargés de surveiller les chefs de division, les chefs de bureau, les commis, en un mot tous les employés de la préfecture de police. Le château des Tuileries était également soumis à leurs investigations. M. Bonnefond et son fils, employés à la comptabilité près du grand-maître de la maison du roi, ont été très-long-temps surveillés par les agens de M. Bonneau : il désirait avoir des renseignemens sur la manière dont ils remplissaient leurs fonctions, et sur leur conduite publique et privée.

M. Bonneau était très-exigeant; il tourmentait ses agens pour qu'ils lui découvrissent des conspirations, et qu'ils fissent saisir des objets séditieux ou prohibés.

Ses agens, pour le satisfaire, se répandirent dans les différens quartiers de Paris, s'introduisirent dans tous les ateliers : chez les graveurs, les fondeurs, les imprimeurs en taille-douce, et commandèrent des bustes de Napoléon et des estampes à l'effigie de son épouse et de son fils, en se donnant pour des marchands, ou des commis voyageurs qui avaient des commandes à fournir pour la province.

Comme le commerce était dans une sorte de stagnation, les malheureux fabricans, séduits par l'appât du gain, et ne croyant point se compromettre en retraçant les traits d'une famille qui n'existait plus que pour l'histoire, se trouvaient compromis sans s'en douter, par ces coupables et indignes provocations, et de plus exposés à des saisies et à des poursuites judiciaires.

C'est ainsi qu'un fabricant de cristaux, rue des Maures, faubourg Saint-Martin, fut ruiné de fond en comble, parce qu'il avait été assez imprudent pour croire à la franchise et à la probité d'un agent de l'inspecteur-général Bonneau, de la brigade de Deslauriers. Un marchand fabricant de porcelaines du faubourg Saint-Denis éprouva le même sort; et un nombre considérable de marchands tomba ainsi dans les piéges que leur tendait la police. Si une seule des victimes eût osé élever la voix, elle eût éclairé la société; mais on craignait M. Delavau.

Les agens de M. Bonneau n'oubliaient jamais, lorsqu'ils faisaient quelques saisies, de conserver *un échantillon* de tous les objets séditieux, tels que cristaux, gravures, lithographies, tabatières, et ils en faisaient hommage à leur chef. M. Bonneau les conservait comme pièces de conviction, pour en faire usage au besoin.

Si ses agens commandaient des tabatières chez quelques fabricans, ils exigeaient qu'elles fussent d'une forme agréable, en buis, en écaille, garnies en or ou en argent; et pour inspirer plus de confiance aux marchands, on leur laissait des arrhes.

Ces agens avaient coutume de désigner avec soin l'heure et le jour de la livraison. L'inspecteur remettait un sac d'argent au prétendu marchand de province chargé de la commission, et très-souvent, au moment où l'argent était déposé sur le comptoir, le commissaire de police entrait et saisissait les objets qui s'offraient à ses yeux; l'agent provocateur ramassait promptement son argent et on le faisait esquiver.

Comme il prenait un faux nom, la justice ne pouvait l'atteindre; d'ailleurs la police le couvrait de son égide, et le malheureux marchand ou fabricant était doublement la victime de toutes ces perfidies.

Nous avons commencé à démontrer les actes dont s'étaient rendus coupables l'inspecteur-général des prisons Bonneau, ainsi que ses chefs de brigades Deslauriers, Barthez, Corbiau, Alexandre, et Gilbert dit Saint-Laurent; nous acheverons cet étonnant tableau, pour démasquer entièrement tous ces individus quels que soient leur rang et leur grade.

Si la fortune, ses faveurs, et des emplois éminens, ont été, pour certains, la récompense de leurs travaux et de leurs persécutions, nous sommes persuadés qu'ils trouveront peu d'envieux dans la société.

Nous ajouterons encore, qu'il s'est trouvé quelquefois parmi ces agens, des hommes que le besoin forçait à prendre un pareil emploi, et qui conservaient encore assez de pudeur pour refuser d'être les coupables artisans de conspirations et de provocations aussi odieuses. L'inspecteur Bonneau insultait à ce qu'il appelait une fausse délicatesse, il les renvoyait, les injuriait, les accusait de libéralisme, et d'être les agens du prétendu comité directeur. Il les mettait en surveillance, excitait les autres agens à les accuser d'être les ennemis du gouvernement. Sous ces prétextes vains et mensongers on les arrêtait, et pour recouvrer leur liberté il fallait, ou qu'ils restassent dans la police, ou qu'ils prissent le parti de quitter la capitale. Telle était la tyrannie qu'exerçait l'inspecteur-général Bonneau.

L'autorité dont la préfecture de police avait investi ces divers agens de toutes les classes, était bien faite pour donner les plus vives inquiétudes, et même pour effrayer tous les Français. L'arbitraire leur donnait une sorte d'impunité qui faisait craindre à chacun de se trouver au nombre de leurs victimes.

# DÉTENUS DE BICÊTRE,

**Se promenant dans Paris avec la permission de l'Inspecteur-général des Prisons.**

M. Delavau, préfet de police, se reposait entièrement de la surveillance des prisons sur M. Bonneau; il dirigeait tout à son gré et suivant son bon plaisir; il avait donc carte blanche. Montrons à nos lecteurs l'usage qu'il en faisait.

M. Bonneau, pour gagner les détenus et se concilier leur respect et leur estime, affectait, dans ses visites, beaucoup d'humanité et de philantropie.

La prison de Bicêtre semblait être l'objet principal de ses affections, il s'y rendait souvent; les détenus en étaient le prétexte et son intérêt le motif.

En 1824 il y avait environ cinq à six cents détenus dans cette maison, condamnés pour différens délits. Il y en avait cinq à six dans lesquels M. Bonneau avait la plus grande confiance.

Le nommé Leclerc, dit Delionne, s'y trouvait aussi; il avait été condamné aux fers pour un crime contre les bonnes mœurs. Il jouissait de 3,000 francs de revenu, et il avait rendu

M. Bonneau sensible à son malheur. Par *humanité* il avait des bontés pour lui. M. Simon (décédé) était alors directeur de cette maison. Il avait reçu l'ordre, de M. Bonneau, de laisser sortir Leclerc quand il le voudrait. Dès que ce détenu en témoignait le désir, on lui ouvrait la porte.

Le sieur Cambon, commis au greffe, était chargé par M. Simon de l'accompagner quand il allait dans Paris. Ils se rendaient au Palais-Royal, au café de Foy, y prenaient du café, dînaient chez le restaurateur Grignon, ensuite ils louaient une voiture de remise, se promenaient dans Paris, visitaient le Jardin des Plantes, finissaient la journée au café Varlet, à l'Arc-en-Ciel, boulevart de l'Hôpital, et rentraient à Bicêtre à dix heures du soir.

M. Brau, commis-greffier, était de toutes ces parties.

Le concierge Simon figurait souvent dans ces parties clandestines, à moins que ses devoirs ou ses occupations n'y missent un obstacle insurmontable.

Les promenades de ces *messieurs* s'étendaient jusqu'à Saint-Cloud et Versailles.

M. Bonneau accordait ces faveurs d'après cette humanité *conditionnelle* dont il était abondamment pourvu; au reste, il est passé en proverbe que *Bonneau* est synonime de *complaisant* : nous le disons d'après Voltaire, et ce n'est pas une petite autorité.

M. Rivaud, directeur après la mort de Simon, a été témoin de la confiance dont jouissait Gilbert auprès de M. Bonneau. Il dirigeait les travaux dans la maison. Tout se faisait par son ordre; il était le canal des faveurs, des grâces; aussi l'appelait-on *le petit ministre*. Quand il paraissait dans la cour, les prisonniers et même les employés l'entouraient et semblaient convoiter sa bienveillance.

---

Leclerc, dit Delionne, continuait toujours ses excursions dans Paris. Le commis Cambon reçut un jour l'ordre de l'accompagner dans Paris. Ils sortirent, et le concierge Simon vint les rejoindre à la Maison-Blanche, commune de Gentilly. Ensuite le trio se rendit à Paris. Ces messieurs commencèrent par visiter le Palais-Royal, prirent des glaces au café de la Rotonde, dînèrent ensuite copieusement dans le meilleur restaurant, et pour digérer plus à l'aise, furent se promener.

Leclerc et Simon, qui avaient bien dîné et bu outre mesure, déraisonnaient complètement, et Leclerc refusait de retourner à Bicêtre. D'après l'observation que Cambon lui avait faite, qu'il était neuf heures et demie, et qu'il fallait songer à battre en retraite, il voulait s'en aller et prendre la clé des champs.

Cambon se trouvait dans un embarras extrême.

Le concierge Simon ne pouvait lui être d'aucun secours; il était dans un tel état d'ivresse qu'il ne pouvait se soutenir. L'ordre qu'il avait reçu de conduire Leclerc à Paris n'était que verbal, et M. Bonneau l'aurait charitablement chargé de toute la responsabilité si Leclerc se fût évadé.

Enfin Cambon, en employant la douce persuasion, parvint à faire monter Leclerc-Delionne dans un fiacre; Simon prit place à côté d'eux, et ils rentrèrent enfin à Bicêtre.

Cambon en fut donc quitte pour la peur; il se promit bien de ne jamais sortir pour accompagner un détenu, sans en avoir reçu l'ordre par écrit du préfet de police.

---

Un nommé Rostaing, condamné à la réclusion, s'était exercé, depuis trois ans qu'il habitait Bicêtre, à fabriquer différens objets en nacre; il avait du goût, du talent, et il était parvenu à travailler avec une telle perfection, qu'il surpassait, par la régularité et le fini qu'il donnait à ses ouvrages, les meilleurs ouvriers de Paris.

M. Bonneau en informa M. Delavau, et le préfet de police daigna accepter, des mains du prisonnier lui-même, une statue équestre d'Henri IV, en nacre.

Ce don valut au prisonnier la liberté de sortir de Bicêtre à son gré et quand il le désirait; M. Bonneau en donnait l'ordre. Il avait également reçu des cadeaux en nacre. Ces messieurs ne refusaient rien ; ils aimaient à encourager les arts, et meublaient leurs petits musées... *gratis*.

---

Il paraît que l'ex-caissier de M. le banquier Rotschild, le nommé Raymond, avait trouvé le moyen d'attendrir M. Bonneau : il est vrai que cet ex-caissier donnait de temps en temps de l'argent aux autres prisonniers, et c'est sans doute par cette raison qu'il jouissait des faveurs qu'on accorde aux prisonniers *distingués* ; il sortait de temps en temps, et prenait l'air dans la campagne. Les autres détenus le voyaient à travers les barreaux de fer de leurs cabanons, et disaient pour se consoler : il est riche, il paye. On dit qu'il a obtenu sa grâce et sa liberté entière, et qu'il habite maintenant la Belgique, où il vit *pauvrement* du cadeau *un peu forcé* que lui a fait le baron israélite.

---

Quittons le profane et arrivons au sacré ; il se trouve un peu de tout dans cet ouvrage. D'après les demandes et les sollicitations réitérées de M. Baron, aumônier de Bicêtre, M. Bonneau voulut bien consentir à faire bâtir une chapelle.

Les travaux furent dirigés par *son architecte*, sous la surveillance du directeur de la maison.

Cette chapelle fut édifiée dans un bâtiment qui servait jadis à placer les forçats, lorsque la chaîne était au moment de partir.

M. Bonneau fit caserner la compagnie des vétérans au-dessus de cette chapelle, et souvent le service divin était troublé par le bruit que faisaient ces militaires. Nous ne pouvons cependant les accuser ; le service actif qu'ils étaient obligés de faire était leur excuse : l'imprévoyance de M. Bonneau était seule répréhensible.

Dans son quartier-général de la rue de Grenelle-Saint-Germain, n° 50, il s'occupait bien plus de la police occulte, et de saisir des objets séditieux dont ses agens provoquaient la fonte ou l'émission, que d'adoucir le sort ou d'alléger les chaînes des malheureux dont la destinée était confiée à son humanité, à sa philantropie ; mais nous oublions que ces vertus ne sont pas de l'or, et la congrégation aime........ les espèces sonnantes!......

La vertu sans l'argent est un meuble inutile.

---

M. Bonneau protégeait aussi les forçats, et lorsqu'ils avaient des mœurs, de la dévotion et quelques ressources, au lieu d'aller à Toulon, ils passaient leur temps à Bicêtre. On leur donnait même des emplois, tels que chefs d'atelier, brigadiers, sacristains à la chapelle. Les bons serviteurs de Dieu! avec quelle grâce, quel air de componction et d'attrition ils portaient le bénitier, lorsque, le dimanche, l'aumônier aspergeait les détenus. Malgré toute la surveillance, on n'ose rapporter quelle était la conduite des détenus pendant l'office.

Revenons aux forçats. Lorsque l'époque du départ de la chaîne arrivait, les protégés de M. Bonneau, qui devaient faire partie du cordon, feignaient, *par ordre*, quelque maladie. L'inspecteur-général les rayait de la liste fatale, et M. Pariset, médecin de Bicêtre, était contraint de suivre les *ordonnances* de M. Bonneau. Ces protégés étaient placés, comme nous l'avons déjà dit; ils couchaient à l'infirmerie. Bien nourris, bien choyés et bien habillés, ils se moquaient du triste sort de leurs infortunés camarades, souvent moins coupables qu'eux; mais la protection et la volonté de M. Bonneau leur valaient une absolution complète.

Leurs femmes, leurs maîtresses, les visitaient journellement; ils avaient la liberté de les recevoir au greffe, et même dans la chambre du directeur. Ils s'amusaient, faisaient bombance : il y avait de temps en temps quelques petites orgies...

Quant aux détenus qui n'avaient d'autre revenu que la misère ou les larmes; leurs parens, leurs amis, s'ils en avaient encore, ne pouvaient les voir, leur parler qu'au travers de deux grilles garnies d'un treillage en fer à petites mailles, et séparé par un couloir où se promenait le gardien.

On ne s'entendait pas. Tout le monde parlait haut; quel brouhaha! quelle cacophonie!

L'épouse disait à son mari : n'oublie pas ta femme. —L'enfant, bonjour papa; la maîtresse à son amant, je t'aime toujours. Le gardien, aux ordres de M. Bonneau, tâchait d'être assez heureux pour que son oreille fût frappée d'un propos séditieux afin de monter en grade, grâce à son rapport; et voilà le tableau des prisons sous cet inspecteur-général! O vous qui désirez d'être placés auprès d'Howard, ce respectable philantrope! Membres du comité, du conseil-général des prisons, soyez dignes de ces honorables fonctions! visitez l'asile du malheur; vous le pouvez, sans vous fatiguer; vous avez des chars qui peuvent voiturer votre indolence. .. L'héritier du trône vous attend. Éclairez-le, secondez les élans de son âme généreuse! de son humanité. Il ne peut tout voir, tout entendre; il vous saura gré de ces soins touchans, et vous aurez votre part de ce concert de louanges que la reconnaissance lui prodigue chaque jour.

# POLICE CENTRALE.

## M. HINAUX.

Lorsque le gouvernement établit des préfets de police à Paris, pour remplacer les lieutenans-généraux qui existaient avant la révolution, et dont le dernier fut M. Lenoir, on créa, pour être sous leurs ordres, des inspecteurs-généraux de police, qui dirigeaient les agens et les employés subalternes.

M. Veyrat fut le premier, et M. Foudras le second; il occupa cet emploi jusqu'à l'avénement de M. Delavau. Cet inspecteur-général, auquel on ne pouvait refuser des talens et des connaissances en police, savait mettre chacun à sa place, et l'employer selon ses moyens.

Ses agens secrets ne paraissaient jamais à la préfecture; ils remettaient leurs rapports en mains tierces; il était expressément défendu aux autres agens de les faire connaître, de s'occuper d'eux, sous peine de destitution. Il n'écoutait point les rapports calomnieux, les dénonciations; il ne jugeait les hommes que par leurs actions, et, pourvu qu'un employé remplît ses devoirs avec exactitude, et que sa conduite fût régulière, on ne cherchait point à connaître ce qui se passait dans son intérieur. Il communiquait même aux divers agens les rapports qu'on lui adressait contre eux. L'administration marchait aussi bien que pouvait aller la police.

Il n'y avait point de ces chefs de brigade, que l'on peut, sans les blesser, comparer *aux cinquièmes roues d'un carrosse*. Vidocq lui-même, qui est devenu quelque chose par la faiblesse et l'inertie d'une administration qui n'a dû sa célébrité qu'aux plus honteuses machinations, Vidocq n'était qu'un employé en sous-ordre du chef de la deuxième division, chargé d'arrêter les voleurs et autres gens de cette trempe, sans avoir un titre et des fonctions avoués.

S'il eût osé prendre la moindre licence et se croire quelque chose, l'inspecteur-général l'eût fait rentrer dans le devoir, d'un mot et d'un coup d'œil. Alors, il était ce qu'il devait être, et on eût dû le tenir constamment à ce point. En suivant une autre marche, la préfecture de police y a perdu en considération, sans que la société y ait rien gagné.

En multipliant les rouages dans la préfecture de police, on ne pouvait qu'en diminuer l'action. Le préfet avait la haute main et la direction générale des affaires; il ordonnait les mouvemens; sa voix donnait l'impulsion.

L'inspecteur-général en assurait l'exécution, et les agens secondaires, tels que les officiers de paix et les inspecteurs marchaient ou s'arrêtaient selon que le chef le trouvait convenable.

Souvent tel agent qui ébauchait une affaire, n'avait pas le talent nécessaire pour la terminer. L'inspecteur-général en chargeait un autre. Si l'un d'eux manquait le but, par ignorance, ou par trop de précipitation, ou défaut de zèle; alors on confiait à un homme plus adroit le soin de réparer les bévues.

Tout le monde n'était donc point dans le secret, comme sous M. Delavau. Ces divers chefs publics ou secrets, ces secrétaires particuliers ou intimes, ces inspecteurs occultes, ces commissaires centraux, qui se haïssaient, se contrariaient, marchaient en sens inverse, finirent par mettre le préfet de police dans une fausse route, en y ajoutant la direction qu'il avait prise lui-même d'après l'impulsion que lui avait donnée une coterie qui ne se laissait guider elle-même que par la passion, la haine et un fanatisme aveugle. D'après cela il n'est point étonnant que ses employés l'aient compromis et qu'il n'ait recueilli, pour fruit de ses travaux, qu'un concert de reproches, de blâme et de plaintes, que tous les échos de la France rediront encore long-temps.

Qui voudrait consentir à occuper des places pour acquérir ensuite une semblable renommée?

M. Foudras fut le dernier inspecteur-général.

Il donna donc sa démission lorsque M. Delavau fut nommé préfet de police; il fut alors question de lui nommer un successeur, en changeant son titre, qui parut inconvenant.

Plusieurs concurrens se présentèrent; M. Garnier, commissaire de police, qui avait été adjoint à l'inspecteur-général, se mit sur les rangs. M. Delavau avait aussi ses vues, ses intentions. Mais M. Charlet, trésorier et secrétaire des commandemens de S. A. R. Madame la dauphine, avait un protégé; il le poussa, l'étaya, parla pour lui, et M. Hinaux, commissaire de police du quartier Popincourt, qui était, dit-on, un peu parent de M. Charlet, par les femmes, l'emporta sur tous ses rivaux. Il vint, en dépit de M. Delavau, s'installer à la préfecture de police, sous le titre pompeux et nouveau de chef de la police centrale. Il y parut avec un grand fond de suffisance, une excellente opinion de lui-même, et ce bagage était renforcé de son fils, qui devint son secrétaire.

M. Hinaux était-il propre à cet emploi? Nous répondrons non. Pourquoi y vint-il donc? Nous répondrons encore :

Et la faveur le fit, bien plus que le mérite.

Enfin, il y fut placé aux appointemens de 10,000 fr. par an, sans y comprendre les gratifications d'usage.

Quels étaient les antécédens de M. Hinaux? commissaire de police, très-royaliste en propos et en actions, quelquefois exagéré, et visant trop à l'effet? Ayant arrêté le général Demarçay près des Petits-Pères, à l'époque des missions, ce qui lui valut des complimens des uns et des reproches des autres. Plus tard, admonesté par le président d'une cour auguste, pour avoir manqué de respect à la cendre d'un homme de bien, d'un député vertueux, voilà le chef de la police centrale.

M. Hinaux, en débutant à la préfecture, se fourvoya. Il crut que ses attributions de chef de la police centrale seraient les mêmes que celles de l'inspecteur-général, que tout lui passerait sous les yeux, qu'il aurait la haute main sur toutes les opérations de la préfecture, et que l'on prendrait son avis sur toutes les décisions. Il était bien loin d'être pour M. Delavau ce que M. Foudras avait été pour M. Anglès et ses prédécesseurs. D'abord, M. Delavau le voyait d'un mauvais œil.

1° Il n'était pas l'homme de son choix.

2°. M. Delavau voulait régner seul, et n'avait nullement l'envie de partager son sceptre.

3°. Si M. Foudras avait vogué à son gré sur la mer orageuse de la police, et tenu le gouvernail, tandis que messieurs les préfets n'en prenaient qu'à leur aise et suivaient mollement et tranquillement le roulis du brigantin, c'est qu'ils étaient tranquilles sur la manœuvre. M. Foudras était un *aigle* en police, et M. Hinaux n'était en tout qu'un très-mince *adepte*.

M. Delavau lui créa donc des attributions, et conservant pour son secrétariat intime les choses délicates; abandonnant à son cabinet particulier le sérieux et l'important, il fut convenu et arrêté que les *broutilles*, les niaiseries, les choses insignifiantes, *la recherche des adresses*, enfin *les lieux* communs de la police, seraient le partage du chef central et de ses agens.

M. Hinaux ne fut pas content; il murmura, il se plaignit; il comptait jouer les premiers rôles, il fut relégué dans les utilités. Ah! c'était cruel, très-cruel! On lui dit comme à Bartholo : *Et qu'importe, puisque l'argent vous reste.* Il y trouva un grand motif de consolation; mais il ne pouvait s'empêcher de s'écrier douloureusement, et en style de mélodrame : « Que pouvais-je faire de plus? Je suis royaliste du premier degré, je suis connu pour tel parmi les gobes-mouches du café Valois, parmi les habitués du café de la Régence; je les avertis toujours, lorsqu'ils jouent, du moindre échec au roi, en buvant de la bierre avec mon ci-devant collègue Lesage. Mon beau-frère, le boulanger de la rue Dauphine, ne fabrique que des petits pains fleurdelisés! tous les friands de Paris s'en lestent l'estomac! que faut-il donc de plus pour prouver son royalisme? Et je suis réduit à être un membre presque inutile de la préfecture, moi, chef de la police centrale! Le préfet me met dans une fausse position! mais nous verrons. »

Il commença par se mettre mal avec le cabinet particulier, il défendit à ses agens de voir, de fréquenter aucun des employés; il fit surveiller MM. de Pins, Brunat et Bonneau, inspecteur des prisons. On lui rendit la pareille. Il exigea que les agens attachés aux divers officiers de paix lui rendissent compte de ce qu'ils disaient, faisaient et pensaient; il fit surveiller ses anciens collègues les commissaires de police, principalement MM. Garnier, François, Bastien de Beaupré, Marrigues et Rousset. Ce dernier avait la maladresse de rendre compte à quelques amis de ce qu'il faisait, et un nommé Régnier, agent de la direction-générale, qui se disait son ami, le dénonçait à chaque instant. Le sieur Rousset fut destitué malgré la protection de M. de Sémonville, grand référendaire de la chambre des pairs. Tout l'intérêt qu'il lui portait ne put le sauver de la réforme.

Enfin, le commissaire central n'était lié dans la préfecture qu'avec le sieur Cléau, le petit satrape des prisons, parce qu'il n'aimait pas l'inspecteur Bonneau. Le commissaire interrogateur Narthus, les employés des bureaux Leclerc, Faroux fils, étaient surveillés; on les accusait de fréquenter les maisons de jeu et autres gentillesses administratives un peu sérieuses. Enfin, M. Hinaux se créait des attributions personnelles. Sa brigade et ses agens particuliers devaient endurer ses caprices, et celui qui n'agissait pas ainsi était vu d'un mauvais œil par le père, le fils et la troisième personne Decampeaux, employé chiffreur, survivant éternel de tous les préfets passés, présens et futurs : *médiocre et rampant, et l'on arrive à tout.* Il n'était pas le seul qui eût adopté cette devise. C'est assez parler de ces messieurs ; passons un peu leurs travaux en revue, afin que nos lecteurs puissent se former une idée des services qu'ils ont rendus ou du mal qu'ils ont fait. Quelques exemples suffiront pour se former une opinion sur leur compte.

La police centrale, en s'occupant de la partie des renseignemens confiés à ses soins, voulut aussi acquérir de la célébrité. Elle vit qu'on avait le talent de faire éclore de petites conspirations au cabinet particulier, et elle mit au monde celle des *bretelles.* L'agent Roux l'avait ébauchée ; l'officier de paix Deroussel la perfectionna, et lui donna le coloris convenable. M. Burty, le marchand, reconnut, sous le pérystile du Théâtre-Français, l'agent provocateur Dubois, qui n'avait agi que d'après les ordres *écrits* de son chef, qui *voulait faire du bruit.* Tout fut découvert. M. Delavau, d'après les plaintes du marchand de bretelles, ne put se dispenser de lui rendre une justice éclatante. On avait cherché à le compromettre en lui demandant des bretelles tricolores. Sur son refus, on en avait fabriqué avec ce signe proscrit, et en l'accusant de les avoir fournies. Le chef de la police centrale avait admiré cette invention. Qui fut puni dans tout cela? l'inspecteur qui avait refusé de remettre l'écrit de l'officier de paix : il fut destitué; Deroussel conserva sa place, et le chef de la police en fut quitte pour un *pied de nez*. C'est de cet atelier central que sortirent toutes ces sottises, ce recueil dégoûtant de médisances, de calomnies, de niaiseries, de balivernes, etc., dont on a fourni quatre volumes sous le titre de *Livre noir*. C'est le résultat du travail d'un seul officier de paix décédé, le sieur Gullaud. Pour que l'ouvrage fût complet, il faudrait encore que l'on publiât 92 volumes, parce qu'il y avait alors 24 officiers de paix à la préfecture de police; et que, qui de 24 paye 1, reste 23. Si nous ne jouissons de ce précieux recueil qu'après la mort de chaque titulaire, nous avons encore le temps d'y songer; au reste, les autres officiers de paix ou leurs héritiers seront peut-être plus discrets, et par honneur pour le corps, n'éventeront *pas la mèche*.

Les officiers de paix et les agens qui étaient sous la férule de M. Hinaux, s'évertuaient pour le faire briller, et lui fournir les occasions de se montrer en public. Il y parut lors des rassemblemens près de la chambre des députés et sur la place Louis XV. Lorsque les missionnaires encombraient les temples pour faire entendre leurs prédications; il était grand partisan des mesures vigoureuses et répressives; quelques officiers de paix le poussaient souvent pour employer les charges de la gendarmerie, moyen doux et benin dont la rue Saint-Denis a été le sanglant et horrible théâtre. Nous en parlerons.

M. Hinaux protégeait, soutenait, étayait ses amis et ses partisans avec une extrême chaleur; ils ne pouvaient jamais faire de sottises, ni commettre d'erreur, selon lui; mais selon les autres, c'était un peu différent. Comme M. Hinaux possédait au suprême degré le talent de se faire haïr des autres employés ses égaux, par ses investigations et ses petites noirceurs centrales, ne ménageait ni lui ni les siens. M. Delavau n'ignorait rien de ce qui se passait; il en riait, et en tirait parti pour régner.

Mais MM. de Pins et Brunat ne plaisantaient pas, et dès qu'ils trouvaient l'occasion de pincer ou de mordre, ils *y allaient de tout cœur.*

M. Hinaux avait une brigade d'agens à ses ordres, qu'il faisait manœuvrer en tous sens. Un nommé Dandigné la dirigeait d'après ses inspirations; cet agent se compromit, et on se vengea sur le capitaine, du mal qu'on ne pouvait faire au colonel.

Dandigné fut soupçonné d'avoir autorisé, de sa propre volonté, et par conséquent très-illégalement, l'ouverture d'une maison de prostitution, rue Lepelletier, qui était tenue par la femme Félix. Cette permission avait été donnée *gratis ;* mais, d'après les on dit, Dandigné recevait journellement et *gratis* aussi une modique rétribution de 20 à 30 fr. MM. Brunat et de Pins en tirèrent, sans songer à mal, cette petite conséquence, que M. Hinaux, chef de la police centrale, était au moins de moitié dans ce monopole *moral* et *pudibond ;* ils firent prendre des informations par leurs éclaireurs. Le bruit courut que le délit existait ; Dandigné fut obligé de quitter la partie et de donner sa démission, quoique M. Hinaux l'eût défendu à outrance, et qu'il eût rompu plusieurs lances pour prouver son innocence ; il ne put y réussir. Le chef de la police centrale, malgré les bonnes intentions de MM. de Pins et Brunat, se tira avec honneur de la bagarre ; il ne s'éleva aucune charge, aucune preuve contre lui. Donc, il n'était pas coupable de la concussion vraie ou fausse reprochée à Dandigné.

La place de chef de la brigade centrale était vacante, et M. Hinaux la donna au sieur Delbarre, officier de paix, qui s'était fait une réputation dans les douanes, tant en *vers qu'en prose.*

M. Hinaux, qui avait travaillé de la plume à Paris et avait obtenu de brillans succès sur le théâtre de l'Ambigu-Comique, où l'on avait joué *Amanda*, mélodrame de sa façon ; M. Hinaux s'adjoignit un collègue en belles-lettres, et la brigade centrale fut en réputation au Parnasse comme dans la politique, qui était alors l'objet principal.

La brigade centrale, sous son nouveau chef, continua ses excursions dans les surveillances et autres *rocamboles* du métier.

Mais M. Delbarre, oubliant ou perdant de vue la malencontre de son prédécesseur Dandigné, se mêla de *tripotages*, voulut arranger quelques petites affaires, sans intérêt, mais cependant, moyennant la somme de..... Un mari, pour se distraire de la monotonie du mariage, préférait la soubrette de son épouse à celle que le dieu soporifique de l'hymen avait mise sous ses lois ; il éprouvait que.....

Il n'est si douce chaîne
Qui ne blesse à la fin ;
Ce qui plaît le matin,
Le soir se trouve gêne!

Le cher mari en était au soir : et madame voulait du matin ; pour en finir, il fallait éconduire, éloigner l'exigeante et ennuyeuse moitié. Delbarre fut invoqué, et il promit de mettre en œuvre son autorité centrale ; mais il y avait des frais de surveillance, non pour lui, il était trop désintéressé et prenait trop de part aux chagrins conjugaux du fidèle mari. Mais ces diables d'agens qu'il fallait mettre en faction, faire aller et venir; ces sortes de gens ont faim et soif, sans parler d'autres besoins. L'argent était donc nécessaire, le passionné mari en donna, on le reçut. L'épouse fut tourmentée, vexée, la jalousie lui monta la tête autant que les persécutions centrales du chef Delbarre et de ses agens. Elle se plaignit, cela fit du bruit; les oreilles de certains individus des diverses polices de Paris répercutèrent ces sons dangereux. Les langues, les rapports s'en mêlèrent; un agent de la direction générale, le nommé Regnier, jeta des cris d'alarme, sonna le tocsin. La police de la préfecture avait bien entendu dire quelque chose; mais elle avait gardé le silence jusqu'à nouvel ordre. Comme tout cela allait *crescendo* et *rinforzando*, il fallut bien prendre le parti de se prononcer. Enfin il y avait eu de l'argent donné et reçu, en attendant mieux. L'officier de paix Delbarre fut contraint de quitter et d'abandonner ses emplois; ce qui prouve qu'on perd souvent en voulant trop gagner. On ne donna point de successeur au délinquant, on craignait de nouvelles rechutes. Le poste était glissant et par trop dangereux pour les hommes dévoués qu'on aurait pu y mettre; on y renonça. Il se commettait bien quelques petits tours de passe-passe de côté et d'autre ; mais on avait fini par recourir réciproquement à l'indulgence, et chacun disait, avec une sorte de bonhommie vraiment séduisante : passe-moi la *rhubarbe*, je te passerai le *séné*...... Ah ! si nous osions parler !.... que de vérités éclorraient sous le bec effilé de notre plume ; mais, chut..., encore quelque temps ; en attendant, *Ninive est détruite !* Ensuite, toute vérité n'est pas encore bonne à dire, et puis il faut respecter et ménager les gens un peu trop timorés. Quelle démangeaison... *Tout beau,* Monsieur l'auteur, modérez-vous... Bride en main ;... je me rends, ce sera pour le troisième volume...

La librairie était encore sous la surveillance de la police centrale ; cette partie était un peu embarrassante pour les agens. Il y avait peu de gens *lettrés* parmi eux.

On y comptait cependant un nommé Tavernier, qui jadis avait été libraire. Il pouvait être utile à quelques-uns de ses anciens confrères ; mais il fallait savoir s'y prendre ; car, pour le déterminer à devenir obligeant, il était très-convenable d'employer des motifs d'un certain poids.

L'agent Charles avait aussi ses prétentions ; il avait troqué le diamant qui brillait jadis dans sa main, contre une plume.

L'agent Roux jetait son coup d'œil sur les étalages des libraires, c'était la mouche du coche.

Aucun des membres de ce *trio* n'avait assez de connaissances typographiques pour deviner une édition récente à l'*odorat*, pour découvrir l'impression furtive d'un pamphlet, d'après la maculature du *tympan*.

Les pauvres gens ! il fallait que cela leur tombât dans la main ; et lorsqu'ils ne trouvaient rien, ils mentaient, calomniaient, ou créaient des ouvrages qui devaient s'imprimer ; ils inventaient des titres séditieux.

L'officier de paix Antoine dirigeait aussi cette affaire. On l'accusa de s'être compromis, et, sans rien prouver, on le mit à la réforme.

Vous voyez, lecteurs, quel était le savoir faire de Messieurs de la police centrale. Les chefs de brigade recevaient de grosses sommes. Les agens rançonnaient les marchands dans leurs boutiques pour des contraventions de voirie ; les étalagistes dans les rues ; les coureurs, les marchandes d'oignons, de laitues, de persil, les filles publiques sur les trottoirs, les *dames de maison* dans leurs..... boudoirs. Les inspecteurs des égouts pêchaient à l'eau trouble ; tout était *vache* à lait pour Messieurs de la préfecture de police.

M. Hinaux, chef de la police centrale, laissa respirer les agens subalternes, et jeta un regard sur ses anciens collègues les commissaires de police.

M. Rousset, commissaire du quartier du Luxembourg, avait déjà disparu, nous en avons dit deux mots.

M. Petit, commissaire du quartier de l'Hôtel-de-Ville, fut soupçonné d'être entiché du libéralisme; c'était une très-mauvaise recommandation auprès de ces Messieurs les surveillans. On fit une enquête. M. Brunat, de son côté, plaça auprès de lui, en qualité de secrétaire, un nommé Deshayes, qui, pour complaire à son protecteur, fit des rapports rédigés de manière que M. Petit fut mis à la retraite. Soyez donc libéral, et vous verrez ce qui vous adviendra. Comme toute peine mérite salaire, quinze jours après le secrétaire Deshayes fut destitué; à la bonne heure. Nous aimons les compensations et la justice distributive.

M. Petit fut remplacé par M. Faroux, qui, plus tard, fut destitué, parce qu'un sien confrère le trouva qui exerçait ses fonctions dans un..... arrondissement qui n'était pas du ressort de la préfecture de police. Le collègue ne put s'empêcher d'en faire un rapport, et M. Faroux, disparut du contrôle des commissaires de police.

M. Marrigues, commissaire de police du quartier Saint-Jacques, était aussi porté sur la liste fatale; mais comme il avait accompagné S. A. R. monseigneur le Dauphin jusqu'aux frontières d'Espagne, on n'osa pas se permettre cette licence, quoiqu'il y eût quelque chose à redire sur son compte; on craignit qu'il n'invoquât l'auguste héritier du trône. Il fut conservé en attendant qu'on le reprît *sous œuvre*. La police a des principes.

M. Marrigues fut informé des intentions *bienveillantes* qu'on avait eues pour lui, et de ceux qui avaient figuré dans cette affaire. Le sieur de Monmonier, chevalier de Saint-Louis, officier de paix, et l'un des acteurs de l'intrigue, fut envoyé en mission dans le quartier Saint-Jacques. Il crut avoir besoin des avis et des secours de M. Marrigues pour assurer le succès de ses opérations ; il se présenta donc chez lui. Ce commissaire le reconnut pour un de ceux qui l'avaient surveillé ; il lui en fit de très-vifs reproches, et refusa de l'accompagner.

M. de Monmonnier insista, il s'ensuivit une altercation; M. Marrigues, détachant sa ceinture, signe distinctif et révéré de ses redoutables fonctions, engagea l'officier de paix à faire disparaître également son ruban blanc fleurdelisé, et lui proposa un duel. M. de Monmonnier trouva que ce n'était pas une *motion* à faire, ensuite il n'avait pas de gorge à couper, et n'était pas de ces ferrailleurs qui vous tuent un homme pour une mouche. Il était d'ailleurs *bonne épée*, mais pas querelleur, quoiqu'il eût le jeu *fin* et la main *très-dangereuse*. Eh bien! malgré tous ces avantages, afin de ne pas passer pour un meurtier, il refusa. C'est une belle chose que la modération! Cependant l'officier de paix, pour remplir les fonctions de son emploi, bien distinctes de celles de chevalier, fit un rapport contre le provocateur, et M. Marrigues fut suspendu de ses fonctions pendant huit jours. Pourquoi avait-il eu la tête si près du bonnet ?

L'officier de paix de Monmonnier fut destitué quelque temps après, non pour un nouveau duel, mais pour des affaires...... d'argent; il les préférait à celles..... d'honneur.

Le chef de la police centrale ne s'occupa plus que de la politique, et toujours d'après les *us* et coutumes en vogue à la préfecture.

Cette police centrale était une vraie *pétaudière*, une fabrique de cancans, tous plus sots et plus absurdes les uns que les autres. Il fallait chaque jour se disculper des torts que les Roux, les Cliche, les Malvaux, les Tavernier, les Lévêque, se plaisaient à donner à ceux qui ne leur convenaient pas.

Le commissaire-central accueillait toutes ces billevésées, en faisait sa pâture; il fallait se chamailler, se disputer, élever la voix pour repousser les calomnies et les médisances de cette foule ignorante. Celui qui avait été assez malheureux pour entrer à la police, et à qui il restait encore de la probité et de l'honneur, maudissait avec raison le moment où il avait été abandonné de Dieu et des hommes, au point de figurer dans les rangs de la police; car le plus grand mal n'est pas d'en sortir, mais d'en avoir fait partie !

On est frappé d'anathême et du sceau de la réprobation dès qu'on a figuré dans la police, et pourquoi ? C'est une injustice, nous le répéterons; les mesures arbitraires, les vexations, les injustices criantes viennent des chefs et non de leurs instrumens, qui sont souvent plus à plaindre qu'à blâmer. Nous ne donnerons pas de plus grands détails sur la police centrale, les faits particuliers qui suivront, la montreront sous le jour et les couleurs qui lui conviennent.

# DIVISIONS ET BUREAUX

## De la Préfecture.

M. Delavau, en arrivant à la préfecture, ne voulut avoir autour de lui que des amis, ou des créatures, sans observer ni réfléchir s'ils avaient ou n'avaient pas les talens nécessaires pour occuper dignement et convenablement ces emplois; car on n'improvise pas un chef de division, un chef de bureau, ni même un employé dans une administration. Placez l'homme du premier mérite à l'intérieur, à la justice, à la marine, aux relations extérieures, son esprit, son intelligence, son génie, ses lumières lui applaniront les difficultés; mais il y aura toujours un apprentissage à faire, et des connaissances locales à acquérir, ce qui ne peut s'obtenir qu'avec l'habitude et l'usage. M. Delavau, avec toute sa puissance préfectoriale, ne pouvait donner la science infuse à ses amis et à ses protégés.

Comme il croyait aux miracles, ce qui est très-bien, car nous y ajoutons foi, il pensait pouvoir en faire aussi; mais.....

*Non datur omnibus adire corinthum.*

Il n'est pas donné à tout le monde d'en venir là.

La recette est perdue, et les préfets de police ne l'ont pas encore retrouvée.

M. Delavau ne fut point arrêté par ces petites difficultés. Il avait à Rennes un ancien camarade de collége, nommé Gauthier. Il résolut de le faire venir à Paris et de l'employer, afin que ses talens prissent un nouvel essor, et qu'ils brillassent de tout leur éclat, sur un plus grand théâtre.

Il fut mandé : on lui annonçait les plus bénévoles intentions. Il arriva à Paris, et dès qu'il fut remis des fatigues du voyage, on pria, sans façon et le plus galamment du monde, le chef de la troisième division de se retirer, et de faire place à M. Gauthier, qui fut installé de suite. Comme il lui fallait quelque chose de plus qu'un titre de chef de division, M. Delavau obtint pour son protégé la décoration de la Légion-d'Honneur, et le voilà chevalier.

Dès qu'il eût pris place sur le fauteuil divisionnaire, il paraît que les grâces du métier tombèrent sur lui comme une rosée. Sans faire attention à la confraternité de chevalerie, il provoqua la destitution de M. Laurent de Saint-Julien, chevalier comme lui, et inspecteur-général des Halles et Marchés; cette place était du ressort de sa division.

Afin d'assurer l'exécution de ce projet, il alla trouver, à dix heures du soir, MM. de Pins et

Brunat dans leurs bureaux; ils étaient déjà amis. Mêmes goûts, mêmes penchans, mêmes inclinations; la plus douce et la plus *maligne* de toutes les sympathies les faisait fraterniser. Dès qu'ils furent réunis, ils se formèrent en conciliabule.

Ces Messieurs parlèrent ensemble du motif de la réunion; ils étaient tous les trois du même avis, pour hâter la destitution désirée. M. de Pins, prenant la parole, dit à M. Gauthier : « Il » faut que j'ordonne une enquête sur M. Laurent » de Saint-Julien; j'en chargerai Froment : vous » savez que c'est mon homme de confiance, il est » très-lié avec le secrétaire de cet inspecteur-géné- » ral. Je me concerterai avec lui, et nous sommes » certains, d'après cela, que M. Laurent de Saint- » Julien ne pourra pas tenir, d'après les rensei- » gnemens que nous aurons de Froment. »

L'affaire était tellement pressante, que le sieur Moreau, garçon de bureau près de M. de Pins, vint à onze heures et demie du soir chercher Froment, pour qu'il se rendît de suite au cabinet de MM. de Pins et Brunat; il y vint sur-le-champ, et trouva ces Messieurs réunis.

M. de Pins lui adressa ces paroles aussi obligeantes que doucereuses : « Vous savez quelle » estime nous vous portons; la mission dont vous » allez être chargé est une nouvelle preuve de » notre confiance; et vous y mettrez autant de » zèle que de discrétion. Il s'agit de surveiller

» adroitement l'inspecteur-général des halles et
» marchés. »

Froment demanda quel était le motif de la surveillance.

M. Brunat prit à son tour la parole, et répondit : « Il prête de l'argent aux femmes de la Halle.
» Il tient une maison d'escompte, rue Meslay ;
» elle est connue sous la raison de madame Gi-
» raud et compagnie. Mademoiselle Chabrol, es-
» pèce d'intrigante qui se dit parente du préfet de
» la Seine, fréquente la dame Giraud. On pour-
» rait, par l'intermédiaire de cette demoiselle,
» avoir des renseignemens sur la maison de la rue
» Meslay. Elle demeure rue de Seine, près le
» passage du Pont-Neuf ; ainsi arrangez-vous en
» conséquence. »

M. de Pins ajouta : « Au surplus, Froment, vous
» connaissez Devoulx, secrétaire de M. Laurent
» de Saint-Julien, vous le ferez jaser, et nous
» saurons, grâce à votre adresse, ce qu'il nous
» importe de connaître. »

Le lendemain, Froment fut rendre visite au sieur Devoulx, qui logeait place Dauphine, n° 24 ; mais comme la présence de Froment lui était suspecte, il se tint sur la défensive, et tous les moyens employés pour le faire parler sur le compte de son chef furent inutiles ; il se montra aussi fidèle que discret. Froment ne put rien obtenir.

Alors, l'agent Estre fut chargé de suivre toutes les démarches du sieur Devoulx; malgré son activité, il n'obtint aucun succès. Le triumvirat *destituant* était désolé; il fut décidé qu'on emploierait les moyens coercitifs.

Le secrétaire Devoulx fut invité à se rendre à midi au bureau de M. Gâuthier; il y trouva réunis MM. Brunat et Bertrand qui, comme les *Horacès*, avaient fait serment entre eux de vaincre et non de *mourir*, mais de faire destituer M. Laurent de Saint-Julien.

Devoulx parut devant eux, et là, comme s'il eût été sur la sellette devant les trois inquisiteurs d'état de Venise, M. Gauthier lui dit :

« M. Devoulx, il faut donner sur-le-champ la » démission de votre emploi, ou servir nos pro- » jets. M. Laurent de Saint-Julien reçoit des ca- » deaux des marchandes de volailles. Il a en outre » mis à votre disposition une somme de 20,000 fr. » Vous la faites valoir de concert avec la dame » Giraud, et vous êtes chargé spécialement de » prêter de l'argent aux femmes de la Halle, à » un très-gros intérêt, et cette association usu- » raire est établie sous des noms supposés. Nous » vous accordons huit jours pour nous faire un » rapport détaillé sur ce que vous venez d'en- » tendre. »

Devoulx refusa constamment de se prêter à une semblable intrigue, et de seconder des intentions aussi méprisables ; il défendit même son chef avec énergie, et fit son éloge.

Les huit jours étant expirés, M. Bertrand manda Devoulx à son bureau, et dès qu'il le vit, il lui dit d'un ton impérieux : « Eh bien ! monsieur, » avez-vous fait vos réflexions ? allez-vous nous » apprendre quelque chose de nouveau ? Sans » cela, je vous engage à donner votre démission. »

Devoulx persista dans son refus, et se retira.

Il se rendit ensuite près de M. de Pins, *son ami*, et comme il ne soupçonnait pas qu'il eût trempé dans cette misérable intrigue, il raconta ce qui venait de lui arriver.

Quelle fut sa surprise, d'entendre M. de Pins lui dire : « Vous avez tort, je connais l'affaire ; » la place d'inspecteur-général est très-bonne, » et il ne tient qu'à vous de l'avoir sous huit » jours. »

« Je n'en voudrais pas à ce prix, répondit » Devoulx, et je n'accepterai rien ; je suis d'ail- » leurs incapable d'une telle perfidie ; mais j'ob- » tiendrai justice, et je vais sur-le-champ écrire à » M. le préfet, pour lui demander une audience. »

Il lui écrivit en effet, mais il ne reçut pas de réponse. Il prit le parti de voir M. Duplessis, le secrétaire intime ; il se rendit à son bureau, et, lorsqu'il lui eut annoncé le sujet de sa visite, il haussa les épaules, en ajoutant : « Tant pis, il » paraît que vous ne tenez pas à votre place,

» puisque vous ne voulez pas donner les rensei-
» gnemens qu'on vous demande. »

On voit que tous ces individus étaient animés du même esprit.

Le lendemain Devoulx donna sa démission, on l'accepta. Sa délicatesse et son honnêteté ne purent lui faire trouver grâce devant des gens qui n'avaient aucun sentiment de pudeur.

M. Gauthier ne lâcha pas prise pour cela, il voulait triompher, n'importe à quel prix : une bonne action ne lui eût pas inspiré autant de tenacité.

Il chargea l'agent Mayer de continuer à surveiller M. Laurent de Saint-Julien. Mayer fut trouver divers agens subalternes des halles et marchés, et, par ce moyen, il apprit et acquit la certitude que M. Laurent de Saint-Julien recevait des cadeaux et prêtait de l'argent.

M. Gauthier, au comble de la joie, en fit un rapport au préfet, en demandant sa destitution.

M. Delavau lui répondit : « Cet inspecteur-
» général est chevalier de Saint-Louis ; il a rendu
» des services aux Bourbons ; il est en outre par-
» ticulièrement recommandé par un gentilhomme
» de la chambre du roi : je verrai s'il y a lieu à
» le renvoyer, ou à lui conserver son emploi. »

M. Delavau ayant quitté la préfecture, M. Laurent de Saint-Julien resta en place.

Les moyens qu'on mettait en œuvre pour la

lui ravir étaient affreux; pourquoi s'en étonner? tels étaient les menus plaisirs de la préfecture de police.

M. Gauthier, qui s'érigeait ainsi en réformateur des bureaux, mit aussi sur les rangs, pour le renvoyer, M. Parthon, inspecteur-général de la salubrité.

Il plaça en conséquence auprès de lui, en qualité d'inspecteur-général adjoint, un nommé Guilhot, chargé de surveiller les bureaux de salubrité établis sur le quai Bourbon, île Saint-Louis.

Cet agent ne manquait pas d'adresse; il avait été employé par l'inspecteur-général Foudras, et secondait l'officier de paix Lenoir, qui, à cette époque, exerçait des fonctions très-utiles et très-essentielles; il *amollissait les cachets*, et ouvrait les lettres que l'on remettait à la préfecture de police pour qu'elle en prît connaissance:

1° Pour son utilité;

2° Pour la sûreté de l'état.

Guilhot ne trouva rien à mordre sur M. Parthon; le grand pénitencier Gauthier n'était pas heureux.

Alors il chargea son observateur, auquel il conserva ses titres et qualités, de surveiller M. Thomas, inspecteur-général des bois et charbons; il fut contraint de le trouver blanc comme neige. Encore un désappointement pour ce pauvre

M. Gauthier; c'était en vérité dommage, il avait de si bonnes intentions.

Il fit cependant encore une tentative : rien ne pouvait le lasser; il était entêté comme un *Breton :* aussi était-il venu de Rennes.

L'agent Georges Belly fut chargé de surveiller de nouveau ces deux inspecteurs-généraux; il brouilla inutilement du papier. Ses rapports ne purent apprendre à M. Gauthier ce qui n'existait pas. Il en eut de l'humeur, sa santé en fut altérée, on crut même pendant quelques jours qu'il était attaqué du *spleen ;* heureusement on en fut quitte pour la peur.

M. Gauthier renonça à toutes les surveillances, et recommanda la plus grande discrétion à ses agens; il était un peu honteux, le cher homme. Comme il ne nous a prié de rien, nous ne sommes point tenus de garder le secret, aussi nous avons parlé.

M. Cléau, alors sous-chef, et aujourd'hui chef du bureau des prisons, l'ami de M. Hinaux, chef de la police centrale, il le soutenait, l'aidait, le secondait, le félicitait, le consolait dans ses succès ou dans ses revers. M. Cléau, qui accordait ou refusait des permis pour visiter les prisonniers, suivant son caprice ou son bon plaisir, qui les faisait transférer, à tort ou raison, dans telle ou telle prison, ce petit despote administratif, fut mis en surveillance par M. le comte de Pins. Il avait l'intention de le faire remplacer par un nommé Briaud.

L'agent Gilbert fut chargé de lui fournir le moyen d'accomplir ses désirs, et on lui promit une gratification de 50 fr. s'il pouvait découvrir et acquérir la preuve qu'il existait une intrigue entre ledit sieur Cléau et la femme Avoine, qui tenait une maison de prostitution passage du Caire, et s'il recevait des cadeaux des divers directeurs des prisons. Soit maladresse de la part de l'agent, ou qu'il n'existât rien, car M. Cléau pouvait bien avoir des mœurs et de la probité, tout en tourmentant, par haine ou par vengeance, quelques détenus, on ne put trouver prise sur sa conduite. Il fut donc maintenu en place. On voit que nous sommes exempts de passions.

M. de Pins, qui voulait encore se procurer quelques petites jouissances, quelques délassemens, fit demander à la première division le dossier de M. Narthus, commissaire-interrogateur, pour s'assurer s'il n'existerait point quelques notes concernant l'ancien ministère. Il trouva dans ces pièces que M. Narthus voyait fréquemment M. Jules Delaunay, comte d'Entraigues, qui, à cette époque, était très-lié avec M. Decazes.

M. de Pins en tira cette induction, que M. Narthus pouvait fort bien remettre des rapports à M. d'Entraigues, agent de l'ancien ministère, ce qui pourrait nuire au nouveau et le compromettre. On ne pût donc se dispenser de surveiller M. Narthus et de suivre toutes ses démarches. On découvrit qu'il avait pour maîtresse une fille publique du *grand numéro!* elle demeurait rue aux Fèves dans la Cité!!! Comment lui pardonner une telle conduite : on le mit à la retraite comme ayant vingt-deux ans de service, et il fut remplacé par M. Faroux fils, petit employé imberbe, très-orgueilleux, très-suffisant, et pourvu d'une très-petite dose de talent, aimant le jeu et le beau sexe; mais il était protégé, donc il était irréprochable.

M. Berthaut, autre commissaire-interrogateur, fût également mis en surveillance. On rappporta qu'il avait joué un grand rôle en 1793, qu'il avait été républicain; il ne pouvait donc être utile à la préfecture de police. Il fut mis à la retraite et remplacé par le nommé Gallet, protégé de MM. Brunat et Duplessis.

Ce Gallet était le second tome de Faroux fils; ils avaient les mêmes goûts, les mêmes penchans, fréquentaient les mêmes sociétés; ils avaient l'oreille des faiseurs, que fallait-il de plus? On les regardait comme de petits saints. Ils avaient été l'un et l'autre simples commis expéditionnaires sous les deux commissaires que l'on avait mis à la retraite.

Nous ne pouvons nous dispenser, pour compléter

l'historique des commissaires-interrogateurs de la préfecture de police, de donner le portrait physique du vieux garçon de ce bureau. Il avait la taille élancée, les jambes en fuseau, ornées de petites guêtres bleues, l'habit à longue taille, la culotte courte, longue queue, ailes de pigeon, chapeau à cornes; c'était une vraie caricature. Il ressemblait comme deux gouttes d'eau à ces anciens collecteurs de campagne, qui, le dimanche, aboyaient le plain-chant au lutrin. Il se croyait un homme de lettres, parce qu'il en portait d'un bureau dans l'autre. Il était réellement curieux de voir la ridicule importance avec laquelle il parlait aux détenus dont il allait prendre le nom au dépôt. Pourquoi s'en étonner? de tout temps les valets ont été les singes de leurs maîtres. La préfecture de police abondait en originaux de cette espèce. Nous les offrirons successivement à la curiosité de nos lecteurs : ce musée en vaudra bien un autre!

# MAUBREUIL.

Maubreuil est devenu en quelque sorte un personnage historique; on ferait un roman de ses aventures. Un caractère ardent, des passions vives, une imagination exaltée, des moyens qu'on ne peut pas toujours approuver pour subvenir à une extrême prodigalité : tout cela nous mettrait dans l'embarras, si nous étions forcés de dire quel rang il peut tenir dans la société, et sous quel titre il faut l'y classer. Depuis 1814, époque à laquelle il fut arrêté avec un nommé Dassies, et mis à la Force. On plaça près d'eux un individu nommé Colville, qui, sous les dehors de l'amitié, et sous le prétexte d'être compromis dans leur affaire, les surveillait pour en rendre compte ensuite à l'autorité. Maubreuil, depuis cette époque, a presque toujours vécu dans les fers ou dans l'exil, et il use ainsi son existence dans une tourmente continuelle; sa vie est un orage.

Après avoir passé le temps prescrit par sa condamnation, loin de la France, dans la Belgique et en Angleterre, Maubreuil rentra dans Paris, et vint se loger chez un marchand de vin nommé Lecomte, tenant maison garnie barrière du Roule. Il s'y fit inscrire sous le nom d'Amand Durand.

Il ne sortit pas pendant plusieurs jours ; il parvint à inspirer de la confiance et de l'intérêt à son hôte.

Le sixième jour, Maubreuil lui en donna lui-même une preuve. Il dit à Lecomte : « Je voudrais vous charger de porter une somme de » 32,000 fr, rue des Saints-Pères, chez M. de Fa- » vras ; on vous donnera un reçu que vous me » remettrez ensuite : plus tard vous saurez qui je » suis, et je pourrai faire votre fortune. »

Maubreuil lui remit la somme, et Lecomte s'acquitta de cette commission avec autant d'exactitude que de fidélité. Ces 32,000 fr. étaient destinés à meubler une maison au village de Vaucresson, près Saint-Cloud.

Maubreuil, depuis ce moment, continua à accorder à Lecomte une confiance entière, et pour lui en donner une nouvelle preuve, il lui dit : « Vous allez partir, avec des lettres de crédit, pour » La Ferté-Bernard, département de la Sarthe ; » vous irez loger à l'auberge du Chapeau-Rouge. » Là, vous demanderez une fille nommée Rosalie, » domestique dans cette auberge ; elle vous abou- » chera avec une personne, et je vous charge de » la conduire à Paris. Je vous remets une somme » de 100 fr. avec une lettre pour le maire de cet » endroit, et les fonds ne vous manqueront pas. »

Lecomte se munit d'un passeport, prit une place dans la diligence, et se rendit à La-Ferté-Bernard.

A son arrivée il demanda Rosalie ; elle se présenta, et Lecomte lui donna avis de sa mission.

Deux heures après le maire de cette ville arriva accompagné de deux gendarmes ; il demanda à Lecomte le passeport dont il était porteur : après en avoir pris lecture, il lui dit : « ce n'est pas le tout, il faut me remettre votre portefeuille. »

Quel fut l'étonnement de ce fonctionnaire, en y trouvant une lettre à son adresse !.....

Alors il prit Lecomte en particulier, et lui dit : « Avant que de vous rendre dans cette auberge, » vous eussiez dû venir me voir ; maintenant je » ne puis rien faire pour vous, j'ai reçu des ordres » pour vous mettre en état d'arrestation..... »

Cinq lettres, dont Lecomte était porteur, furent saisies. On le mit au cachot, les fers aux pieds, et ensuite il fut conduit de brigade en brigade jusqu'à Paris, déposé à la préfecture de police à la salle Saint-Martin, où il resta cinquante-cinq jours.

Lecomte avait un frère qui voulut connaître les motifs de son arrestation. Il s'adressa à Rivoire, employé à cette époque à la police militaire.

Rivoire lui dit : « Je viendrai ce soir chez vous » me mettre dans un cabinet attenant à celui où » se trouve Durand, et là j'entendrai ce que dira » cet homme quand il parlera avec vous, et nous » verrons ce que nous aurons à faire. »

La chose se passa comme ils en étaient convenus. Rivoire en fit un rapport à l'inspecteur-général Foudras, quoiqu'il ne fût pas attaché à l'administration de la police civile.

Les renseignemens qu'il avait fournis parurent assez importans pour l'y faire admettre comme agent, et peu de temps après, il fut nommé officier de paix. Il continua à donner des rapports sur la même affaire. On parvint à savoir que Maubreuil était à Vaucresson, qu'il s'y cachait.

M. Galleton, qui était officier de paix à cette époque, fut chargé de s'y transporter, et en vertu d'un mandat dont il était porteur, il arrêta Maubreuil et le conduisit à Paris, où il fut mis en prison et détenu. Il parvint ensuite à s'évader.

Lecomte, le marchand de vin chez lequel avait logé Maubreuil, fut mis en liberté, et comme il avait fourni des documens précieux sur ses intrigues politiques et sur ses projets, on lui accorda ensuite une pension de 400 fr. sur la liste civile.

Nous ne donnerons aucuns détails sur les nombreuses arrestations de Maubreuil, ni sur les jugemens qu'il a subis et les condamnations qui en ont été la suite; il n'y aurait rien à dire de nouveau. Les journaux en ont donné connaissance au public.

Maubreuil est dans ce moment dans une maison de santé à Picpus, où il subit sa détention d'après le jugement prononcé contre lui pour voies de fait contre M. le prince de Talleyrand.

# M. LE DUC DE BLACAS

**Et M. le Maréchal de Lauriston.**

Le démon de la curiosité et de la persécution tourmentait tellement la police, que les personnages les plus éminens qui approchaient à chaque instant du monarque, et qui étaient investis de sa confiance particulière, n'étaient pas à l'abri des investigations de la préfecture.

Ce qu'il y a de plus extraordinaire, c'est qu'elle était aussi stupide, aussi niaise, que méchante.

Pour connaître la volonté ou les intentions les plus secrètes d'un homme en place ou en crédit à la cour, elle envoyait un de ses agens *prendre langue* auprès du portier de son hôtel ou de ses domestiques. Comme si un maître mettait ses laquais dans sa confidence ou les consultait dans ses projets.

Elle ne pouvait donc, cette police, que recueillir des propos d'antichambre ou les caquets d'un portier ou de sa femme, espèce de pie bavarde que l'on rencontre dans toutes les loges.

M. Franchet, directenr-général de la police, va prouver ce que nous avançons.

Dans le mois de février 1822, il donna l'ordre de surveiller avec une extrême exactitude l'hôtel de M. le duc de Blacas, rue de Grenelle-Saint-Germain, afin de s'assurer s'il ne sollicitait pas de *nouveau* la place de ministre de la maison du roi, pour succéder à M. le maréchal marquis de Lauriston.

Il fallait que M. Franchet fût bien novice et doué d'une forte dose d'innocence et d'ingénuité pour croire que M. le duc de Blacas, qui de temps immémorial avait rempli les plus hautes et les plus importantes fonctions, allait monter sur les toits et publier hautement ses intentions, pour les faire parvenir jusqu'aux oreilles des surveillans de M. le directeur-général de la police qui rôdaient autour de son hôtel. Avec un peu de tact, M. Franchet eût dû savoir que M. de Blacas écoute et ne parle pas toujours. Mais la police *politique*, qui visait à la finesse, à la ruse, était d'une badauderie dont Jocrisse n'eût pas même approché.

Le nommé Desportis, agent secret de la direction générale, fut chargé de cette surveillance. Il questionna plusieurs fois les domestiques, qu'il était parvenu à approcher, et le succès de sa mission se borna à lui apprendre que M. le duc de Blacas ne pensait nullement au ministère. Les domestiques lui firent cette confidence, et M. Franchet dut en être très-satisfait.

Desportis essuya un jour un petit échec dans

les excursions qu'il faisait à l'hôtel de M. de Blacas.

Un des parens de M. le duc, qui venait lui rendre visite, aperçut dans la cour le curieux observateur; sa figure hétéroclite lui parut suspecte. Il lui demanda qui il était et ce qu'il voulait. L'agent fut interdit et répondit en balbutiant qu'il était domestique et sans place, et qu'il venait pour s'informer si M. le duc avait besoin de quelqu'un. « Je crois plutôt que tu es un agent de police, » lui répliqua le parent de M. de Blacas, et il l'invita à sortir au plus vite. Il ne se le fit pas dire deux fois.

L'agent Desportis n'avait rempli sa mission qu'à moitié; il fallait également surveiller le maréchal Lauriston, et faire ensorte de découvrir s'il n'avait pas désigné son successeur. On pensait à la direction générale de la police qu'il avait cette intention : on devait donc le suivre dans toutes ses démarches.

L'agent secret ne fut pas plus heureux que chez M. le duc de Blacas, et M. Franchet fut désappointé. Que Dieu lui fasse paix et miséricorde.

INSTITUTIONS

## CIMETIERRE ET MONNARD,

**Faubourg Saint-Antoine, et rue Boucherat.**

La direction générale de la police et la préfecture rivalisaient d'empressement pour accueillir les dénonciations qu'on leur adressait, vraies ou fausses, anonymes ou signées, tout leur convenait; elles n'examinaient ni le caractère des personnes accusées, ni leurs antécédens, ni leur moralité. Elles étaient coupables, puisqu'on le leur avait écrit.

Un calomniateur, ou, pour le moins, un envieux, écrivit au ministère de l'intérieur que les chefs d'institution Cimetierre et Monnard étaient des hommes dangereux; qu'ils pensaient mal; qu'ils inculquaient de mauvais principes à leurs élèves; qu'ils les excitaient à la haine du gouvernement, en permettant qu'on lût des écrits séditieux dans les salles d'étude et au moment des récréations.

Le dénonciateur nommait même des élèves qui introduisaient dans ces maisons ces coupables écrits, et les parens en étaient les complices. Si la chose eût été vraie, rien de plus répréhensible : elle était fausse. L'auteur de l'accusation était donc mille fois plus coupable.

L'autorité ne fit aucune réflexion pour asseoir son jugement, et ordonna une enquête, en ajoutant même des observations qui venaient encore à l'appui de la dénonciation. Il y avait au moins trente à quarante personnes de compromises ! Que de conspirateurs !

La direction envoya son *factum* à la préfecture de police, en y ajoutant l'ordre de suivre cette affaire avec un soin extrême. Il fallait en outre mettre une grande diligence dans cette exploration : on était pressé de jouir.

M. Delavau remit copie de la note au chef de la police centrale, et M. Hinaux chargea l'agent Guithon de la mission à laquelle on attachait la plus haute importance.

L'agent prit connaissance de la note ; il vit que l'accusation était de nature à compromettre l'honneur, la réputation et la fortune d'un grand nombre de personnes. Il n'était pas de ces hommes qui ne veulent trouver que des coupables, et il mettait de la délicatesse dans l'exercice de ses fonctions, ne rédigeant jamais un rapport que d'après la vérité et des preuves matérielles.

Il commença donc par prendre des informations sur MM. Cimetierre et Monnard : elles furent toutes à leur avantage. Il pénétra dans les deux institutions, sous le prétexte d'y placer des élèves ; il vit les deux chefs ; il eut un entretien avec eux ; ils le firent même assister aux leçons qu'ils donnaient à leurs élèves sous le rapport religieux, moral et scientifique. L'agent était en état d'en juger; il ne put que rendre hommage aux talens des instituteurs en chef et en sous-ordre, et se retira en promettant de rendre compte aux parens des jeunes gens qu'il voulait placer, de ce qu'il avait vu et entendu. Il prit également des informations sur les parens et les enfans que l'on accusait d'introduire des *écrits séditieux* dans les deux institutions, et ces personnes se recommandaient à l'estime publique par leur bonne conduite et par la réputation la plus honorable.

Ces informations exigeaient des démarches multipliées, de l'exactitude, et l'agent ne voulait rien avoir à se reprocher, l'affaire était trop délicate pour agir avec légèreté.

La direction générale s'ennuyait de ne point recevoir de renseignemens. Le préfet partageait cette impatience, et le chef central, Hinaux, tourmentait l'agent, et l'accusait de négligence.

Il remit une note dans laquelle il faisait sentir que les renseignemens à prendre n'étaient pas de nature à être fournis dans un moment; qu'il ne pensait pas que la police voulût trouver des coupables, et avoir à se reprocher de condamner sans entendre et sans preuves matérielles. Les inculpations étaient trop graves pour ne pas apporter un soin extrême dans cette enquête. Il ajoutait que très-incessamment il rendrait un compte exact et détaillé de cette affaire, de manière à ne laisser rien à désirer.

On le laissa donc agir, tout en lui recommandant de ne pas perdre une minute, parce qu'on attachait une grande importance aux renseignemens demandés. Il y avait peut-être des candidats à placer.

L'agent savait déjà à quoi s'en tenir sur cette dénonciation. Cependant il voulut être à même de la détruire de la manière la plus victorieuse, et voici le moyen qu'il employa.

Il se rendit chez M. le curé de Sainte-Marguerite, et lui demanda des renseignemens sur l'institution de M. Cimetierre.

Ce respectable ecclésiastique en fit l'éloge le plus vrai et le plus mérité; il ne parla que d'après sa conscience. Il visitait souvent cette maison : un des habitués de sa paroisse s'y rendait également. Ils donnaient aux élèves des leçons de morale et de charité chrétienne, et le pasteur n'avait qu'à se louer de ces brebis qui faisaient partie de son troupeau. Il connaissait depuis long-temps et très-particulièrement M. Cimetierre; ils étaient liés ensemble, et dans tout ce que dit M. le curé de Sainte-Marguerite, il n'y avait rien qui pût être taxé d'intolérance ni de partialité : c'était la voix et les discours d'un vrai ministre de l'Evangile.

L'agent se présenta ensuite chez M. le curé de Sainte-Elisabeth, et il apprit que M. Monnard, rue Boucherat, donnait l'exemple de toutes les qualités qui constituent un digne instituteur.

M. le curé se rendait souvent dans cette maison; il y mangeait avec M. Bellard, procureur-général, qui était très-lié avec M. Monnard.

Et en outre, un de Messieurs les vicaires de Sainte-Elisabeth allait deux fois par semaine instruire les élèves, et leur faire connaître les préceptes de l'Évangile et des vérités chrétiennes.

Le pasteur ajoutait qu'il serait à désirer que toutes les maisons d'éducation fussent tenues avec autant de soin et de régularité, et par des hommes aussi instruits.

D'après de telles autorités, il était très-facile de se convaincre que les dénonciations dirigées contre les institutions Cimetierre et Monnard, étaient dénuées de fondement, et qu'elles avaient été dictées par la calomnie, la méchanceté et la plus basse jalousie.

L'agent rédigea son rapport d'après ces renseignemens; il fit sentir combien il était important de n'admettre qu'avec une extrême prudence et une grande réserve des accusations de ce genre.

On ne lui dit rien sur cette affaire; on ne témoigna ni satisfaction ni mécontentement. Il se crut assez récompensé, il avait été utile à des hommes probes et honnêtes, et confondu la calomnie.

Pourquoi la police ne se conduisait-elle pas toujours ainsi? Elle eût fait bénir son existence; on ne l'eût point regardée comme un fléau, et notre ouvrage n'existerait pas.

## MICHEL ET CZERNITSCHEFF.

Lorsque Napoléon préparait son expédition contre la Russie, il concentra ses forces dans la Prusse et sur les frontières de la Pologne. Il paraissait menacer toutes les contrées de l'Allemagne d'une invasion, sans qu'on pût soupçonner quelle direction il prendrait.

Pour mieux masquer ses projets, on ne connaissait point le nombre des régimens, ni leur force ; il y avait des corps qui comptaient 7, 8 et même 10,000 hommes sous leurs drapeaux, ensorte que l'effectif de l'armée était beaucoup plus nombreux qu'on ne pouvait le soupçonner. Le mot de l'énigme était dans les bureaux du ministère de la guerre.

L'empereur Alexandre fut alarmé de ces préparatifs dont il ne connaissait pas le vrai but, et quoiqu'il vécût en assez bonne intelligence avec son collègue l'empereur Napoléon, il ne pouvait se défendre d'un peu de défiance.

Pour éclaircir ses doutes, il prit le parti d'envoyer en France un homme souple, adroit, délié, dont le caractère léger pût sympathiser avec les Français; et il chargea le colonel Czernitscheff d'une mission diplomatique près de Napoléon. Le prétexte était assez frivole, mais le motif secret était de connaître, autant qu'il serait possible, les projets que l'on méditait, et surtout la force de l'armée française réunie et rassemblée sur le chemin de la Russie.

Le colonel russe partit avec toutes instructions publiques et secrètes, et il arriva à Paris.

Quoïque ce diplomate improvisé n'eût aucune célébrité guerrière ni politique, on l'accueillit favorablement, pour faire honneur au souverain dont il était le représentant.

Il parla un peu des intérêts des deux gouvernemens; mais secrètement, il chercha les moyens d'employer les *roubles* dont il était porteur, afin de remplir les vœux et les désirs de son maître. Grâce à son or corrupteur, et à des promesses insidieuses, il parvint à séduire un employé du bureau de la guerre, qui lui fournit des renseignemens sur nos forces militaires en Allemagne et en Prusse. Ce qui donnait encore des notions sur les projets de Napoléon.

C'était ainsi que le colonel russe violait l'honorable hospitalité dont il jouissait. Un misérable copiste nommé *Michel*, employé au bureau des expéditions de la situation des divers corps de l'armée, qui avait une très-belle main, et qui en dressait les tableaux, succomba à la tentation et aux insinuations de Czernitscheff. Il reçut de l'argent, et, par la plus lâche des infidélités, il lui donna les renseignemens précieux qui étaient l'objet de ses désirs et de son voyage!

Cette criminelle et coupable connivence exista encore assez long-temps.

Le colonel russe envoyait des renseignemens à son souverain, et bientôt les feuilles étrangères donnèrent l'état exact de la force de notre armée, et la composition des régimens; enfin jusqu'aux détails les plus minutieux sur le matériel de l'armée.

Czernitscheff jouissait du succès de sa ruse; il voyait en perspective la faveur, les dignités, les honneurs. Michel, de son côté, très-orgueilleux et très-vain, avait acheté des meubles somptueux, affichait du luxe, ne se refusait rien pour sa parure ni celle de sa femme, faisait *grande chère*, et dépensait chaque jour 25 à 30 fr. pour ses menus-plaisirs. Il annonçait à ceux qui le connaissaient qu'il avait fait un héritage considérable. En même temps Napoléon se mordait les doigts, fronçait le sourcil, tempêtait. Il mandait son ministre de la guerre, et le journal à la main il le gourmandait. L'excellence ne savait trop que répondre; il protestait de son zèle, de son dévouement, de sa discrétion; on lui opposait le journal. Le maître et le serviteur y perdaient leur *latin*.

On fit venir le ministre de la police; c'était le

remède à tous les maux et le spécifique par excellence. On lui conta le fait. Il annonça que cela ne pouvait venir que de quelques ambassadeurs des puissances étrangères près la cour de France, et qu'il n'y avait qu'un moyen de découvrir ces intrigues ; c'était de surveiller tous les agens diplomatiques. Napoléon approuva cette idée lumineuse, et Fouché fit mouvoir quelques membres de son corps d'éclaireurs.

On fut quelques jours sans rien découvrir. Enfin le hasard servit mieux le gouvernement que la prévoyance et la ruse.

Le colonel Czernitscheff ayant obtenu du traître Michel tout ce qu'il voulait, et craignant que son rôle ne devînt trop difficile à jouer par la suite, et ne lui causât des désagrémens, même quelque chose de plus, fit ses adieux à voix basse, il se hâta de quitter la capitale, prit la poste et paya même *doubles guides*, afin d'augmenter la vitesse des chevaux.

Ce départ si précipité éveilla les soupçons de la police qui en avait déjà, et qui s'était mise en marche. Elle envoya sur-le-champ des agens au domicile de Czernitscheff, pour y faire une exacte et scrupuleuse perquisition. Ils s'y rendirent et trouvèrent, sous le coussin d'un canapé, un état de situation des armées françaises, d'une très-*belle écriture*. Alors on ne douta plus que les renseignemens donnés par les journaux étrangers ne partissent de la France, et n'eussent été remis au colonel russe.

On donna de suite l'ordre, par le télégraphe, d'arrêter le fugitif corrupteur; mais il avait déjà passé le pont de Kehl lorsque le signal parvint à Strasbourg, au préfet du Bas-Rhin.

Si l'agent provocateur était échappé, s'il s'était soustrait au châtimeut qu'il méritait pour avoir violé le droit des gens, la preuve du crime existait par l'écrit, que son départ trop précipité lui avait fait oublier ; mais il fallait trouver la main qui avait tracé ce criminel tableau. On le communiqua aux ministres réunis : celui de la guerre crut reconnaître l'écriture pour être celle d'un des employés de ses bureaux. Il le montra à ses chefs de division; on nomma *Michel*, il fut arrêté. Le crime était matériellement prouvé ; le coupable auteur de cette infâme et lâche trahison fut jugé : condamné à mort et exécuté, il montra assez de fermeté, et son teint se colora vivement lorsqu'il aperçut l'instrument de son supplice.

On dit dans le temps que sous divers prétextes il arrêtait celui qui portait les dépêches à la poste, afin de prendre quelques renseignemens dans le paquet qui renfermait la situation de l'armée, mais ce fait ne fut jamais assez avéré pour que nous puissions l'affirmer.

Ce qu'il y a de certain, c'est qu'on prit depuis cet événement de très-grandes précautions pour que cet abus de confiance ne se renouvelât pas, et qu'il y eut deux individus employés pour conduire la voiture qui transportait les dépêches à la poste aux lettres. Cet événement obligea Napoléon à faire des changemens dans son plan de campagne. On insinua même dans les journaux quelques notes relatives à ce manque de foi. Czernitscheff ne fut pas ménagé : ce fut sans doute pour s'en venger, que, lors de la campagne de 1814, étant à la tête d'un corps de cosaques, il fit beaucoup de mal dans tous les lieux où il passa ; c'était le droit de la guerre, et cela valait un peu mieux que de corrompre et séduire des commis pendant la paix. Il n'y a pas de gloire à cueillir de semblables lauriers

Les journaux parlèrent dans le temps de Michel et de Czernitscheff. Ils ne donnèrent pas les détails que nous offrons aujourd'hui à nos lecteurs. Le plus coupable n'est pas celui dont la tête est tombée sur la Grève.

## M. APPERT.

M. Appert, dont on vante la philanthropie, qui pénètre dans les prisons pour y porter des secours et des consolations aux malheureux, et alléger ainsi le poids de leurs fers, M. Appert fut soupçonné d'avoir favorisé l'évasion de quelques détenus de la prison militaire de Montaigu, condamnés pour un mouvement séditieux qui avait eu lieu à Saumur.

L'entrée de la prison de Montaigu lui fut même interdite. Il s'y rendait pour y établir l'enseignement mutuel.

La police le fit surveiller pour le fait d'évasion dont nous venons de parler, et jugea ensuite convenable de lancer un mandat d'arrêt contre lui.

L'officier de paix Pascal fut chargé de le mettre à exécution, et partit pour Belleville avec ses agens. M. Appert allait souvent y rendre visite à sa mère. Ils le manquèrent dans cette commune; mais comme il avait un logement dans l'enceinte du temple, on se douta qu'il pourrait s'y trouver, et il fut arrêté au moment où il venait de se coucher.

On le conduisit à la préfecture de police, et

après lui avoir fait subir un interrogatoire, on le mit en liberté. Il rentra à son domicile, et on eut soin de le faire suivre pour s'assurer qu'il n'en changeait pas.

Le lendemain au matin il fut arrêté de nouveau, sans qu'on donnât de motifs de ces arrestations et de cette mise en liberté momentanées.

M. Appert fut détenu environ trois mois; il passa ensuite en jugement, et fut acquitté sur le fait de l'évasion des prisonniers de Montaigu.

Il recouvra sa liberté, et depuis il en a fait le plus honorable et le plus digne emploi. Il est directeur-propriétaire, et le rédacteur principal du *Journal des prisons*.

Cette feuille, où les détenus peuvent faire insérer leurs justes réclamations et leurs plaintes, où le rédacteur signale les abus qui existent dans les prisons, les moyens de les détruire, et les améliorations à faire, tourmentait beaucoup et inquiétait encore plus M. Bonneau, l'inspecteur-général des prisons.

Les directeurs n'aimaient pas beaucoup cette feuille; ils craignaient qu'on ne les accusât d'être les instrumens un peu trop serviles de M. Bonneau.

La police, pour empêcher M. Appert de dire la vérité dans son journal, lui interdit l'entrée des prisons; mais cette défense fut levée par une autorité supérieure. L'humanité reprit tous ses droits.

M. Appert est membre du conseil-général des prisons. Son auguste président l'accueille et l'écoute avec cette bienveillance généreuse, apanage si doux de la vertu, et la France en attend les plus heureux résultats.

# PROVOCATIONS.

## (N° I.)

## COURTOIS, FERRAILLEUR,

**Agent provocateur. — Fusils.**

La police ne pouvait se résoudre à renoncer à l'affreux système des provocations. Ses agens étaient tellement imbus de ces honteux principes, qu'ils cherchaient toujours à les mettre en pratique ; il semblait qu'on leur eût promis des primes d'encouragement.

Ce qu'il y avait de plus terrible et de plus hideux, c'est que l'agent provocateur avait commencé par être le dénonciateur.

C'est ce qui arriva à la nouvelle victime que nous allons faire connaître.

Le nommé Courtois, marchand ferrailleur, demeurant cour du Dragon, faubourg Saint-Germain, fut signalé comme vendant des fusils, pistolets et autres armes, et tenant en outre les propos les plus repréhensibles contre le gouvernement; il fallait encore y ajouter ce chef d'accusation.

M. Delavau donna l'ordre de surveiller cet individu, que l'on désignait comme très-dangereux.

L'agent secret Saint-Marc fut chargé de cette mission, et quoiqu'elle dût se borner à une simple surveillance, il se présenta chez Courtois, sous le titre d'un ancien officier, et après avoir lié conversation avec lui, il l'invita à venir chez le marchand de vin pour lui parler d'affaires. Courtois y consentit. Dès qu'ils furent assis, Saint-Marc lui dit : « Je suis chargé d'acheter une » centaine de fusils de munition pour les en- » voyer à l'étranger; on m'a dit que je pouvais » m'adresser à vous en toute confiance : voyez » si vous voulez me faire cette fourniture, vous » serez payé comptant, en livrant. »

Courtois qui crut à la franchise du militaire, et qui ne soupçonnait pas un piége, y tomba sans s'en douter.

Il manifesta même une opinion politique un peu exagérée, et donna rendez-vous pour le lendemain au perfide Saint-Marc.

Il rentra au domicile de Courtois, qui lui montra plusieurs fusils pour échantillon, en l'assurant qu'ils seraient tous du même modèle.

On convint du prix; le marché fut conclu et arrêté.

D'après le rapport de l'agent, la police lança un mandat de perquisition chez Courtois.

Le lendemain, le commissaire de police Coutans s'y transporta avec des agens : les fusils et autres armes furent saisis; Courtois fut cité devant les tribunaux et condamné à l'amende.

Que penser de l'agent Saint-Marc qui abusait d'un titre respectable pour faire des dupes et des malheureux? Ce n'est pas assez de le mépriser?

---

## (N° II.)

## PERROTIN.

**Apothéose de Napoléon. — Son Chapeau; son Épée. — Encore un peu de provocation.**

Le gouvernement, qui voyait mieux que la police, qui avait plus de jugement qu'elle, et il n'y avait pas de quoi s'énorgueillir, permettait que l'on exposât en public, que l'on vendît l'apothéose de Napoléon, son chapeau, son épée, en gravure, ou coulés en bronze; il ne craignait ni les morts, ni les revenans; mais la police, c'était autre chose : elle avait peur d'elle-même ; ou, soyons vrais, si elle éprouvait quelques frayeurs, c'était de voir que la France en général, et les habitans de Paris en particulier, pleins de confiance dans la sagesse et les promesses du monarque, oubliaient ce que le passé avait eu de douloureux en jouissant de la tranquillité du présent, heureux augure de l'avenir.

Un échange de sentimens affectueux avait lieu chaque jour; la franchise et la loyauté cimentaient des deux côtés la plus sincère amitié.

La police voyait ce changement fortuné avec douleur, et disait en rugissant : « Si tout le monde » s'aime, que vais-je devenir? mon règne est » passé. Et d'ailleurs, n'ai-je pas des engagemens » secrets et *sacrés* à remplir? »

Or, la police qui voulait plaire à d'autres individus qu'au gouvernement, poursuivait les morts jusque dans le tombeau, et persécutait ceux qui, pour satisfaire la curiosité et seconder les arts, cherchaient des moyens d'existence dans l'industrie et le commerce.

Le sieur Perrotin fut signalé au préfet de police, comme vendant et colportant une gravure qui représentait l'apothéose de Napoléon, et des encriers en bronze, ayant pour accessoires ou ornemens son épée et son chapeau.

Le nommé Critey, agent de police, avait remis ce rapport, et il annonça que, par l'intermédiaire d'un individu qui portait le *Constitutionnel*, il pourrait se procurer ces objets *séditieux*, selon lui.

Les chefs de la police partagèrent son opinion, c'était bien naturel, et on lui remit la somme de 20 fr., avec ordre de terminer cette affaire dans le mieux des intérêts et des intentions de la *bénigne* administration.

Il alla trouver le porteur de journaux avec cet empressement qui devait caractériser un agent de la police, il lui annonça qu'il trouvait à placer des gravures et des encriers dont il lui avait parlé, et lui remit les 20 fr. afin qu'il pût lui procurer ces objets.

Le porteur du *Constitutionnel* ne demanda pas mieux; mais il lui observa qu'il lui fallait un petit droit de commission. L'*honnête* agent y consentit; l'autre, qui ne se doutait pas qu'il servait la police et qu'il s'*enferrait*, s'empressa de se rendre chez le sieur Perrotin, qui demeurait faubourg Poissonnière : il acheta les objets demandés.

Quatre agens de police, compères de Critey, l'avaient suivi, et marchèrent encore sur ses traces lorsqu'il sortit de chez le sieur Perrotin.

Il fut arrêté rue de Cléry, et comme il était porteur des *objets séditieux*, on le conduisit à la préfecture. Quel droit de commission!!!

Le commissaire de police Devilliers, muni d'un mandat de perquisition, se transporta à son domicile, quai de la Féraille. On ne trouva rien de repréhensible.

La même perquisition eut lieu chez le sieur Perrotin. On y saisit des gravures et des encriers en assez grande quantité.

Le malheureux porteur de journaux fut mis en liberté, mais il perdit sa place.

Le sieur Perrotin passa en jugement, et fut condamné à l'amende. La police jouît de son triomphe, elle avait fait du mal; et sans ses provocations et celles de ses agens, la société n'eût pas été blessée ni torturée dans deux de ses membres. Mais il fallait de l'occupation à la préfecture de police; elle ne voulait pas que les siens pussent languir dans une honteuse oisiveté.

---

## (N° III.)

## UN PORTIER DE LA PETITE RUE TARANNE.

**Bustes de Napoléon, en plâtre. — Un grain de provocation.**

Nous sommes forcés de croire et de penser que quelques agens de police (car il ne faut pas tous les classer dans la même catégorie), tout fiers d'exercer leurs déplorables fonctions, s'écriaient dans certains momens d'enthousiasme :

Quel bonheur!
Quel honneur,
Du Préfet je suis serviteur,
Et son agent provocateur!

C'était le refrain de *malins* couplets que chantaient ces messieurs, lorsqu'ils étaient en goguette cour de Lamoignon, et qu'ils étaient contens de leurs actions.

Un pauvre diable de portier de la petite rue Taranne, qui n'avait pour toute rétribution que le sou pour livre des locataires qui occupaient la maison où il tirait le cordon pour les laisser entrer et sortir, croyait pouvoir fabriquer sans danger des bustes en plâtre à l'effigie de Napoléon. Il augmentait ainsi son revenu en les vendant aux amateurs *extra muros*. Il ne pensait pas qu'il pût se compromettre en offrant, en plâtre, les traits d'un homme mort à cinq cents lieues de tout continent, dont les restes étaient renfermés dans trois cercueils rivés les uns sur les autres, et recouverts de pierres de taille. Il était dans la plus grande sécurité, ce pauvre portier; il calculait ses bénéfices, il jouissait par anticipation de leur emploi. Hélas! c'était la fable du Pot au lait.

La police était là, il lui avait été dénoncé; et

les agens Estre et Mani, ces renardeaux de la préfecture, au maintien papelard, se présentèrent chez lui comme des marchands de province vendant des bustes de Napoléon, et lui demandèrent s'il pouvait leur en fournir, qu'un particulier auquel il en avait livré leur avait donné son adresse.

Le portier rejeta d'abord cette proposition, et dit qu'il ne fabriquait pas de ces bustes, qu'on les avait induits en erreur.

Ils insistèrent, y mirent un prix assez élevé, et promirent de payer comptant. L'appât du gain séduisit le portier; il promit de faire la livraison, et il ajouta : « Ce n'est pas ici que je tiens ma fa-
» brique, car je crains la police; mais donnez-moi
» votre adresse, et après-demain je vous en por-
» terai six chez vous. »

Les agens indiquèrent leur adresse rue d'Antin, mais il fallait venir avant dix heures du matin.

Le jour indiqué, le portier sortit de chez lui pour aller au rendez-vous, portant un panier où se trouvaient les bustes demandés.

En entrant dans la rue de Seine, il fut arrêté par l'agent Genestey et conduit à la préfecture de police. Il ne pouvait nier le fait; il portait avec lui les preuves du délit.

Le commissaire de police Coutans se transporta à son domicile; il fit une perquisition exacte, et les moules furent trouvés cachés dans la cour, sous une caisse. On les saisit; ils furent déposés à la préfecture, où le portier avait subi un interrogatoire.

Il comparut devant les tribunaux, fut jugé et condamné correctionnellement.

Ces terreurs paniques ont cessé; on ne fait plus la guerre aux vivans à cause des morts. La police est devenue plus sage, et le magistrat qui en tient les rênes a fait prendre une autre direction à son char; elle marche d'après les lois, la justice et l'humanité, dont elle respecte les droits.

---

## (N° IV.)

## MM. MARTIN ET COMPAGNIE.

### Plumets tricolors.

La police ne se lassait point de faire des victimes. Elle avait donné *carte blanche* à tous ses agens; ils parcouraient Paris avec l'intention d'exécuter ses volontés, et malheur au marchand ou fabricant dont l'enseigne arrêtait leurs regards.

Au mois de juillet 1823, le nommé Gilbert dit

Saint-Laurent, agent de M. Bonneau, dont nous avons déjà parlé, se présenta chez MM. Martin et compagnie, négocians, rue du faubourg Saint-Denis, n° 137, à l'effet de les charger de la confection de quinze cents plumets aux trois couleurs. Il était accompagné du nommé Vincent, agent secret.

Ils s'annoncèrent sous les auspices de M. Saint-Laurent, négociant à Lyon, et se dirent même porteurs d'une lettre de crédit de cette maison. Cette lettre avait été fabriquée par Gilbert.

M. Martin, après avoir écouté les propositions de ces deux individus, s'y refusa d'abord; mais après un assez long entretien, soit qu'ils lui inspirassent un peu de confiance, ou qu'il voulût prendre des renseignemens, il leur demanda la lettre de M. Saint-Laurent de Lyon. Ils la lui remirent, et il la garda devers lui, en les invitant à revenir dans trois ou quatre jours, et qu'il leur donnerait une réponse définitive, parce qu'il était bien aise de faire ses réflexions.

Soit que M. Martin eût obtenu des renseignemens de Lyon pendant cet intervalle, soit qu'il eût fait suivre Gilbert et Vincent, qui peut-être s'étaient rendus chez M. Bonneau, qui demeurait alors rue de l'Échiquier, et qu'il eût pris des informations sur cette maison et ceux qui l'habitaient, il acquit la certitude que les deux individus qui lui avaient demandé une fourniture de quinze cents plumets, n'étaient que des agens secrets de la police.

Au jour fixé, Vincent se présenta pour avoir la réponse.

M. Martin l'accueillit comme il le méritait, avec les expressions du plus profond mépris; il fut même sur le point de le gratifier d'une correction dont ses épaules auraient éprouvé le *bâtonnant* contact. Un des associés de M. Martin eut pitié de lui, et le fit sortir; il en fut quitte pour la peur, et fut rendre compte à son chef de sa mésaventure, ce qui ne les corrigea ni les uns ni les autres.

---

(N° V.)

## M. LAFORGE.

**Cannes, avec l'effigie de Bonaparte.**

Si la police voulait faire du mal, elle trouvait quelques agens dignes d'elle; mais nul ne la servait mieux que le nommé Chignard; il doit être mis au premier rang des agens provocateurs.

En 1822, le préfet de police reçut un rapport qui lui annonçait qu'on fabriquait dans Paris des cannes dont la pomme portait l'effigie de Bonaparte.

L'agent Chignard fut chargé de découvrir les fabricans; il parcourut tout Paris, et comme il n'en trouvait point, ce qui n'est pas extraordinaire, car il était l'auteur du rapport, et le créateur du délit, il crut qu'il était plus expédient de les commander lui-même. Alors prenant le nom de Jacson, Américain, il se présenta chez M. Laforge, fabricant de cannes, rue Saint-Martin, n° 177, maison du boucher.

Il lui fit une très-forte commande en donnant une fausse adresse, et eut soin de prendre un échantillon des cannes. On parut satisfait à la préfecture des moyens employés par Chignard, et des renseignemens qu'il donna.

M. Laforge chercha, à ce qu'il paraît, l'adresse de l'Américain Jacson; il ne la trouva point; il conçut des soupçons, et refusa de fournir les cannes demandées.

Chignard, furieux d'avoir manqué son opération, et de voir que sa victime lui échappait, écrivit à M. Laforge la lettre que nous joignons ici :

Paris, le 28 août 1822.

« Je me suis rappelé, Monsieur, que je ne vous avais pas payé les échantillons de cannes que vous m'avez laissés.

» D'après votre note, vous m'aviez compté, savoir :

| | |
|---|---|
| Pour les faux bambous tournés. . . . | 49 fr. |
| Faux rotins et faux bambous faits à la main. . . . . . . . . . . . . . . . . | 59 |
| Bambous noirs. . . . . . . . . . . . . . | 59 |
| Faux rotins. . . . . . . . . . . . . . . . | 47 |

» Vous m'avez ensuite rabattu 4 fr. par douzaine sur chacune d'elles. Vous m'avez laissé la somme de 15 fr. pour laquelle vous voudrez bien remettre un reçu au porteur.

» Je suis fâché des frais que vous ont occasioné ma commission ; mais je puis vous protester, *sur mon honneur,* que mes intentions ont toujours été de vous payer. Vous devez donc vous en prendre aux personnes qui vous ont dit du mal de moi.

» Je n'ai point revu le juif ni le courtier qui ont fait mes commissions.

» Je dois de l'argent à ce dernier, que je serais bien aise de lui payer avant mon départ. Vous m'obligerez de m'envoyer son adresse pour que je puisse m'acquitter envers lui.

» J'ai l'honneur de vous saluer,

» Jacson. »

Nous n'avons rien changé à la lettre : nous en donnons littéralement la copie.

Quoique M. Laforge n'eût point accédé aux demandes insidieuses de Jacson-Chignard, la police n'en ordonna pas moins une perquisition et une saisie chez ce fabricant, et il ne put échapper au malheur d'avoir reçu chez lui cet être aussi vil que méprisable.

Il est impossible d'être plus éminemment perfide que ce Chignard, nous ignorons comment il ose paraître dans les rues de Paris; il est vrai qu'il ne rougit de rien, à moins qu'il ne s'oubliât au point de faire quelque chose qui ne fût pas marqué au coin de la lâcheté et de la bassesse.

---

(N° VI.)

## M. DUPUIS, FABRICANT DE CRISTAUX.

**Effigie de Bonaparte.**

La figure de Bonaparte était la grande ressource, le cheval de bataille de ces vils agens provocateurs.

Tout homme qui fabriquait, vendait ou achetait la figure de celui qui, depuis sa détention à Sainte-Hélène, était mort pour l'univers, conspirait contre le roi et la France! Quelle absurdité!

La police le voulait ainsi, et ses agens travaillaient en conséquence.

Nous allons encore mettre en scène le provocateur Chignard, sous le nom de l'Américain Jacson. Il est vrai que son teint basané, olivâtre, prêtait à l'illusion lorsqu'il avait seulement sur la figure un faible échantillon de la couleur de son âme.

Faisons de nouveau connaître Chignard : Dans le mois de décembre 1823, il se présenta, toujours sous le faux nom de Jacson, chez M. Després, fabricant de cristaux, rue des Maures, faubourg du Temple.

Il s'annonça comme un Américain, et demanda, mais avec mystère et sous le sceau du secret, à acheter une grande quantité de têtes de Bonaparte en argent, incrustés dans du cristal.

M. Després lui répondit qu'il n'en avait pour le moment qu'un très-petit nombre de confectionnés.

Chignard-Jacson observa qu'il lui en fallait une grande quantité, et il en commanda pour 6,000 fr.

Il donna pour arrhes une très-faible somme, et il exigea que la livraison eût lieu le 16 du mois courant au plus tard, attendu qu'il devait partir le 20.

M. Després promit la fourniture pour le jour indiqué, et mit tous ses ouvriers en œuvre ; on passa même les nuits.

Mais quelles furent sa surprise et son indignation lorsque, le 16 décembre, il vit entrer chez lui, non pas l'Américain Jacson avec son argent, mais le commissaire de police Dénayer, accompagné de l'agent Barthès.

On signifia à M. Despré́s le mandat de perquisition, et les marchandises demandées par l'agent provocateur Chignard-Jacson furent saisies; il y en avait pour 6,000 fr., ainsi que nous l'avons déjà annoncé.

Madame Després relevait de couches, elle était encore convalescente.

L'aspect des agens de la police, la saisie, la perte de 6,000 fr., la perfidie dont son mari était l'innocente et malheureuse victime, lui causèrent une si grande révolution, qu'elle fut obligée de se mettre dans son lit, et elle mourut huit jours après.

Tels furent les actes de la police et de ses agens.

Ils ne se contentaient pas de ruiner les habitans de Paris par leurs infâmes provocations, ils en étaient les assassins et les bourreaux.

On trouvera toujours étonnant que de tels abus d'autorité, que des excès aussi révoltans aient lieu dans Paris, au nom de l'autorité et sous le prétexte de servir le gouvernement. La police en agissant ainsi, se montrait beaucoup plus sévère que la loi. Elle punissait par anticipation et sans preuve; elle semait la désolation dans les familles;

des époux pouvaient lui redemander leurs épouses; des orphelins leurs parens; le désespoir des uns et les larmes des autres étaient les trophées dont pouvaient s'énorgueillir la police et ses agens. Si les législateurs eussent pu soupçonner que des fonctionnaires se rendissent coupables de semblables délits, ils eussent ajouté au Code pénal quelques articles relatifs à ceux qui oublient que l'autorité ne leur a été confiée que pour le bonheur de la société. Le passé nous éclairera pour l'avenir, et nos descendans seront plus heureux que nous.

---

(N° VII.)

## M. VISMENT, TOURNEUR EN BUIS.

**Coquetiers séditieux.**

Nous ne ferons précéder cet article d'aucune réflexion, nos lecteurs partageront sans doute la juste indignation dont nous sommes pénétrés pour la conduite que tenait la police; elle rappelait ces temps d'effroyable mémoire, où la guillotine était en permanence, et où l'on arrêtait les Français comme *suspectés* d'être *suspects*.

Si la police n'a pas relevé sous un autre prétexte les échafauds de 1793, ne lui en sachons pas gré; elle en avait bien la volonté, le désir, mais elle n'a pas osé.

C'en est assez, parlons d'une nouvelle provocation qui unit la méchanceté au ridicule; car dans ce que faisait la police, s'il y avait quelque chose de criminel, on y trouvait aussi un côté plaisant.

Dans le mois de janvier 1824, l'agent Venix, se présenta chez M. Visment, tourneur en buis, rue du Roule, n° 10, et lui commanda trois cents *coquetiers en buis;* mais il fallait que la figure de Bonaparte fût gravée dessus, ensorte qu'on ne pouvait manger des *œufs à la mouillette* sans être séditieux, ou conspirateurs!

Le prix fut arrêté et convenu, sous condition qu'ils seraient livrés dans un très-court délai. On envoyait ces coquetiers à l'étranger.

Le vaisseau qui devait les emporter était en chargement au Hâvre, et il les attendait pour compléter sa cargaison.

Le moindre retard pouvait donc compromettre les intérêts de celui qui faisait la fourniture.

M. Visment promit de livrer, sous quatre jours, les trois cents coquetiers, rue Saint-Antoine, à l'adresse donnée par M. Venix, soi-disant négociant.

Le tourneur se mit sur-le-champ à l'ouvrage; il ne perdit pas un moment, et le 15 janvier tout fut terminé.

Il pria sa mère d'accompagner le commissionnaire qui portait les coquetiers; il lui remit la facture acquittée, et ils se mirent en route. Arrivés sur la place de Grève, cette dame fut arrêtée, ainsi que le commissionnaire, par le nommé Deslauriers, chef de la brigade de police aux ordres de M. Bonneau.

On les conduisit chez le commissaire de police; le délit, si c'en était un, se trouvait prouvé. On fit une perquisition chez M. Visment, et il fut condamné à l'amende.

On voit que tout était calculé par la police; Venix était le provocateur, et Deslauriers, aposté sur la Grève, était l'exécuteur des actes iniques de la préfecture.

---

## (N° VIII.)

## M. MARTINEAU,

**Fabricant de Bronzes.**

L'agent Chignard, que nous avons déjà mis en scène sous les faux noms de Brown et de Jacson, va encore reparaître; nous allons le livrer de nouveau à la juste indignation de nos lecteurs.

C'était un homme précieux pour la préfecture de police que ce Chignard!

Les provocations étaient son amusement favori : nous ne pouvons nous empêcher d'ajouter, que s'il faisait triompher les principes de la rue de Jérusalem, il en était le *serpent à sonnettes* et le fléau de la société.

Lorsqu'il terminera sa carrière, il mérite qu'on lui élève un tombeau semblable à celui de Meer-Saïb, qui trahit son maître l'intrépide et malheureux Tipoo-Saïb.

L'agent secret Minier annonça, par un rapport remis à la préfecture de police le 1er août 1822, que le sieur Martineau, fabricant de bronzes, rue du faubourg Saint-Denis, avait dans ses ateliers plusieurs modèles de la colonne de la place Vendôme. On s'y transporta, et sur la demande qu'on lui fit, il dit qu'il en avait cinq à six de confectionnées.

Mais ces colonnes n'avaient rien de séditieux ; il manquait sur le chapiteau la statue de Bonaparte. On eût désiré d'y voir cet ornement, M. Martineau refusa de l'y placer.

La police n'ayant pas réussi dans cette tentative, Chignard fut chargé de faire tomber dans le piége le malheureux fondeur. Il emprunta encore le nom de Jacson l'Américain, et commanda des colonnes avec la statue de Bonaparte. M. Martineau, croyant que cette fourniture passerait à l'étranger, ne put pas résister aux instances, aux sollicitations de Chignard-Jacson, et le 16 août suivant, jour de la livraison, un commissaire de police vint saisir les colonnes destinées pour l'Amérique, et il s'ensuivit un procès avec amende.

Encore un malheureux de la façon de la préfecture de police et de son agent Chignard.

Quelles grâces ne devons-nous pas rendre au destin d'être débarrassés de cette police qui a effacé la célébrité d'Erostrate.

---

(N° IX.)

## M. GANIER,

**Marchand de Gravures.**

Un nommé Béat, agent secret, annonça à la préfecture de police que le sieur Ganier, éditeur et marchand de gravures, rue du Petit-Lion-Saint-Sulpice, n° 11, vendait des objets séditieux.

Le sieur Ganier était sur ses gardes, et il avait répondu négativement à toutes les demandes qu'on lui avait faites.

Il fallait cependant qu'il tombât comme les autres dans les filets de la préfecture, et ce fut à Chignard-Jacson l'Américain, que l'on réserva cet indigne honneur.

Il parvint à circonvenir le sieur Ganier, qui

devint trop crédule, et il convint avec le fourbe de lui fournir pour 6,000 fr. de marchandises le 18 juillet 1822.

Le commissaire de police Dénayer se présenta chez lui avec des agens, au jour indiqué, et tout fut saisi.

La police préparait ainsi de sang froid la ruine des marchands en particulier, et du commerce en général.

Toutes ces provocations ont porté un coup terrible à l'industrie et à la confiance. Les travaux étaient suspendus dans les ateliers : l'arbitraire de la police entravait tout : elle pouvait trouver séditieux le lendemain, ce qu'elle avait approuvé la veille. Tout cela dépendait de son caprice et de l'interprétation qu'elle donnait aux choses ; car elle avait sa division et ses bureaux d'*escobarderies*. Que pouvait-on faire dans un tel état d'incertitude ? Rien ; ou craindre sans cesse d'être compromis.

Combien de faillites ont eu lieu d'après ces provocations et les saisies qui en ont été la suite. Un fabricant, un marchand qui perdait ainsi pour 5 à 6,000 francs d'objets confectionnés, ne pouvait remplir ses engagemens. Il se voyait ravir en un moment le fruit de ses longs travaux, son honneur, son crédit, sa réputation, et il gémissait ensuite à Sainte-Pélagie sur ses malheurs causés par la police.

# LE CONSTITUTIONNEL.

**Porteur de ce Journal dans la banlieue. — Pamphlets.**

La préfecture de police n'aimait pas *le Constitutionnel*, il ne faisait pas son éloge, il ne flagornait pas ses agens, il n'approuvait pas la conduite des chefs ni des subalternes ; il professait, en outre, les doctrines libérales, et n'était pas d'accord avec quelques employés de cette préfecture qui rédigeaient d'autres journaux, ou qui en étaient les actionnaires.

Enfin *le Constitutionnel* était dangereux, séditieux ; il cherchait à égarer l'opinion publique, non-seulement par les articles qu'il offrait chaque jour à ses lecteurs, mais encore il corrompait la jeunesse. Il entretenait l'esprit révolutionnaire chez les hommes qui étaient imbus de ces principes ; il devait nécessairement faire colporter, distribuer des pamphlets séditieux dans les communes de la banlieue de Paris.

Il ne les envoyait pas par la poste, on les eût découverts ; mais les porteurs de ce journal en distribuaient à domicile. Telle est la pensée qui jaillit du cerveau des chefs de la police, ou qui leur fut suggérée par un de leurs amis.

*Le Constitutionnel*, et ceux qui le distribuaient dans la banlieue, furent donc mis en surveillance, principalement ceux qui le portaient dans les communes de la Villette, la Chapelle, Montmartre, les Batignolles et autres.

L'agent Patou fut chargé de cette surveillance. Il devait s'arranger de manière à ne pas perdre de vue le porteur, le prendre au moment où il sortait du bureau du journal, le suivre constamment, et le voir rentrer dans Paris après sa distribution, jusqu'à ce qu'il fût arrivé à son domicile.

C'était dans le mois de février, le temps était froid, pluvieux; n'importe, le danger était trop pressant pour s'arrêter à ces petites considérations; d'ailleurs les chefs étaient auprès d'un bon feu, ne souffraient point de l'intempérie de la saison, tout le monde devait avoir chaud.

L'agent se mit donc en marche. Il vit sortir, à six heures du matin, un petit homme ayant en bandoulière une espèce d'énorme giberne, sur laquelle on lisait en lettres d'or : *Le Constitutionnel*. Cette giberne ne renfermait pas de cartouches, mais quelque chose de bien plus dangereux!

L'agent s'aperçut que cet individu prenait la direction de la porte Saint-Denis, et il marcha sur ses traces. Il le vit distribuer ses journaux dans quelques maisons du faubourg, dans une pension de demoiselles. Il en fut étonné, comme si ces dames ne pouvaient pas être libérales.

Il passa la barrière, et voilà le porteur et son éclaireur en campagne.

Le distributeur ne s'arrêtait dans aucune maison, remettait promptement son journal à la porte, et continuait son chemin; il entra seulement chez un épicier à La Chapelle, et y resta environ dix minutes. A cela près, il ne s'arrêta dans aucune des communes qu'il parcourut, et n'adressa la parole à personne. Il n'y avait rien de séditieux ni de criminel dans une telle conduite. Après avoir fini sa tournée champêtre, le porteur rentra dans Paris en suivant la même route. L'agent ne le perdit pas de vue.

Il descendit le faubourg Saint-Denis, suivit cette direction jusqu'à la rue Thévenot; alors, tournant à droite, il la parcourut jusqu'à la boutique d'un fabricant de chocolat et de liqueurs, il y entra.

L'agent s'aperçut que le porteur de journal était connu dans cette maison; car on l'accueillit avec une sorte de bienveillance.

Venait-il chercher des pamphlets séditieux dans ce débit de consolation, ou donner quelques nouvelles aux conspirateurs dont ce magasin pouvait être le rendez-vous? Voilà ce qu'il était très-important de savoir.

L'agent ne pouvait cependant pas s'introduire dans la maison du liquoriste; on pouvait le remarquer, comment aurait-il suivi le lendemain le porteur du journal.

Il entra chez un marchand de vin, et attendit sa sortie. Il s'écoula environ une heure lorsque le porteur parut et prit le chemin de la rue Saint-Denis. Sa giberne, qui paraissait flasque et dégarnie lorsqu'il était entré chez le marchand de chocolat, avait repris de la rotondité; que contenait-elle? Des pamphlets, peut-être. Comment le découvrir? Lorsqu'on faisait la police politique, il eût fallu donner des yeux de lynx aux agens, et même quelque chose de mieux; car, ainsi que leurs chefs, ils avaient très-fréquemment *la berlue*.

L'agent de la police fut donc obligé de s'en tenir aux soupçons, sans pouvoir les éclaircir. Il marchait toujours sur les traces du porteur de journal, qui se rendit rue Saint-Honoré, et monta dans une maison près la rue Tirechappe.

Son éclaireur resta quelque temps en observation; il le vit sortir la tête nue, sans sa giberne, et il entra chez le marchand de vin du coin.

C'était donc là son domicile. Il le laissa se délasser de ses fatigues. L'agent, de son côté, se rendit à la préfecture, et rédigea un rapport contenant le détail de ce qu'il avait vu.

On l'engagea à continuer cette surveillance jusqu'à nouvel ordre, et il lui fut recommandé très-expressément de faire ensorte de découvrir ce que le porteur avait reçu chez le marchand de chocolat et de liqueurs de la rue Thévenot.

On était certain que c'était là un dépôt de pamphlets séditieux, et on y ferait plus tard une perquisition si les circonstances l'exigeaient, ou le salut de la France.

Le lendemain, avant le jour, l'agent était rue Saint-Honoré, près du domicile du porteur. Il le vit partir ayant sa giberne sur le dos, et sous le bras un paquet enveloppé de papiers. Sans doute les pamphlets de la veille.

Il le suivit jusqu'au *Constitutionnel*, il sortit ensuite avec ses journaux dans sa giberne.

Tout se passa comme la veille; à La Chapelle, il entra chez l'épicier où il s'était arrêté le jour précédent, et il sortit peu de temps après, en ayant laissé dans cette maison le paquet enveloppé de papiers qu'il avait sous le bras.

L'agent, qui savait la route qu'il allait prendre, le laissa *filer*. Il était certain de le retrouver.

Il entra chez l'épicier, sous le prétexte de demander un petit verre, mais pour voir ce qu'était devenu le paquet de pamphlets.

Il l'aperçut sur le comptoir. Les écrits séditieux étaient tout bonnement du chocolat de santé que le porteur avait été chargé d'acheter rue Thévenot.

L'agent paya son petit verre, et se mit en route pour explorer son porteur de journal.

Il ne commit pas d'autres délits que celui du chocolat, et rentra dans Paris comme la veille, sans aller rue Thévenot.

L'agent fit un second rapport; on avait peine à croire que ce fût réellement du chocolat. Pour plaire à messieurs les chefs de la police, il eût fallu que l'agent métamorphosât en *pamphlets* le cacao-*caraque;* il n'en avait pas *le talent*, encore moins la volonté. Cette surveillance se continua pendant un mois sans offrir d'autres résultats. Le temps était affreux; l'agent fit sentir, dans son rapport, l'inutilité de ses démarches, et il ne suivit plus le coureur *du Constitutionnel.*

On lui avait promis de lui tenir compte de quelques dépenses qu'il avait été obligé de faire en suivant, depuis le matin jusqu'à l'après-midi, le porteur du journal. On refusa de tenir la parole donnée. Il est vrai qu'il n'avait pas su deviner les intentions bénévoles de la préfecture, et trouver en défaut le porteur *du Constitutionnel*, ou les journalistes eux-mêmes.

Cet agent n'avait pas l'esprit de son état, ni les grâces du métier.

## PETIT PROJET DE CONSPIRATION.

**Agens provocateurs. — Marchand de vin cour du Harlay. —Portrait de Bonaparte. —Fabricant de Crayons.**

Plusieurs agens de police, qui se réunissaient chez un marchand de vin cour du Harlay, voulant acquérir de la célébrité pour mériter les faveurs et les grâces de la préfecture, arrêtèrent entre eux de créer une conspiration en faveur de Bonaparte, et de trouver des complices ou fauteurs de cette machination.

L'honorable assistance fut d'accord en tous points; mais il fallait un signe de ralliement. L'un des agens en trouva un sur-le-champ, qu'il annonça comme excellent : c'était d'acheter des gravures représentant Bonaparte, de les coller sur du carton, de les couper transversalement, et de donner ensuite ces diverses sections aux individus que l'on voudrait initier dans la conspiration, ou compromettre; en police, ces deux mots étaient synonimes.

L'expédient fut trouvé merveilleux. On fit l'emplette des gravures, de quelques feuilles de carton, on se mit à l'ouvrage, et chacun reçut sa portion des gravures provocatrices. Les souches restèrent entre les mains des auteurs de cette coupable invention, afin de les rapprocher au besoin des parties qui auraient été distribuées.

Les agens se mirent en campagne pour tendre des pièges, et chercher des gens crédules ou inconsidérés, afin d'en faire des coupables et des conspirateurs.

L'un des auteurs ou complices de cette perfide machination, fut trouver le nommé Faur, qui travaillait chez M. Berger, fabricant de crayons, rue de Sully, n° 3, près l'Arsenal; ils avaient été militaires l'un et l'autre, et se connaissaient un peu.

L'agent provocateur, oubliant qu'il avait servi sous les étendards de la gloire et de l'honneur, qu'il avait porté l'habit des braves, se présenta devant son camarade. Il en fut bien accueilli, et comme il est d'usage en pareil cas de renouveler connaissance le verre à la main, on se rendit chez le marchand de vin.

Après avoir parlé quelque temps de choses insignifiantes, l'agent provocateur mit la politique sur le tapis. Il parla du malheur du tems, regretta Bonaparte qui avait rendu la France si heureuse, et ajouta qu'on désirait son retour, que beaucoup de gens travaillaient en conséquence, et qu'il était membre d'une société qui servait ce parti.

Il proposa à l'autre d'en être membre. Il lui

répondit qu'il ne voulait se mêler de rien, que les affaires du gouvernement ne le regardaient pas; enfin, qu'il était marié, père de famille, et ne pensait plus qu'à s'occuper de son travail, qui lui fournissait une honnête existence.

Le provocateur insista, l'engagea à venir aux réunions qui avaient lieu cour du Harlay; que cela ne l'engageait à rien; qu'il y rencontrerait de bons enfans dont il serait bien aise de faire la connaissance. Pour être admis dans la société, il fallait avoir une carte d'entrée, et il lui remit la moitié d'une des gravures dont nous avons déjà parlé, en lui indiquant le lieu, le jour et l'heure des séances de la société.

Faur refusa d'abord tout ce que lui proposait son ancien camarade; enfin, cédant à ses instances, il accepta, d'après l'assurance que lui donna son camarade qu'il n'y avait rien à craindre, et que si cela ne lui convenait pas, il pourrait se retirer; il lui répéta qu'il ne pouvait être compromis, et ils se séparèrent.

L'agent était très-satisfait du succès de sa démarche, et Faur rentra dans son atelier.

Deux ou trois jours après, il songea à se rendre au lieu qui lui avait été indiqué par son camarade, pour assister à une des réunions des amis de Bonaparte; il part, arrive, et ne trouve personne.

Il prit des informations auprès du marchand,

avec réserve et circonspection, et il fut très-étonné d'apprendre qu'il n'y avait jamais de réunion dans cette maison.

Tout cela lui donna à penser : il crut qu'on avait voulu ou s'amuser à ses dépens ou le compromettre ; pour se mettre à l'abri de toute inquiétude et déjouer les projets de ceux qui auraient voulu lui tendre un piége, il se rendit chez M. Petit, commissaire de police de son quartier, demeurant rue du Martroi, près la Grève. (Faur logeait rue Geoffroy-Lasnier.) Il raconta à M. Petit tout ce qui lui était arrivé, et lui montra la carte de ralliement qu'on lui avait donnée.

Le commissaire de police reçut sa déposition, et en dressa procès-verbal, en l'assurant que cette démarche le mettait à l'abri de tout soupçon et des poursuites de l'autorité.

Il se retira, et M. le commissaire de police Petit adressa, à la préfecture, le procès-verbal qu'il avait rédigé d'après la déposition de l'ouvrier Faur.

La préfecture de police ne crut pas devoir laisser là cette affaire ; avec des riens, elle avait le talent de faire quelque chose, et elle ordonna une enquête. Soit que les agens qui avaient provoqué eussent agi d'après ses ordres, ou d'après leurs propres inspirations, soit qu'elle y vît le germe d'une conspiration, il fallut aller à la découverte.

Le procès-verbal du commissaire Petit fut donc remis à l'agent Sargé, avec une note explicative contenant diverses instructions, portant qu'il fallait prendre des informations chez le marchand de vin, cour de Lamoignon, voir ensuite le fabricant de crayons, et ne rien négliger pour savoir la vérité; car ce projet pouvait avoir des ramifications très-étendues, et être beaucoup plus dangereux qu'on ne le jugeait d'abord d'après les apparences.

L'agent Sargé, se transporta rue Geoffroy-Lasnier, au domicile de l'ouvrier en crayons; il n'y trouva que son épouse, et lui dit qu'il venait pour en acheter, d'après la réputation que son mari avait de les fabriquer d'une bonne qualité.

Elle l'invita à revenir le soir, et il se présenta de nouveau à l'heure indiquée.

Faur était chez lui, il avait été instruit par son épouse du motif de sa visite; il lui montra des crayons, et ils convinrent du prix. Il en acheta d'abord une douzaine qu'il paya, en lui annonçant que si on en était content, comme il l'espérait, on en prendrait une plus grande quantité dans quelques jours.

Faur offrit à l'acheteur de se rafraîchir, il l'accepta. Comme il allait dîner, il lui proposa de se mettre à table; il ne refusa pas l'invitation, mais à condition qu'il ajouterait quelque chose au repas. On y consentit; il sortit un moment, et revint avec un pâté. Jusqu'à cet instant, il n'avait été question de rien; enfin, sur la fin du dîner, Faur dit à l'agent : « Vous me » paraissez un homme honnête, je vais vous » consulter sur une affaire qui m'a occupé il y a » quelque temps, et vous me donnerez votre avis. »

Alors il entra dans tous les détails dont nous avons déjà parlé, et il lui montra le carton sur lequel on avait collé le portrait de Bonaparte.

Faur lui demanda ce qu'il en pensait, car il avait des craintes.

L'agent lui répondit : « La déclaration que » vous avez faite au commissaire de police prouve » la pureté de vos intentions; il paraît qu'on » avait voulu vous induire en erreur et vous » tendre un piége; restez tranquille, et livrez-» vous à vos occupations. »

Il lui demanda encore s'il avait revu celui qui lui avait fait des propositions, Faur l'assura qu'il n'en avait pas entendu parler.

L'agent passa la soirée chez cet honnête ouvrier; il fit venir du café, et le quitta après lui avoir donné l'assurance qu'il le reverrait dans quelques jours.

L'agent fit un rapport, il prouva que Faur avait été sur le point d'être victime d'une affreuse provocation; il traita ceux qui en étaient coupables comme ils le méritaient.

Peu de temps après, Faur fut mandé à la première division de la préfecture : on le questionna sur tous les faits, et sur la personne qu'il annonçait lui avoir donné des conseils.

Il répondit qu'il ne la connaissait que pour lui avoir vendu des crayons, et qu'elle avait dîné chez lui, après avoir payé une partie du repas : enfin, qu'il n'avait qu'à se louer de sa conduite et des conseils qu'il lui avait donnés.

Les chefs de division et de bureau ne purent s'empêcher de dire : « C'est ainsi qu'on devrait faire la police ! »

Faur rentra chez lui, on n'entendit plus parler de cette affaire. Les agens provocateurs ne furent point connus, on eut soin de les cacher ; ils n'en étaient pas moins couverts de honte, ainsi que ceux qui les autorisaient et les mettaient en œuvre.

## LE CURÉ MAINGRAT.

Dans les derniers jours du mois de décembre 1824, il parut dans Paris une collection de six gravures lithographiées, représentant les différentes scènes de l'assassinat commis par le curé Mingrat.

Ces détails étaient aussi horribles que les motifs honteux qui avaient occasioné le crime.

Le portrait du coupable avait été également publié; il offrait les traits du criminel; on y trouvait quelque chose de repoussant.

Un sieur Pelletier de Chambur, qui se disait inspecteur de la librairie, cherchait à se procurer ces diverses lithographies, n'importe à quel prix. Il allait jusqu'à offrir 40,000 francs; et il annonçait que cette recherche se faisait au nom de M. Desjardins, vicaire-général de l'église métropolitaine de Paris.

L'agent Hyppolite Crozet, qui fut informé de tous ces détails, en donna avis à M. de Pins, chef du cabinet particulier, qui lui remit une somme de 50 francs pour découvrir ceux qui publiaient cette gravure. L'agent Joffret lui fut adjoint pour le seconder, et ils parvinrent à découvrir que le sieur Renaud, peintre, demeurant rue Sainte-Apoline, n° 24, recelait toutes ces lithographies.

Un mandat de perquisition fut remis à un commissaire de police, qui se transporta au domicile du sieur Renaud avec l'agent Lavigne ; mais on ne trouva rien qui put justifier l'accusation portée contre le sieur Renaud.

Il fallut recourir à un autre moyen. L'agent Couray, déguisé en marchand d'habits, se présenta chez le portier de la maison rue Sainte-Appoline, n° 24, et il demanda s'il pouvait, sans compromettre ses intérêts, faire un crédit assez fort à M. Renaud. Il s'informa de ses moyens d'existence, s'il payait bien son loyer, et s'il occupait un logement considérable. Après avoir eu un entretien assez long avec le portier, il lui dit qu'il pouvait, en toute confiance, ouvrir un crédit à M. Renaud ; qu'outre un vaste appartement de quatre à cinq pièces qu'il habitait déjà, il avait loué une autre chambre depuis quelques jours, dans laquelle il avait déposé plusieurs ballots.

L'agent déguisé fut rendre compte de ce qu'il avait appris, et, deux heures après, les lithographies relatives à l'assassin Maingrat furent saisies.

# MOUCHETTE, COLPORTEUR.

**Ouvrages obscènes. — Agent provocateur.**

La police poursuivait avec acharnement les libraires ou colporteurs qui vendaient des ouvrages obscènes ; on ne pouvait que l'approuver. Mais que penser de la *moralité* de cette administration, lorsque ses *agens* fournissaient eux-mêmes ces ouvrages, et dénonçaient ensuite les acheteurs ? C'était le comble de la bassesse et de la méchanceté. Les vrais coupables étaient donc dans la police ? eux seuls méritaient d'être punis, et avec la plus grande sévérité. Le fait qui suit va le prouver.

Le nommé Mouchette, colporteur, demeurant rue Mouffetard, n° 229, était soupçonné de vendre des ouvrages contre la religion et les mœurs. Il fut mis en surveillance, et l'agent Gillet fut chargé de suivre ses démarches. Il fit plusieurs rapports, et, d'après les renseignemens qu'il donna, on fit une perquisition chez Mouchette. On y saisit plusieurs exemplaires de *Justine*, et autres ouvrages dans ce genre.

Ce colporteur fut arrêté et conduit à la préfecture de police. On lui fit subir un interrogatoire, et il déclara avoir acheté ces livres du nommé Giau.

Comme cet individu était agent de la police, et que la provocation eût été trop facile à prouver; qu'en mettant Giau en cause, il eût fait connaître la complicité de l'administration, on ne donna pas de suites à cette affaire, la prudence en faisait une loi, et Mouchette fut rendu à la liberté.

## M. DE LA FAYETTE.

**Agent de police arrêté chez lui. — La Chaise de poste. — Le Bûcher.**

Dès qu'on fut informé que M. de La Fayette devait faire un voyage dans les Etats-Unis de l'Amérique, pour visiter le tombeau de Washington et ces heureuses et florissantes contrées qu'il avait arrosées de son sang pour cimenter la liberté d'un peuple généreux et reconnaissant, M. Delavau voulut connaître les préparatifs que faisait le général pour son départ, et ce qui se passait dans l'intérieur de son hôtel.

Il fallait donc s'y introduire, et voici le projet que la préfecture enfanta pour arriver à son but. On fabriqua une liste de souscripteurs pour accorder un secours à un officier qui se trouvait dans la plus grande détresse. On plaça sur cette liste les noms de MM. Ternaux, Lafitte, Benjamin Constant, et autres députés.

L'agent Placi fut chargé de cette mission. On lui fit sa leçon, et il se présenta chez M. de La Fayette comme un ancien militaire.

M. Levasseur, secrétaire du général, reçut le

prétendu officier ; il le questionna avec adresse, le fourbe répondit *gauchement*, s'embrouilla. Enfin, M. Levasseur se douta de la ruse et devina l'agent de police.

Il lui dit que M. de La Fayette était sorti, et l'engagea à revenir dans une demi-heure, en l'assurant qu'il lui fera obtenir le secours dont il a besoin.

L'agent le remercia, lui témoigna beaucoup de reconnaissance, et sortit très-satisfait du succès de sa démarche.

Aussitôt M. Levasseur donna l'ordre à l'un des domestiques du général de suivre cet individu et de ne pas le perdre de vue.

Ce domestique marcha sur ses traces, et le vit entrer chez un marchand de vin au coin de la rue d'Anjou, où trois autres agens l'attendaient.

Le domestique y entra également, sans que les émissaires de la préfecture se doutassent de rien. Il les entendit parler de police, et se féliciter entre eux du bon déjeûner qu'ils allaient faire aux dépens du général La Fayette.

Le domestique rentra à l'hôtel, rendit compte à M. Levasseur de tout ce qu'il avait vu et entendu, et à son tour il en instruisit le général.

La demi-heure étant écoulée, l'agent Placi fut exact au rendez-vous ; son appétit était devenu plus dévorant. Il fut introduit près de M. Levasseur, qui le reçut avec autant d'égards que de politesse et le pria de s'asseoir. Placi jouissait par anticipation des heureux résultats de son intelligence, et il se félicitait tout bas en songeant aux éloges qu'il recevrait de la part de ses chefs. Il se berçait de cette flatteuse espérance, lorsqu'on lui annonça que M. de La Fayette l'attendait.

Il se présenta devant lui. Le général l'accueillit avec la plus grande bienveillance, et lui dit : « Monsieur, qui êtes vous? » L'agent répondit : « Je suis un ancien officier persécuté,
» et je viens auprès de vous pour implorer quel-
» ques secours. — Ah ! vous êtes un ancien offi-
» cier. Ne seriez-vous pas, par hasard, un agent
» de police? n'appartenez-vous pas au régiment
» de M. Delavau. — Non, monsieur. — Eh bien !
» puisque vous ne voulez pas me dire la vérité, je
» vais trouver un moyen de vous y contraindre. »
Puis s'adressant à son secrétaire : « M. Levas-
» seur, faites monter mes domestiques ; que l'on
» attache ce coquin dans ma chaise de poste, en-
» suite faites-le conduire dans mes terres, et qu'on
» le brûle. »

Les domestiques vinrent, obéirent au général, se saisirent de l'agent Placi : toute résistance devint inutile ; ils l'amenèrent dans la cour et le garottèrent dans la chaise de poste.

Quand il reconnut que ce n'était pas une plaisanterie, et qu'on l'attachait de manière à ce qu'il ne pouvait faire aucun mouvement, il pria les domestiques de lui faire parler à M. de La Fayette.

Le général voulut bien y consentir.

L'agent lui demanda pardon, et lui remit sa carte. Le général lui rendit la liberté, et renvoya la carte à M. Delavau, dans une lettre qu'il lui écrivit.

Il est à regretter que le préfet de police ne l'ait pas fait insérer dans les journaux. Le style devait en être aussi élégant que flatteur; tout ce qui sort de la plume de M. de La Fayette a droit à nos éloges, et cette épître avait, nous en sommes certains, quelque chose de piquant; c'était du sel attique.

Mais M. Delavau a gardé le silence par modestie; il n'aimait pas à se vanter de toutes ses bonnes fortunes.

L'agent Placi ne demanda pas son reste, il fut retrouver ses camarades, leur fit part du succès de son ambassade et de la gratification qu'il avait été sur le point de recevoir.

Les avanies que l'on faisait chaque jour à la police et à ses agens, portaient aussi des atteintes un peu fortes à M. Delavau; mais ils ne se corrigeaient ni les uns ni les autres. Il semblait que la France, et principalement Paris, n'eussent qu'à souffrir et se taire.

## BUSTES DE NAPOLÉON EN PLATRE,

**Rue de Seine. — Chignard-Jacson.**

Il nous a toujours paru aussi étonnant qu'extraordinaire que les fabricans, marchands, fondeurs, graveurs de la capitale, se laissassent prendre aussi facilement aux piéges, aux embûches que leur tendaient les agens de la police Franchet et Delavau.

Cependant toutes leurs ruses se bornaient à quelques moyens dont il eût été très-facile de se défendre; car ils les employaient sans cesse. Ils n'avaient pas le génie inventeur.

C'était pour remettre une lettre, demander si l'on pouvait faire crédit; ou ces agens faisaient aux portiers des questions si maladroites, qu'il était facile de les deviner.

Ils venaient commander des marchandises chez un fabricant, sans avoir la moindre connaissance de leur qualité, ni de la main-d'œuvre.

La plus légère observation, la question la plus innocente les eût embarrassés.

En outre, les journaux faisaient chaque jour mention des jugemens rendus par la police correctionnelle dans de semblables affaires; rien de tout cela ne faisait ouvrir les yeux à ceux que l'on cherchait à entraîner et à séduire.

La difficulté que la plupart de ces agens avaient à s'exprimer, une sorte d'embarras dont ils n'étaient pas les maîtres, les trahissait encore; comment pouvaient-ils donc fasciner à ce point les yeux de ceux qu'ils choisissaient pour victimes?

Nous les avons vus de près; les dehors de ces individus ne prêtaient point à l'illusion; leur manière de s'exprimer n'annonçait point une éducation soignée, ni l'usage de la bonne société.

On eût pu cependant faire quelques exceptions en faveur d'un petit nombre qui, pour ainsi dire, demeurait inaperçu dans la foule; c'était peut-être encore un bonheur.

La grande célébrité appartenait au fameux Chignard-Jacson : nous allons encore en parler.

Dans le mois d'août 1822, un rapport annonça à la préfecture qu'un modeleur en plâtre de la rue de Seine vendait des bustes de Napoléon.

Que cela fût vrai ou faux, il fallait que la police tirât parti de cette affaire, soit pour punir un coupable, ou pour encourager, exciter un marchand à le devenir. Chignard en fut chargé; il prit son nom de contrebande, Jacson l'américain, et se présenta chez le marchand-fabricant, qui, plein de confiance dans les discours artificieux et mensongers de Chignard, consentit à fournir à l'américain Jaeson, pour mille francs de bustes qui seraient livrés le 28 du même mois, sans retard; on devait les envoyer à Bruxelles, avec d'autres marchandises qui partaient pour la même destination.

Au jour indiqué, le commissaire de police Denayer, accompagné de l'agent Giot, se transporta chez le fabricant, rue de Seine, tous les bustes furent saisis et portés à la préfecture de police.

Le marchand paya l'amende; Chignard-Jacson reçut des complimens : il eût mérité autre chose.

La préfecture bénit son heureuse étoile; elle avait encore sauvé la France, en saisissant des bustes en plâtre qui enrichissaient son bazar provocateur en ruinant un malheureux marchand, un père de famille. Si on s'appitoyait sur le sort de ces infortunés, la police vous répondait : c'était un séditieux... Il n'y avait pas de réplique... Cependant, S. M. Louis XVIII avait donné un jour une interprétation aussi spirituelle que sensée, de ce mot *séditieux*, devenu si arbitraire pour la police. Le roi ne trouvait pas que la violette fût séditieuse, au reste, il la comprenait dans l'amnistie; mais MM. Delavau et Franchet, ne savaient point pardonner, ni faire de grâce, aussi ils étaient congréganistes.

## LE GÉNÉRAL BELAIR.

Quelques journaux qui rêvaient des conspirations, dont la police se montrait toujours avide, avaient prononcé le nom du général Belair; il n'en fallut pas davantage pour que M. Delavau le fît mettre en surveillance.

Deslauriers et sa brigade furent chargés de l'exécution de cette mesure.

Le général Belair logeait alors dans la rue Meslay, n° 50; c'était à l'époque du mois de juillet 1822. Un des agens de Deslauriers se présenta d'abord chez le portier, et chercha à le séduire, en lui promettant de l'argent s'il voulait lui confier, sous le sceau du secret, quelles étaient les personnes que fréquentait ou recevait le général Belair, et avec lesquelles il était en correspondance. L'agent demandait en outre qu'on lui livrât de temps en temps quelques lettres, qu'il remettrait, *bien entendu*, après les avoir *lues* ou fait lire à ses chefs.

*Où diable la vertu va-t-elle se nicher?* répéterons-nous d'après Molière : le portier repoussa net les honteuses propositions de l'envoyé de Deslauriers. Il apprit seulement que le général

Belair connaissait M. Feron, négociant, rue Saintonge.

Il fut mis en surveillance, mais il n'en résulta rien d'intéressant pour la police. M. Feron ne s'occupait pas de politique, et on cessa de songer à lui.

Il n'en fut pas de même du général Belair : on eut toujours les yeux sur lui, sans pouvoir le trouver coupable. Son seul délit aux yeux de la police, était de s'être montré aussi généreux que brave et d'avoir versé son sang pour la gloire de la France.

## M. COMTE, AVOCAT.

M. Comte, avocat, dont le nom s'allie toujours avec autant d'honneur que de distinction à celui de M. Dunoyer, s'est placé avec son estimable ami au premier rang des défenseurs de cette liberté sage et réfléchie qui doit être, à l'abri des lois, et sous leur égide, le partage de tous les hommes vivant en société.

M. Comte devait nécessairement déplaire à une administration qui cherchait à anéantir tout ce que les humains ont de plus sacré et de plus respectable. Il encourut la haine de la police, parce qu'il avait blâmé les actes abusifs du ministère et les excès auxquels s'étaient portés quelques individus, sous le prétexte de servir une cause auguste qu'ils pouvaient compromettre et même déshonorer.

La vérité fut traitée de calomnie par les amis de ceux qui, au lieu d'être poursuivis par le blâme seulement, auraient dû être réprimés par la justice, et MM. Comte et Dunoyer furent mandés pour comparaître devant les tribunaux. Comme ils n'y avaient point déféré, on lança contre eux un mandat d'amener, et M. Dunoyer fut arrêté. M. Comte dut subir le même sort.

Ils étaient en outre accusés d'avoir écrit en faveur du libéralisme. Les brochures échappées à leurs plumes avaient porté ombrage à M. Decazes, alors ministre de la police; le préfet reçut l'ordre de s'assurer de la personne de M. Comte et de saisir tous ses papiers.

L'officier de paix Souque, muni d'un mandat d'arrestation et de perquisition, et les agens de police, Froment et Ganat, se transportèrent au domicile du coupable écrivain libéral, rue Hautefeuille, n° 4.

Ils y arrivèrent à 6 heures du matin. Après s'être annoncés pour ce qu'ils étaient et s'être fait reconnaître, ils montrèrent à M. Comte l'ordre dont ils étaient porteurs, en lui déclarant que c'était un mandat d'arrêt décerné contre lui par M. le préfet de police, et qu'ils allaient le mettre à exécution.

M. Comte voyant qu'il n'y avait pas d'observations à faire, parce que, en dépit de la raison, les plus forts font toujours la loi, se décida à obéir et à s'habiller devant eux, car ils avaient les yeux sur lui, Cependant il ne perdit pas tout espoir de leur échapper, et, passant dans son cabinet qui touchait à un escalier dérobé, il ouvrit la porte, la ferma à clé, et, descendant lestement les degrés, il laissa le champ libre à ses importuns visiteurs, et trouva un asile chez l'amitié secourable et consolatrice. Les agens de la police eurent alors tout le loisir d'user de leurs droits dans sa chambre, dans son cabinet : de fureter, fouiller, bouleverser tout ce qu'ils trouvèrent sous leur main, d'après l'ordre qu'ils avaient reçu, et de leur pleine et entière autorité. Ils s'emparèrent de ses papiers, et de trois lettres décachetées à l'adresse de M. Comte, qui lui avaient été écrites;

1° Par un avocat du barreau de Paris;

2° Par un élève en droit;

3° Par un de ses parens, habitant de la Bourgogne.

Après avoir tout inventorié, les agens de police ne trouvant point M. Comte, prirent le parti de se retirer, et déposèrent les papiers à la préfecture, où ils furent lus, commentés et même interprétés.

Comme on ne trouva rien de répréhensible dans les papiers, le ministre Decazes fit cesser la surveillance. Mais M. Comte n'en fut pas moins toujours soumis aux investigations de la police.

M. Franchet, devenu directeur-général, compulsa à ce qu'il paraît les archives. M. Comte fixa son attention, ou lui fut recommandé par quelqu'un, car on le surveilla encore. Cependant il est du nombre de ceux qui ne devraient jamais inspirer de crainte à un gouvernement. L'homme de bien ne veut que ce qui est juste, et ce n'est qu'en se pénétrant de ce principe que la puissance peut se soutenir et rendre heureux les hommes qui lui sont soumis.

M. Comte est aujourd'hui l'un des principaux rédacteurs du *Constitutionnel.*

## M. MOREAU DE LA SARTHE,

**Bibliothécaire de l'École de Médecine.**

M. Moreau de la Sarthe, aussi recommandable par ses talens en médecine que par la variété et l'étendue de ses connaissances littéraires, nous ajouterons encore par ses qualités personnelles, ne plaisait pas à la police; on l'accusait de libéralisme.

Elle mit donc le docteur Moreau en surveillance; et, pour lui trouver des torts vrais ou faux dont on pourrait faire usage au besoin, le préfet de police fit prendre des informations près de quelques employés de l'Ecole de Médecine, qui dirent ce que l'on voulut pour complaire à l'autorité.

Une vieille domestique qu'il avait eue à son service, à laquelle il avait fait beaucoup de bien, fut également consultée. Elle calomnia son ancien maître et son bienfaiteur.

On voit que le docteur Moreau était en butte à de sourdes intrigues. Sa place de bibliothécaire de l'Ecole de Médecine était convoitée : elle était la juste et digne récompense de ses travaux; mais on voulait trouver occasion de la lui ravir, n'importe à quel prix, et ses ennemis, réunis à ses envieux, espéraient que l'on se servirait d'un prétexte ou d'un motif pour le dépouiller.

C'est ce qui arriva.

La dignité de grand-maître de l'Université fut rétablie tout à coup pour en décorer un personnage qui avait bien des talens et des connaissances dans quelques parties scientifiques; mais comme il n'y a pas d'homme universel, il pouvait être docteur en droit *canon*, mais non pas en droit civil ni en médecine. Au reste, en France comme partout ailleurs, s'il y a une place vacante, et qu'il faille un *calculateur*, c'est parfois un *danseur* qui l'obtient.

Si souvent on ne connaît rien à la bizarrerie des femmes, nous autres hommes nous n'avons rien à leur reprocher.

Le nouveau grand-maître procéda donc à une *épuration* dans toutes les parties de ses vastes et importantes attributions, et M. Moreau de la Sarthe fut placé sur l'état de la réforme.

Il *eut vent* de son *ostracisme;* il en parla à quelques hommes influens et en crédit, qui lui promirent de le soutenir et de l'étayer pour éviter cette chute, en le mettant à l'abri de cette injustice.

Nous citerons particulièrement S. Exc. l'ambassadeur de S. M. le roi de Naples et des Deux-Siciles. Il vit le grand-maître de l'Université, qui lui promit de faire tout ce qu'il pourrait pour son protégé, mais en *escobardant*.

L'ambassadeur le crut sur parole, sans songer aux restrictions mentales, et il tranquillisa le docteur Moreau, qui fut alors dans la plus grande sécurité.

Le nouveau directeur suprême de toutes les espèces d'instructions visita les diverses écoles soumises à son autorité. Il vint à l'Ecole de Médecine et y prononça un discours.

M. Moreau de la Sarthe était assis au nombre des auditeurs, auprès d'un de ses collègues. Il écouta, comme tous les autres, et ne donna aucun signe d'approbation ni d'improbation.

On s'occupa ensuite à l'Université de confirmer les professeurs des diverses écoles dans leurs emplois, et de choisir des successeurs à ceux qui ne devaient pas les conserver.

Le docteur Moreau fut du nombre de ces derniers, parce que la police ayant été consultée, elle donna les renseignemens suivans, qui ne permettaient pas de lui confier davantage un emploi aussi important que celui de bibliothécaire de l'Ecole de Médecine.

1° Parce qu'il était libéral ;

2° Parce qu'il avait *ri* avec son collègue J. Cloquet, lors de la séance où le grand-maître de l'Université avait prononcé son discours;

3° Parce qu'il avait des liaisons *intimes* avec des personnes qui ne convenaient pas aux *escobards* modernes.

4°, 5°, 6° Parce qu'on voulait lui donner un successeur.

Les motifs de destitution que nous donnons ici sous les n$^{os}$ 1, 2, 3, sont littéralement et textuellement tels qu'ils étaient énoncés dans le rapport de la police.

On y eut confiance comme à un article de foi.

Ceux qui s'intéressaient au docteur Moreau, s'empressèrent de rappeler au grand-maître de l'Université la promesse qu'il avait faite; mais, grâce à une nouvelle *subtilité*, il se retira encore de ce petit embarras.

M. Moreau de la Sarthe perdit sa place de bibliothécaire de l'École de Médecine, mais il y gagna dans l'estime des gens de bien et des hommes éclairés; il oublia au sein de l'amitié et des arts conservateurs de l'humanité, l'injustice dont on l'avait frappé. Ses délateurs éprouvèrent cette jouissance que connaissent les méchans, et la police s'applaudit d'avoir contrarié et déplacé un libéral.

# POLICE DES ÉTRANGERS A PARIS,

## EN 1815.

S. M. Louis XVIII remonta sur le trône, le 8 juillet 1815, et réorganisa le gouvernement royal. Elle nomma le duc d'Otrante, ministre de la police générale, et M. Decazes, préfet.

Quoique Blücher et Wellington eussent annoncé, d'après l'ordre de leurs souverains, que, malgré l'invasion de Paris par les troupes étrangères, ils ne s'immisceraient point dans le service intérieur de la capitale, le général prussien Muffling en avait été nommé gouverneur, et avait organisé une police dirigée par Justus Grunner, commandant de la place, et le chevalier Benn, conseiller de la cour de Prusse.

Cette police eut bientôt des agens, et des Français qui, sous le prétexte de soutenir la bonne cause, voulaient servir leurs intérêts personnels, et leurs vengeances ou leurs haines, se présentèrent à Justus Grunner pour le seconder dans ses opérations.

Le préfet de police fut instruit de tous ces détails, et l'inspecteur-général Foudras reçut l'ordre de prendre des informations. Il sut que les Prussiens étaient exclusivement chargés de la police de Paris; que Justus Grunner en avait la direction en chef, mais qu'il était aidé par le chevalier Benn, conseiller à la cour de Prusse, logé rue Saint-Guillaume, hôtel de Berlin, et chargé exclusivement de tous les détails.

L'inspecteur-général voulait donc être instruit de ce qui se ferait chez le chevalier Benn. Il fallait un homme adroit, intelligent, actif, pour s'introduire rue Saint-Guillaume et être admis dans cette police.

Il paraît qu'il n'avait pas ce qui lui fallait dans sa police, et il s'adressa à un nommé Lamalmarre, qui parlait plusieurs langues et qui pouvait se présenter partout avec avantage.

Celui-ci observa que s'il eût fallu qu'il surveillât des Français, il n'accepterait aucune fonction, mais que puisqu'il s'agissait d'éclairer et de déjouer les projets des Prussiens, il s'y prêterait volontiers.

Il fut convenu qu'il ne paraîtrait jamais à la préfecture de police, mais qu'il adresserait ses renseignemens par la poste à l'inspecteur-général.

Ce plan étant arrêté, il trouva moyen de se faire demander par le chevalier Benn, qui l'invita à passer chez lui. Il avait découvert qu'un nommé Lachenaie était un des agens du Prussien.

Il l'avait suivi pendant quelques jours, et, s'étant rencontré à dîner dans le même restaurant, ils avaient lié conversation ensemble.

Lamalmarre avait profité de l'extrême loquacité de Lachenaie, qui avait fini par lui demander s'il voulait rendre quelques services aux *amis et alliés* de la France, et qu'il en serait généreusement récompensé.

On doit penser que Lamalmarre saisit l'occasion avec empressement ; il ajouta même qu'étant pour ainsi dire aux expédiens, il ne serait pas fâché de trouver quelques ressources.

Lachenaie lui promit de lui être utile, et lui dit de se trouver le lendemain au même endroit, qu'il pourrait lui rendre une réponse favorable.

Lamalmarre fut exact au rendez-vous, et Lachenaie ne se fit pas attendre.

Il lui annonça avec satisfaction qu'il avait parlé pour lui à quelqu'un qui pourrait l'employer, et que si cela lui convenait il le présenterait de suite.

Lamalmarre y consentit, et Lachenaie le conduisit chez le chevalier Benn.

Le Prussien l'accueillit avec une sorte de bienveillance, et lui dit quel usage il voulait faire de ses talens. C'était de lui rendre compte de tout ce qui se passait dans Paris, de prendre en outre des renseignemens d'après les notes qu'il lui remettrait, et qu'il saurait reconnaître ses services.

Il ajouta que Paris avait d'autant plus besoin d'être surveillé, que Bonaparte comptait encore un grand nombre d'amis, et que les Prussiens voulant le *bonheur de la France*, ils emploieraient tous les moyens possibles pour mettre à la raison les révolutionnaires, les jacobins et les partisans de Bonaparte. C'était en outre l'intention des puissances alliées.

Lamalmarre accepta ces propositions, promit de les remplir avec zèle, et il fut installé sur-le-champ dans ses nouvelles fonctions.

Le Prussien Benn lui remit une note pour se rendre dans le faubourg Saint-Martin, et s'assurer s'il n'y avait point un dépôt d'armes dans cette rue, n° 165, chez un marchand de vins ayant pour enseigne *le Gros Raisin*.

Ce dépôt avait été désigné par une personne *digne de foi*, ajouta le chevalier Benn.

Lachenaie remit de son côté le résultat du travail dont il avait été chargé, et les deux *agens franco-prussiens* sortirent.

Lamalmarre remercia son protecteur Lachenaie, et ils se séparèrent pour s'occuper de remplir leurs fonctions.

Notre homme se rendit faubourg Saint-Martin; il prit des informations; il s'arrangea même de manière à visiter la maison du marchand de vins, et il reconnut que le rapport remis au Prussien était une calomnie atroce, produite par la haine et la vengeance.

On annonçait qu'il pouvait y avoir 10,000 fusils dans la cave, et elle était à peine suffisante pour y placer le vin du marchand.

Les Prussiens étaient tout aussi *gobe-mouches* que des congréganistes.

Le lendemain, Lamalmarre rendit compte au chevalier Benn de ce qu'il avait appris; il lui fit même quelques contes en l'air sans conséquence sur ce qui se passait dans Paris, et Benn, que la haine aveuglait, prit cela pour argent comptant.

L'agent avait eu l'art d'arranger cela de manière qu'il donnait au mensonge les couleurs de la vérité; mais comme les passions ne calculent pas et réfléchissent encore moins, le Prussien était enchanté.

Ces mystifications étaient convenues entre l'inspecteur-général Foudras et Lamalmarre.

Benn fut très-content, et pour prouver sa satisfaction, il donna de l'argent au *conteur*, qui était autorisé à recevoir tout ce qu'on lui donnerait. On le payait avec de l'argent de France. MM. les Prussiens ne le ménageaient pas.

Le chevalier Benn eut un très-long entretien avec Lamalmarre, et il lui découvrit ses plus secrètes pensées. Il était impossible d'avoir plus d'animosité contre les Français; il eût voulu voir Paris à feu et à sang, et être chargé de l'exécution. Quelle humanité! Les bons petits alliés! Fiez-vous donc à vos amis, ou soi-disant tels!!!

Benn lui remit encore une note pour un dépôt d'armes composé de vingt à vingt-cinq mille fusils, placés rue Saint-Victor, dans une cave de la maison occupée par un fabricant de couvertures. Cette cave avait deux issues. Lamalmarre vérifia le fait. C'était une méchanceté aussi absurde qu'abominable.

La cave était tellement humide qu'on l'avait abandonnée. On eut toutes les peines du monde pour en trouver la clé, et il fallut employer des efforts extraordinaires pour faire jouer la serrure et ouvrir la porte.

Les toiles d'araignées tapissaient ce souterrain depuis la voûte jusqu'au sol, et cependant, d'après la note remise par un *bon Français*, car les renseignemens venaient des *amis* des Prussiens, à chaque instant on déposait des armes dans cette cave, disaient les dénonciateurs.

Lorsque Lamalmarre remit son rapport au chevalier Benn, il parut douter de la vérité. L'autre le conduisit sur les lieux, il put s'en convaincre. Il était très-fâché d'avoir été ainsi pris pour dupe, et son amour-propre en fut blessé.

Lamalmarre lui fit sentir combien il était important qu'il sût la vérité, et qu'il devait reconnaître qu'il était incapable de le tromper.

Benn lui rendit une justice éclatante, et eut en lui une confiance aveugle.

Pour lui en donner une preuve, dès qu'ils furent rentrés à l'hôtel de Berlin, rue Saint-Guillaume, le conseiller prussien lui remit une nouvelle note. Elle était relative à notre illustre et célèbre peintre, Horace Vernet.

Il paraissait que M. Vernet avait eu une affaire d'honneur avec un officier prussien, et qu'il l'avait tué en duel.

On voulait donc, n'importe à quel prix, s'emparer de sa personne, le traduire devant un conseil de guerre qui le condamnerait à mort comme assassin, et il serait fusillé sur-le-champ. Horace Vernet demeurait à cette époque dans une maison rue de l'Université; on soupçonnait qu'il pouvait y être caché.

On eut soin de faire donner quelques avis secrets, et l'honneur et la gloire de l'école française fut sauvé. Si les Prussiens eussent été les maîtres de la personne de notre moderne émule de Raphaël et de Michel-Ange des batailles, la France serait veuve aujourd'hui d'un de ses plus grands peintres; mais il a échappé à la fureur de ces ennemis des arts.

Le conseiller Benn fut très-chagrin en apprenant que M. Vernet ne se trouvait pas à Paris. Il avait son signalement, et il l'avait remis à plusieurs autres agens français, et à des Prussiens qui rôdaient sans cesse dans la rue de l'Université.

Justus Grunner et le chevalier Benn auraient voulu exciter quelques soulèvemens dans Paris; ils avaient des émissaires qui parcouraient les différens quartiers de Paris, se glissaient dans la foule, péroraient dans les granges, et se plaignaient hautement, en excitant ceux qui les écoutaient à faire main-basse sur les étrangers.

Benn lui-même jouait cet affreux rôle de provocateur; on le voyait souvent, vêtu à la française, parcourir la place du Carrousel, et comme il parlait bien notre langue, il cherchait à exaspérer les esprits. Il espérait réussir dans ses projets; car il y avait toujours des réserves de troupes prêtes à prendre les armes au premier signal, et de l'artillerie chargée à l'avance et attelée près des Tuileries, pour en faire usage si les Français eussent été assez aveugles pour céder à ces perfides séductions.

Lamalmarre était instruit de tous ces faits par Benn lui-même; il renchérissait encore sur sa haine, et approuvait ses vues, afin de lui inspirer plus de confiance.

L'inspecteur-général Foudras était au courant de ces menées et de ces complots, et la police française prenait toutes les mesures convenables pour mettre en défaut les intentions perverses des Prussiens et déjouer leurs machinations : elle fut assez heureuse pour y parvenir, et nous pouvons lui rendre ici une éclatante justice. Elle s'est ainsi un peu mise à l'abri des reproches qu'on pouvait lui faire ; nous en souhaitons autant à la police Franchet et Delavau. Quoique très-disposés à l'indulgence, nous éprouvons à chaque instant l'impossibilité de trouver les moyens de l'excuser.

Nous ne donnerons pas de nouveaux détails sur les différens rapports que d'indignes Français remettaient aux Prussiens contre leurs frères et leurs concitoyens ; il y en avait d'horribles, et les mots de religion, d'amour de la légitimité, se confondaient dans ces notes avec la soif du sang. Les Prussiens étaient déjà assez désireux de nous faire du mal sous le prétexte de représailles, sans qu'on soufflât encore le feu.

Paris et la France furent assez heureux pour échapper à leurs ennemis de l'intérieur et de l'extérieur.

Le conseiller Benn était désolé de tous ces contretemps.

Nous ne pouvons exprimer la haine qu'il portait aux Français ; il est vrai que nous avions envahi et conquis la Prusse, et que nous ne pouvons entièrement repousser ni blâmer l'amour de la patrie ; mais l'humanité doit avoir aussi ses droits, et ces deux vertus doivent toujours s'allier ensemble.

Les Anglais avaient aussi leur police, et des Français un peu *marquans* par leur grade et leur rang, étaient les agens de Wellington.

Les Autrichiens s'en occupaient aussi, mais moins que les autres.

Pour les Russes, ils n'y pensaient pas.

Les Prussiens avaient en général *carte blanche* pour la police; il ne leur a manqué que les occasions pour s'illustrer en ce genre, et nous ne pouvons nous empêcher de dire ici qu'ils auraient été dignes d'être plus tard les agens de MM. Franchet et Delavau; car ces deux administrateurs faisaient réellement *la police à la prussienne.*

Enfin, nous fûmes délivrés de la présence des étrangers et de leur police; Louis XVIII devint entièrement le maître chez lui.

Le conseiller chevalier Benn quitta Paris. Il voulait que Lamalmarre le suivît en Prusse, et il lui annonçait de très-grands avantages. Il les refusa tous. Cependant il lui fit promettre de lui écrire, et il lui remit de l'encre sympatique, pour que cette correspondance pût échapper à la curiosité. Il accepta cette proposition. L'inspecteur-général Foudras l'autorisa. Ces relations pouvaient être utiles au gouvernement français.

Justus Grunner avait pour secrétaire un nommé de Kerk, qui dut rester à Paris après son départ, afin de rendre compte de ce qui s'y passerait après l'évacuation.

Le chevalier Benn l'aboucha avec Lamalmarre, et il fut convenu qu'il le verrait chaque jour, qu'il rédigerait même sa correspondance, et l'aiderait de tous ses moyens pour rendre service aux *puissances alliées*, et principalement aux Prussiens.

Ce M. de Kerk logeait alors chez M. Deliège, avocat, rue des Moulins.

Lamalmarre devint le secrétaire du Prussien de Kerk, et la police française fut instruite de tout ce que ce Prussien faisait à Paris.

Il y avait des Français qui avaient plus de dévouement pour la Prusse que pour leur propre patrie, et ils se disaient les amis du roi!

De Kerk était admis dans plusieurs sociétés; il tenait un bulletin exact de tout ce qui s'y disait.

Comme il n'avait pas assez de tact pour connaître à fond le caractère français, il commettait souvent des bévues, et adressait à son gouvernement les balivernes et les contes en l'air qui échappaient dans ces conversations décousues qui ont lieu au milieu de la plupart des salons de la capitale.

Lamalmarre n'y changeait rien; il applaudissait à tout, et n'était pas fâché que la gravité prussienne fût quelquefois mystifiée par l'homme de confiance que ce gouvernement avait laissé à Paris.

De Kerk y resta encore un certain temps, et il fut toujours surveillé par la police, qui avait constamment quelques agens sur ses traces.

Il partit, et Lamalmarre n'entendit plus parler du chevalier Benn. La correspondance cessa entièrement. Il fut encore à même de découvrir que les étrangers faisaient la contrebande à Paris, sous le prétexte de faire entrer de l'eau-de-vie pour les troupes. Un Hollandais, qui avait cette fourniture, s'entendait avec les commissaires chargés de recevoir ces liquides, et lorsqu'ils étaient entrés par la barrière de l'Etoile, ces commissaires dégustaient l'eau-de-vie, la trouvaient de mauvaise qualité, dressaient un procès-verbal, et la mettaient ensuite en dépôt sous la garde de quelques soldats.

Il fallait bien en avoir d'autres pour le service des troupes. Alors il y avait une autre fourniture qui entrait dans Paris.

La première, que l'on avait séquestrée, était vendue aux marchands de Paris.

Il en a passé ainsi *gratis* plusieurs centaines de barriques.

Le Hollandais, qui avait son logement rue Traînée, près Saint-Eustache, gagnait beaucoup d'argent, quoiqu'il partageât la curée avec d'autres.

Les charretiers qui conduisaient les voitures recevaient chacun 40 fr. de gratification; c'était le *taux* de leur silence.

## M. DE VILLÈLE.

**Surveillance dans ses bureaux. — Prétendue Conspiration contre ses jours. — Agens de la police qui l'escortaient.**

M. de Villèle a joué un trop grand rôle et a eu trop d'influence sur la police et sur les différens actes de cette administration, pour qu'il ne trouve pas sa place dans notre ouvrage.

Lorsque M. de Villèle entra au ministère des finances, il désira connaître *moralement* et *politiquement* les chefs, sous-chefs et autres employés de son ministère; il ne pouvait s'adresser, pour opérer ce grand œuvre, à aucun des membres de son ministère.

M. Delavau, préfet de police, fut le seul qui lui parût devoir remplir convenablement et dignement cette mission de confiance, et il l'en chargea.

M. le comte de Pins dut mettre cette mesure à exécution. Il fallait en outre être informé de l'opinion publique sur le compte du ministre.

La brigade d'agens du cabinet particulier reçut les instructions convenables et fut mise en mouvement.

L'agent de Rochemont fut chargé des cabinets

littéraires. Il les visitait chaque jour dans Paris; il écoutait les conversations, les réflexions que faisaient les lecteurs de journaux; il rédigeait des rapports d'après tous les propos qu'il avait entendus, et il les faisait toujours à l'avantage de S. Exc. le ministre des finances.

L'agent de Rochemont avait quelque chose des talens d'un courtisan, autant qu'on peut l'être ou le devenir en faisant la police.

Revenons aux bureaux du ministère; on y tenait des propos contre M. de Villèle; il fallut en signaler les auteurs. M. le comte de Pins dressa ses batteries, et l'agent François, qui était sous les ordres immédiats de M. Bonneau, fut exclusivement chargé de prendre des informations secrètes. Afin qu'il pût réussir, il fut admis au ministère en qualité d'homme de confiance, et il eut même un logement dans l'hôtel.

François joua son rôle à la satisfaction de ces messieurs; il adressait chaque jour des rapports à M. Bonneau, rue de Grenelle-Saint-Germain, n° 50, et, grâce à ses petits mensonges *officieux*, plusieurs employés des bureaux furent destitués. Il se conduisit en véritable agent de police.

Ces changemens inspirèrent de la crainte à ceux qui auraient été tentés de parler. Dès-lors il n'y eut plus que des *serviles* dans les bureaux du ministère des finances, et M. de Villèle put régner despotiquement sur les hommes et sur la pensée.

S. Exc. jouissait en paix du bonheur qui doit appartenir exclusivement aux grands personnages dont il faisait partie, lorsqu'il lui fut adressé une lettre anonyme. On chercha envain à découvrir son auteur.

Cette lettre reprochait à M. de Villèle tous les maux dont il était accusé d'accabler la France; qu'il ne tenait pas les promesses secrètes qu'il avait faites dans d'autres temps, et qu'il se rendait coupable des fautes qu'il avait reprochées jadis à ses prédécesseurs, en les aggravant encore.

L'auteur de la lettre finissait en lui annonçant qu'il méritait une correction sévère, et qu'il la recevrait très-incessamment.

M. de Villèle devint furieux, et il jura *par la Garonne* qu'il ferait punir les insolens qui osaient le menacer.

Il en écrivit à M. Delavau, en l'invitant à prendre les mesures convenables pour assurer sa tranquillité et son existence menacée.

M. de Pins reçut l'ordre de se rendre sur-le-champ rue de Rivoli, et il se fit suivre par tous ses agens.

Il arriva sur le terrain, et en bon général il l'examina avec ce coup-d'œil d'aigle qui le caractérisait. Il reconnut de quel côté l'ennemi pourrait déboucher; l'endroit que l'on choisirait pour champ de bataille; celui où l'on placerait le corps de réserve, et enfin la route à suivre en cas de retraite; car un bon général doit tout prévoir, et M. de Pins n'était pas un recru..... en police.

Après avoir tout disposé avec autant de sang-froid que de prudence, il plaça ses agens rue de Rivoli, avec ordre de suivre la voiture de S. Exc. lorsqu'elle sortirait, de ne pas la perdre de vue, afin d'arrêter tous ceux qui en approcheraient, et de les conduire sur-le-champ à la préfecture de police.

Cette surveillance eut lieu pendant quinze jours, sans que personne se présentât pour attaquer S. Exc. Il paraît que le ministre avait eu peur de son ombre.

Les éclaireurs recevaient chaque jour un franc de *haute-paie*.

Les agens Ridier, Dupont, Gras, de Rochemont, Joffrey, Vidal et Carret, firent cette périlleuse campagne. On ne croyait plus les revoir; lorsqu'ils rentrèrent à la préfecture de police, et qu'ils rendirent compte des dangers qu'ils avaient courus, on refusait de les croire, tant cela tenait du merveilleux.

Un de ces agens, enflammé d'un beau zèle, disait : « Je voudrais qu'un assassin vînt pour frapper M. de Villèle; je lui ferais un rempart de mon corps, et si j'étais blessé à sa place, ma fortune serait faite. » Le beau dévouement!

## M. DELAVAU.

**Petite Conspiration contre ce magistrat. — Terreurs paniques de MM. Duplessis et De Pins.**

M. le chevalier Duplessis, le secrétaire intime de M. le préfet de police Delavau, ne savait comment faire, ni quel moyen employer pour lui prouver sa reconnaissance; nous ne pouvons que l'approuver, ce sentiment est la passion des belles âmes. Son attachement pour lui était une véritable passion, et il était tellement prompt à s'allarmer et ingénieux à se tourmenter, qu'il voyait ce qui n'existait pas.

Un jour il rêva, d'après un rapport, vrai ou faux, ou peut-être de commande, que les jours de M. Delavau étaient menacés : par qui ? on l'ignorait; sans doute par les ennemis du bonheur de la France, auquel M. Delavau travaillait sans cesse avec autant d'ardeur que de succès.

M. Duplessis fut près de tomber en syncope en apprenant cette affreuse nouvelle, mais il remit cela pour un autre moment. Il n'y avait pas une minute à perdre, il s'imaginait déjà voir M. le préfet de police rendant sa belle âme sous le fer d'un assassin, avec d'autant plus de raison, qu'il était sorti pour aller prendre le mot d'ordre chez M. Franchet, le directeur-général.

M. Duplessis s'empressa de se rendre auprès de M. de Pins, chef du cabinet particulier, afin de se concerter avec lui pour aviser aux mesures à prendre et prévenir cet attentat. Il trouva M. de Pins qui dégustait une bouteille de rhum de la Jamaïque, qu'un riche colon de cette île venait de lui envoyer. A l'aspect de M. Duplessis, le chef du cabinet particulier fut saisi d'une espèce de terreur : il était en outre contrarié d'être troublé dans l'expérience qu'il allait faire. Il sut dissimuler, et l'honorable comte posa sur la table le verre qui contenait la liqueur favorite, et demanda à M. Duplessis pourquoi il avait ainsi la physionomie toute renversée.

Le secrétaire intime lui donna les détails effrayans que nous n'avons tracés que d'une main tremblante : le comte de Pins releva son bonnet noir et lui dit : « Calmez-vous ; » il sonne, le garçon de bureau arrive ; il lui ordonne de faire dire à Froment de se rendre sur-le-champ à son bureau.

Par un hasard aussi imprévu que fortuné, Froment se fait entendre, il est introduit, et M. de Pins le charge de partir, de marcher vers la direction générale, où se trouvait M. Delavau, de l'attendre et de le suivre dès qu'il sortirait, mais de manière à ce qu'il ne pût s'en apercevoir, afin de ne pas l'effrayer, et surtout de garder le plus grand secret sur cette démarche. «Au reste, ajouta M. de Pins, pour être certain de votre discrétion, vous n'en connaîtrez pas le motif. »

Il lui recommanda en outre, s'il rencontrait un homme vêtu d'une redingotte bleue, pantalon gris, gilet blanc, de l'arrêter sur-le-champ, parce que ce costume annoncerait un homme dangereux; c'était selon ces messieurs le costume des conspirateurs. Froment partit avec ses deux agens, ils se placèrent non loin de la porte de la direction générale. Il y avait à peu près deux heures qu'ils étaient là à faire le pied de grue, lorsque M. Delavau sortit seul, passa par la rue de Belle-Chasse, suivit les quais et se rendit à la préfecture de police; il y rentra sain et sauf par la porte du jardin.

Froment y courut par la rue de Jérusalem, et s'empressa de tranquilliser MM. de Pins, Duplessis et Lajonchère, qui se trouvaient là, en leur apprenant que M. Delavau avait revu ses lares et ses pénates; enfin que la France et la congrégation n'avaient point encore à déplorer la perte de ce digne homme. Les pleurs se séchèrent, tout le monde fut dans la joie : nous la partageons en écrivant.

On dit dans le temps que c'était un conte inventé par M. Duplessis, et qu'à l'exemple de Potier, il avait voulu faire ses farces. Nous sommes un peu de cet avis, sans trop savoir pourquoi, mais enfin nous le pensons.

Il y a des gens dont les ruses, les finesses pourraient passer pour du charlatanisme; il paraîtrait qu'à la préfecture de police on connaissait jadis ces recettes merveilleuses. Au reste c'était à l'un des bureaux de la troisième division, que l'on accordait aux saltimbanques, aux jongleurs, la permission d'exercer leurs fonctions, et pour délivrer des patentes il fallait s'y connaître.

C'était encore là que M. Rougemaître de Dieuze composait ses *malins* couplets, et les chanteurs de Paris, pour plaire à leur grand *lama* du Parnasse de la rue de Jérusalem, vendaient dans Paris ses poétiques calembourgs. Il était très-généreux avec tous ces échos, toutes ces trompettes de sa renommée lyrique; il se faisait seulement payer d'avance, non pas les frais...... de génie, mais ceux.... d'impression. Il ne pouvait pas décemment faire la guerre à ses dépens.

## LE PRINCE EUGÈNE BEAUHARNAIS,

**Le Baron d'Arnay.**

Le prince Eugène Beauharnais inspirait toujours une grande frayeur à la police. Dès qu'elle entendait prononcer son nom, elle rêvait un complot, une conspiration.

Elle ne pouvait pas prendre sur elle de rendre justice à un héros qui ne connut jamais que l'honneur, qui fit taire l'amour filial pour n'écouter que la reconnaissance, et qui donna constamment l'exemple de toutes les vertus publiques et privées.

S. M. Louis XVIII, qui s'y connaissait, rendit cet hommage au prince Eugène, lorsqu'il l'accueillit avec autant de bienveillance que de distinction.

Le prince Eugène, qui avait des possessions en France, avait chargé M. le baron d'Arnay de veiller à ses intérêts, et il était son fondé de pouvoirs à Paris.

La confiance du prince en faisait l'éloge; mais la police ne pensait pas ainsi.

Elle sut que M. le baron d'Arnay venait de partir pour Munich; elle en conçut les plus vives et les plus cruelles inquiétudes; comme si ce n'était pas aussi simple que naturel qu'un fondé de pouvoirs rendît compte de sa gestion à son mandataire.

Il n'y avait rien de simple ni de naturel pour la police; tout était complot, conspiration, forfait pour elle. Il fallait en acquérir la preuve.

L'officier de paix Gullaud fut donc chargé de prendre des informations sur M. le baron d'Arnay, qui demeurait rue Buffaut, quartier Montmartre. Il fallait savoir quelles étaient ses liaisons, ses habitudes, les personnes qu'il fréquentait, avec lesquelles il correspondait, et, pour y parvenir, séduire, corrompre et circonvenir les domestiques et le portier; enfin, surveiller jour et nuit cette maison.

L'officier de paix Gullaud annonça dans son rapport, que M. le baron d'Arnay faisait à Paris les affaires du prince Eugène Beauharnais.

Il allait souvent à la Malmaison; il recevait des lettres de Munich; il voyait peu de monde.

Son domestique de confiance se nommait Joseph.

Enfin, M. le baron d'Arnay était parti depuis quelques jours pour se rendre en Bavière auprès du prince, et l'époque de son retour n'était pas connue.

On avait fait beaucoup de questions au portier, et, chose aussi extraordinaire que merveilleuse, il avait su se taire. Que de motifs d'inquiétudes pour la police!

Elle recommanda à l'officier de paix Gullaud de placer des agens rue Buffaut, afin d'être assurés à point nommé du retour du baron d'Arnay; de se transporter de sa personne à la Malmaison, avec ses agens les plus adroits et les plus intelligens, pour s'assurer si des amas d'armes n'avaient point été déposés dans les caves ou souterrains de ce château. Enfin, si des soldats de l'ancienne armée n'étaient point casernés dans les appartemens, ou ne bivouaquaient pas dans les bosquets et le parc.

L'officier de paix exécuta cet ordre. Heureusement on n'y trouva que le concierge et des jardiniers qui avaient soin d'arroser les plantes et de ratisser les allées.

Il poussa même la précaution et la prévoyance jusqu'à s'assurer que ces ouvriers n'étaient pas des militaires. Il n'oubliait rien l'officier de paix Gullaud!

C'était un vieux routier : il savait plus d'un tour;
Même il avait perdu sa queue à la bataille.

La police lui sut un gré infini de son activité, de son zèle et des découvertes qu'il avait faites. Ses frais de route et de voyage lui furent généreusement remboursés.

M. le baron d'Arnay revint de Munich; les

agens étaient à poste fixe dans la rue Buffaut. La police en fut instruite sur-le-champ; elle ordonna que deux agens restassent la nuit entière en face de la porte ; et le lendemain ils annoncèrent que M. d'Arnay avait passé tranquillement la nuit dans son lit, pour se remettre des fatigues de la route.

On le surveilla long-temps, et la police en fut pour ses pas, ses démarches et ses frais.

Encore une conspiration de déjouée, de découverte !

Nous ne pouvons nous empêcher de rendre hommage au zèle de MM. Franchet et Delavau, sans oublier l'intelligence de l'officier de paix et de ses agens.

Cependant personne ne regrette cette ancienne police! Ah! que les hommes sont ingrats!

## MADAME LA DUCHESSE DE S$^{T}$.-LEU

(**Hortense de Beauharnais**),

## LE MINISTRE DECAZES.

Madame la duchesse de St-Leu, la digne fille de Joséphine, qu'elle remplace sur la terre! cette sœur du prince Eugène, se trouvait encore à Paris sous le ministère Decazes ; elle oubliait au sein des arts et de l'amitié, non pas les revers de la fortune, elle n'avait jamais trop compté sur les faveurs de cette déesse, aussi inconstante que légère, mais elle y recevait des consolations qui calmaient les plaies de son âme. Le gouvernement, et par suite le ministre de la police Decazes, autorisaient le séjour de la duchesse de Saint-Leu dans la capitale, sans avoir communiqué leurs intentions à la préfecture de police.

Un des agens fit un rapport, dans lequel il parla de la duchesse de Saint-Leu, et le préfet de police de cette époque, sans être aussi ombrageux que M. Delavau, crut devoir se permettre le droit de surveillance sur la duchesse.

Le ministre en fut informé ; il réprima très-vertement cette licence, et défendit qu'aucun agent osât faire la moindre démarche.

Il était temps d'arrêter ces investigations. Ceux qui en avaient été chargés en parlaient diversement, tiraient des conséquences à perte de vue, et supposaient même des intrigues, des liaisons qui n'avaient point trait aux affaires publiques, mais qui éveillaient la curiosité, la médisance, et faisaient dire qu'il n'était pas étonnant qu'à une époque antérieure il eût existé de la mésintelligence entre des époux qui avaient occupé le plus haut rang.

Tous ces bruits ne pouvaient atteindre ni blesser celle qui en était l'objet.

Cependant, comme la méchanceté et la malveillance voulaient la rendre responsable des petits mouvemens qui de temps en temps agitaient la capitale, et qui étaient la suite de l'orage qui avait grondé sur l'univers, elle dit un dernier adieu à la France, et quitta Paris pour se soustraire à l'ingratitude, à l'injustice et aux recherches ridicules et déplacées de la police de la préfecture, dont elle n'accusait ni le gouvernement, ni le ministère.

## ÉLÈVES DES ÉCOLES

# DE DROIT ET DE MÉDECINE.

Les jeunes gens qui suivaient les cours de ces diverses écoles, inspiraient autant de haine que de frayeur au préfet de police et à tous ses agens. Et pourquoi ?

Parce qu'ils avaient, dans plusieurs circonstances, infligé quelques corrections légères à des agens de police, ou qu'ils les avaient poursuivis de leurs sifflets lorsqu'ils les avaient reconnus dans des rassemblemens publics. Aussi tous leurs rapports les peignaient constamment comme des ennemis du gouvernement, qui tenaient sans cesse les plus mauvais propos, et qui composaient des pamphlets et des chansons pour porter atteinte à la religion, aux mœurs, et à la légitimité.

D'après ces renseignemens, la préfecture avait eu dans ses bureaux la copie des registres matricules des élèves, déposés au secrétariat des diverses écoles, et les nationaux, ainsi que les étrangers, étaient constamment en surveillance. Il y en avait même, dans le nombre de ces élèves, qui rendaient compte chaque jour à la préfecture de police de ce qui se passait dans les divers cours des écoles. Ils avaient été corrompus et séduits.

Les agens Roux, Cliche, Malvaux et Duhazay, visitaient sans cesse les maisons garnies, parcouraient les quartiers des écoles, afin de recueillir tout ce qui se disait.

L'agent Duhazay s'était introduit un jour dans l'intérieur de l'école de droit; il fut reconnu et reçut même un petit châtiment. Il fut trop heureux d'en être quitte à si bon marché, et ne voulut plus y reparaître.

Les cafés, les estaminets, les restaurans où se rendaient ces jeunes gens, étaient toujours encombrés d'agens de police, qui se succédaient pour voir ce qui s'y passait.

D'autres prenaient des logemens dans les hôtels du quartier Saint-Jacques, pour les surveiller la nuit. Combien de conspirations, de projets imaginaires, ont été créés par ces agens, pour fournir à la préfecture les moyens de troubler dans leurs études ceux qui n'avaient d'autre amour que celui des sciences.

Les élans de l'imagination, la passion de s'instruire, ce feu brûlant qui donne l'essor au génie et l'alimente, qui lui fait parcourir la sphère éthérée; tout ce qui élève l'âme et produit les grands hommes, les héros de la gloire et de l'humanité, paraissait séditieux et criminel aux yeux de la police et de ses Midas accoutumés à ramper.

L'agent Cliche mangea quelque temps dans un restaurant de la rue de La Harpe, où se réunissaient plusieurs étudians des deux écoles, et il les faisait parler. On fut même un jour forcé de lui reprocher les mensonges dont il enrichissait ses rapports.

Il avançait que plusieurs élèves s'étaient rendus rue de Venise, au café Chapelain, et y avaient tenu des propos contre le gouvernement. On eut la preuve du contraire; mais comme il était protégé par le chef de la police centrale, l'affaire en resta là, et il continua ses calomnies et ses médisances.

## M. LE COLONEL LAINÉ,

**Major de la Gendarmèrie de la ville de Paris.**

Sous le ministère de M. Decazes, M. Lainé, colonel et employé comme major dans la gendarmerie de la ville de Paris, fut soumis à une surveillance très-rigoureuse, d'après l'ordre du ministre.

M. Foudras, inspecteur-général de la police, en chargea l'officier de paix Rivoire, en lui recommandant expressément la plus grande discrétion. M. Lainé demeurait alors rue de Nazareth, près de la préfecture.

Les agens Froment, Ganat et Mazières, devaient suivre à tour de rôle le colonel dans toutes les démarches qu'il ferait.

Les rapports remis par ces agens portaient que M. Lainé sortait, tantôt à pied, tantôt à cheval, en uniforme, pour faire son service, ou en habit bourgeois. Ils indiquaient également l'heure à laquelle il rentrait.

On annonçait aussi qu'il se rendait très-fréquemment au Pavillon-Marsan et à l'Elysée-Bourbon; qu'il jouissait d'une assez grande considération à la cour; enfin, qu'on le regardait comme un fidèle serviteur du roi.

Malgré tous ces témoignages honorables, et la protection de plusieurs personnages éminens, il sortit de la gendarmerie, et fut mis à la retraite.

Il n'avait pas vécu en bonne intelligence avec M. Tassin, alors colonel de la gendarmerie, et par suite des discussions qui s'étaient élevées entre eux, il y avait eu un duel dans lequel le colonel Tassin avait été blessé.

Un procès eut lieu relativement à un déficit qui se trouva dans la caisse du quartier-maître de la gendarmerie. L'affaire fut portée devant les tribunaux.

M. Delavau, alors conseiller à la cour royale, et depuis préfet de police, présida la chambre chargée de prononcer. M. Lainé déposa contre le colonel Tassin, qui fut acquitté.

En 1823, M. le comte de Pins fut nommé chevalier de Malte; il déclara une petite guerre *sourde* et occulte à M. le colonel Lainé, qui était commandeur de l'ordre des chevaliers Voyageurs et Palmiers du Saint-Sépulcre.

Il paraît que M. Lainé avait quelques ennemis dans cette confrérie, nous n'en connaissons pas le motif; mais M. de Pins le mit de nouveau en surveillance, et les agens du cabinet particulier durent prendre des renseignemens sur son compte;

les rapports furent tous à l'avantage de M. Lainé.

On voit que les royalistes, ainsi que les libéraux, n'étaient pas à l'abri des investigations de la police.

A la même époque, un capitaine de la compagnie casernée faubourg Saint-Martin, parut être opposé au colonel Tassin, et fut étonné que son procès se terminât par son entier acquittement.

L'agent Cliche en apprit quelque chose par un gendarme de la caserne; il en fit un rapport à la préfecture, et peu de temps après ce capitaine quitta le corps et fut envoyé dans une autre résidence, du côté de Montauban.

Les officiers étant à la nomination du préfet, il ne put réclamer, et le colonel Tassin fut débarrassé d'un censeur.

## IMPRIMERIE ROYALE.

M. Delavau s'imagina un jour que les compositeurs et autres ouvriers employés à l'imprimerie royale étaient des libéraux, des hommes dangereux, qu'il fallait, en conséquence, les mettre en surveillance et faire une enquête, afin de connaître leurs opinions politiques.

MM. de Pins et Bonneau furent chargés de l'exécution de cette mesure, et ils ordonnèrent à leurs agens de faire ensorte d'obtenir les renseignemens désirés.

On s'adressa au nommé Corbiau, employé dans cette imprimerie; il donna l'adresse de tous les compositeurs, et des renseignemens sur chacun d'eux.

Les compositeurs Roganot et Burel ayant été désignés comme professant des opinions dangereuses et très-*libérales*, on épia leurs démarches. Quelques jours après, ces deux pères de famille furent renvoyés et perdirent leur emploi.

Ce fut sans doute pour reconnaître les services qu'il avait rendus dans cette circonstance, que le nommé Corbiau fut ensuite admis dans la police, et nommé chef de brigade sous M. Bonneau.

Nous avons déjà parlé de cet individu, qui remplit les fonctions d'*agent secret* lors de la dernière guerre d'Espagne, et, sous le titre d'employé des vivres-viandes, il surveillait ses collègues.

Sans avoir aucun talent, l'agent Corbiau a joué divers rôles. A l'époque des rassemblemens qui eurent lieu près du corps législatif et dans les environs, lors de l'expulsion de Manuel de la chambre des députés, Corbiau parut dans les groupes; il se réunissait avec les libéraux, et fut même arrêté avec quelques jeunes gens qui avaient montré une grande exaspération.

Il recouvra sur-le-champ sa liberté. Il serait donc permis de croire qu'il était là pour rendre compte de ce qui se passait, et que sa détention momentanée n'avait eu lieu qu'afin de rapporter ce qu'auraient pu dire ceux qui avaient été mis avec lui à la salle Saint-Martin.

## M. DELATOUR,

**Chef d'escadron de Gendarmerie.**

Le 12 mars 1822, on adressa un rapport à M. le préfet de police contre M. Delatour, chef d'escadron de la gendarmerie; on le présentait sous des couleurs défavorables et partisan du libéralisme. Les calomniateurs et les envieux avaient toujours recours à ce moyen auprès de la police; ils étaient certains qu'elle profiterait de cette accusation pour se donner carrière.

Le comte de Pins, auquel ce rapport fut renvoyé, donna l'ordre à l'agent Balart de prendre des renseignemens sur cet officier. L'agent eut beau faire, tout ce qu'il recueillit était à son avantage. Il avait constamment suivi les lois de l'honneur et de la probité.

Le dénonciateur avait perdu son temps, et la police fut obligée de renoncer à ses investigations. Elle échoua dans toutes ses recherches. Il fallait que M. Delatour fût bien pur pour qu'elle ne trouvât rien à mordre.

Heureux ceux qui pouvaient lui échapper ainsi, c'était une bonne fortune qui n'était pas le partage de tout le monde; car elle préférait tourmenter les innocens, plutôt que d'oublier un coupable.

## MM. MÉNARD, LECOMTE ET MOUSTACHE,

### Courriers des Malles-poste.

Quelques individus, qui sans doute avaient envie d'avoir des places dans l'administration des postes, adressèrent des rapports à la préfecture de police, par lesquels ils annonçaient, que les sieurs Ménard, courrier de Toulouse; Lecomte, courrier de Bordeaux, et Moustache fils, professaient des opinions politiques très-dangereuses, et qu'il était important de les surveiller.

Le chef de la police centrale Hinaux en chargea un officier de paix, qui confia cette mission à l'agent Beurlier. Il annonça dans son rapport que ces trois courriers allaient souvent ensemble au café de la rue J.-J. Rousseau, qu'il s'y était trouvé plusieurs fois, lorsqu'ils y étaient à prendre leur demi-tasse, et qu'il ne leur avait jamais entendu tenir le moindre propos qui eût rapport à la politique.

La préfecture ne s'en tint pas là; elle ordonna qu'on eût recours à la provocation : il fut proposé au courrier Moustache de se charger d'une correspondance particulière. Il refusa avec le mépris et l'indignation qui caractérisent un homme probe et attaché à ses devoirs, et la police en fut pour ses démarches et la honte d'avoir échoué.

Comment supposer que des hommes qui étaient nuit et jour en route, et qui avaient en outre des fonctions importantes à remplir, allassent s'occuper de politique? La plupart étaient des pères de famille, trop satisfaits de passer quelques instans auprès de leurs épouses et de leurs enfans, pour les perdre ainsi en s'occupant d'affaires publiques.

Il est étonnant que la police n'ait pas fait surveiller les postillons, ils auraient pu colporter des pamphlets séditieux dans leurs *grosses bottes;* mais on ne s'avise jamais de tout.

# SURVEILLANCE A SAINT-CLOUD,

## ET DANS LES ENVIRONS,

**Des Concierge, Surveillant, Garde-magasin, Garde-chasse, Garde à cheval et Jardiniers du château.**

Sa Majesté ayant l'habitude de fixer sa résidence à Saint-Cloud pendant la belle saison, et d'y être accompagné de la famille royale et de toute sa cour, la police voulut connaître l'esprit public de cette commune et des environs.

L'agent Nicole fut chargé de faire une enquête pour savoir quelles étaient les personnes qui pensaient mal. Il se mit en campagne, parcourut toutes les communes, questionna, écouta, et finit par ne trouver que des Français soumis, reconnaissans et heureux de vivre sous les lois d'un monarque qui leur inspirait autant de vénération que d'amour.

Ces renseignemens avantageux n'étaient pas à ce qu'il paraît du goût de l'agent Nicole, et sans en avoir reçu l'ordre, il s'ingéra de prendre des informations sur les divers employés des châteaux de Saint-Cloud et de Meudon.

Il désigna dans son rapport, comme ayant des

opinions très-repréhensibles : les sieurs Coquelin, concierge à Saint-Cloud; Seguin, chef des surveillans; Percier, garde-magasin des bâtimens; Pouti, garde-chasse; Martin, garde à cheval; Lainé, demeurant chez le sieur Coquelin; Delpierre, garçon jardinier; Ecoffey, jardinier-fleuriste, et Suchet, jardinier-fleuriste du parc de Meudon.

Ce rapport parut tellement extraordinaire et dénué de fondement, que l'on ordonna une nouvelle enquête.

On reconnut que Nicole en avait imposé et qu'il n'était qu'un calomniateur; il fut destitué. On eût dû faire également justice de tous les agens qui avaient donné le même exemple.

# CONSPIRATION

**Dans le régiment des gardes à pied ordinaires du corps du Roi. (Provocation.)**

La police avait besoin de distractions; ses agens languissaient dans un honteux repos, ils se livraient à une coupable indolence : quel remède employer pour arrêter une oisiveté aussi dangereuse.

Le moyen le plus convenable fut d'avoir recours à une conspiration. Mais il fallait la faire éclore, rien de plus facile; en trouver le foyer, bagatelle. Et les chefs, les membres, les conspirateurs. Mille autres eussent été embarrassés; mais la police savait vaincre toutes les difficultés.

Or, il lui fut adressé un rapport qui annonçait que des chansons et des écrits séditieux circulaient dans la caserne des gardes à pied ordinaires du corps du roi, et qu'on y tenait même les plus mauvais propos contre Sa Majesté.

Tous les gros bonnets de la police, informés de ce fait par le préfet, froncèrent le sourcil; ils reconnurent que le plus grand danger menaçait la France, et surtout la préfecture : il parut donc très-urgent de découvrir les anteurs, fauteurs et complices de cette conspiration.

Pour y parvenir, il était nécessaire d'employer l'agent le plus rusé, le plus adroit de la préfecture, enfin, celui qui serait le plus animé de cet esprit *créateur* dont le prototype ne pouvait se rencontrer que dans la rue de Jérusalem.

Ce phénix des agens de police parut exister dans la personne du nommé Hussard, attaché au cabinet particulier du préfet. Il fut chargé de la découverte de cette conspiration, et d'en dévoiler toutes les ramifications.

Ses démarches furent d'abord infructueuses; à la fin, il fut mieux inspiré.

Il apprit par hasard (on sait, de temps immémorial, que les conspirations sont toujours découvertes par hasard), l'agent Hussard apprit donc que les nommés Finel, Garson et Petrel, gardes à pied, avaient pour maîtresses des filles publiques demeurant rue d'Orléans-Saint-Honoré, nº 5.

Un doux pressentiment, qui ne le trompait jamais, lui fit dire : « A coup sûr, voilà trois cons» pirateurs, et je suis sûr maintenant de remplir » les intentions de mes chefs. »

Pour parvenir à faire la connaissance des conspirateurs, il crut qu'il fallait commencer par se lier avec leurs maîtresses; il espérait encore qu'elles commettraient quelques indiscrétions.

Il avait lu, dans quelques volumes de la *Bibliothèque Bleue*, que beaucoup de conspirateurs avaient perdu la vie parce que leurs maîtresses n'avaient pas su se taire.

Il se transporta en conséquence rue d'Orléans-Saint-Honoré. Il ne lui fut pas difficile de pénétrer dans le domicile de ces dames : les femmes sensibles sont naturellement très-agaçantes ; ce qu'on ne demande pas, elles prennent la peine de vous l'offrir. Avec de semblables façons on bannit la politesse, ajoutons même qu'on enhardit la timidité.

Il arrive au palais de ces modernes Armides de carrefour, et dans dix minutes il fut au mieux avec les filles Adèle Deshayes, maîtresse de Finel, et Adélaïde, qui régnait sur le cœur de Garson.

Hussard, après avoir triomphé ainsi des premiers obstacles, ne se sentit pas de joie. Il quitta les deux enchanteresses, et rentra chez lui pour rédiger son rapport.

Il annonça en termes pompeux, qui par fois cépendant blessaient la pureté de notre langue et l'orthographe, *qu'il tenait le fil de la conspiration*...... Quel excès de modestie !

On le crut sur parole, et le chef du cabinet particulier lui adjoignit sur-le-champ l'agent Dalloyau, qui prit, à tout événement, le surnom de Pierre ; plus, un sieur de Voxoncourt, Potier et autres, jusqu'au nombre de douze, afin de bien suivre... le fil de la conspiration, dont trois membres étaient déjà connus.

Le soir toute l'honorable cohorte se rendit chez le marchand de vin, rue d'Orléans, n° 6, en face le n° 5, où demeuraient les trois syrènes.

Finel, Petrel et Garson, arrivèrent peu de temps après chez le marchand de vin, et Hussard lia sans façon conversation avec eux, en les invitant à boire une bonne bouteille de vin.

La proposition fut acceptée, l'amitié commença à se cimenter le verre à la main. Il ne fut rien dit de part et d'autre qui pût éveiller le moindre soupçon, et tout le monde se sépara avec le désir et l'intention de se retrouver le lendemain au même endroit : c'était chose convenue.

Les invités furent tous exacts au rendez-vous à l'heure indiquée; le Bourgogne coula à longs flots, et lorsque les têtes furent un peu échauffées, on se mit à chanter. Alors Dalloyau, dit Pierre, crut que le moment était favorable pour entrer en scène et commencer à jouer son rôle; *il tint quelques petits propos séditieux*, Hussard *fit chorus*. Il n'est pas rapporté que Voxoncourt *applaudit*.

Les choses ne furent pas poussées plus loin, afin de ne pas trop effaroucher les conspirateurs, ou ceux qu'on voulait qui le devinssent. On trouva qu'on en avait fait assez pour la seconde séance, et il fut encore arrêté qu'on se réunirait le lendemain. Mais comme la fraternité s'établissait de plus en plus, il fallut changer de local et dîner ensemble.

Chaillot fut désigné comme le lieu le plus convenable pour se livrer aux doux épanchemens de l'amitié, et chacun s'y rendit de son côté.

Une matelotte devait être un des mets offerts à l'appétit des convives. La bande joyeuse s'y trouva au grand complet. On fit honneur à tout; le vin de Mâcon ne fut pas épargné, et pour compléter la fête, le Champagne fut aussi de la partie avec sa mousse pétillante.

Dalloyau-Pierre chanta des couplets qui pouvaient prêter à des allusions répréhensibles, surtout pour des militaires qui faisaient partie de la maison du roi.

Finel, Petrel et Garson, pour plaire aux convives, s'empressèrent de les répéter.

Il les demandèrent par écrit, et Garson s'offrit de les copier sous la dictée de Dalloyau-Pierre.

Tous les convives paraissaient si bien d'accord, il existait une telle conformité d'opinions et de sentimens, qu'il fut proposé de se revoir souvent et de former une société.

Afin d'assurer l'exécution de ce projet, il parut convenable de se lier par un serment, et d'en dresser par écrit un procès-verbal. Garson remplit les fonctions de rédacteur et de secrétaire de la société. Tous les convives signèrent ce procès-verbal, après en avoir approuvé la rédaction.

Hussard fut nommé l'archiviste. Les pièces restèrent entre ses mains, et quel usage en fit-il ?

Il les déposa à la préfecture de police. On y attacha beaucoup d'importance ; car on lui recommanda le plus grand secret, en lui remettant des fonds pour faire face aux dépenses.

Le préfet de police donna connaissance de tous ces faits à M. le duc de Mortemart, colonel des gardes à pied, en lui annonçant qu'il y avait des conspirateurs dans le corps qui était sous ses ordres.

Un autre jour, tous ces individus se réunirent pour dîner chez Doyen, aux Champs-Élysées. Sept filles publiques étaient de la partie. Plusieurs couplets y furent chantés, et on y tint des propos *en politique* qui n'étaient pas de bon aloi.

Hussard déposa encore à la préfecture de police vingt-trois chansons, et plusieurs autres écrits répréhensibles, signés de Finel, Petrel et Garson ; mais tout avait été écrit et rédigé sous la dictée des agens Hussard et Dalloyau-Pierre.

Les trois militaires n'étaient donc véritablement que les instrumens, et les agens, les auteurs et provocateurs de ce qui pouvait être regardé comme séditieux. Cependant, sans y songer, sans soupçonner leurs prétendus amis, ces trois gardes à pied se plongeaient dans l'abîme.

Un autre dîner eut lieu à la barrière de Rochechouart, et au dessert on chanta.

Hussard, qui abusait de la bonne volonté et de l'imprévoyance de Garson, lui laissait copier tout ce qui pouvait le compromettre, et prouver que Hussard avait par son intelligence découvert des ennemis du gouvernement.

Après cette réunion, Hussard remit encore à la préfecture une collection de vingt-sept pièces écrites.

Quant aux autres agens, ils ne prenaient d'autre part active, dans cette machination, que par leur présence et en appuyant par leurs discours tout ce qui était chanté ou dit par chacun des convives.

Pour le sieur Voxoncourt, lorsque ses occupations ne lui permettaient pas de paraître aux réunions, il se rendait à minuit chez l'agent Hussard, et copiait les rapports qu'il remettait à la préfecture de police.

Il est permis de croire qu'il en faisait usage de son côté.

Cette affaire n'en resta pas là. La police lui donna des suites. Des plaintes furent portées. Hussard obtint une partie des succès qu'il pouvait ambitionner.

Les militaires étaient au moins coupables d'imprudence. Les apparences étaient en outre contre eux : ils furent arrêtés, traduits devant un conseil de guerre; un jugement fut rendu, portant condamnation de trois années de déportation contre les nommés Finet, Petrel et Garson.

Quel que soit le motif qui ait porté dans le temps le nommé Hussard à cette coupable provocation, rien ne pouvait l'excuser. Ce n'était point par zèle et par dévouement pour le gouvernement, ni pour le roi, qu'il en agissait ainsi; il ne voyait dans cette affaire, ainsi que ses complices, qui l'ont aidé dans cette fourberie, qu'un moyen de fixer sur lui l'attention de la préfecture de police, et d'obtenir une récompense. Il convoitait, ainsi que les autres agens, le prix du sang de ces malheureux gardes à pied; car s'il ne les a pas conduits à l'échafaud, ce n'est pas sa faute.

Quant à la conspiration présumée, comment la préfecture a-t-elle pu croire ou supposer un instant que trois militaires isolés, qui s'amusent à boire, à chanter, dans un cabaret, avec des filles publiques, vont se mettre en état d'hostilité ouverte contre le gouvernement? C'était une absurdité; et les dénonciateurs furent les seuls coupables.

Les malheureux et trop confians Finel, Petrel et Garson, n'en subirent pas moins la peine à laquelle ils avaient été condamnés.

## M. BURTY,

**Marchand, rue Saint-Denis. — Bretelles séditieuses.**

L'officier de paix Deroussel s'ennuyait de ne pas faire parler de lui. Il voulait acquérir de la célébrité dans la police, et faire ensorte d'éclipser la réputation de ses collègues, qui jouissaient d'une grande renommée.

Il ne trouva pas de meilleur moyen que d'annoncer qu'il se fabriquait dans Paris des bretelles très-séditieuses, sur lesquelles on voyait le portrait de Napoléon et de son fils.

C'était un signe de ralliement trouvé par les conspirateurs qui voulaient le remettre sur le trône, et forcer la famille des Bourbons à quitter encore la France.

Tous ces funestes résultats s'offraient déjà à sa pensée, peut-être même à ses regards; car l'officier de paix Deroussel avait un coup d'œil plus perçant que les autres, et une pénétration mille fois plus grande encore.

Après s'être bien imbu de ces idées, qu'il finit

par regarder comme certaines et même évidentes, il adressa un rapport à M. Hinaux, chef de la police centrale.

Il lui prouva par des argumens irrésistibles l'existence du fait, et ces bretelles se fabriquaient chez M. Burty, marchand, rue Saint-Denis, nº 319.

M. le chef de la police centrale lut ce rapport avec une extrême attention, il le médita, et rendit grâce au hasard qui avait fait découvrir une chose aussi importante; il félicita l'officier de paix Deroussel sur son zèle et son activité, ainsi que sur le style lumineux avec lequel son rapport était rédigé.

M. Hinaux le communiqua à M. Delavau, qui partagea l'opinion du chef de la police centrale, et il ordonna d'exercer une surveillance très-active sur M. Burty.

Les agens sous les ordres de l'officier de paix Deroussel, furent mis en mouvement, sans être mis au fait de la manière *adroite* avec laquelle leur chef avait découvert la fabrication des objets séditieux dont il était question.

Les agens annoncèrent dans leurs premiers rapports que M. Burty avait la réputation d'un homme honnête, tranquille, qu'il ne s'occupait point d'affaires politiques, enfin, qu'il jouissait de la meilleure réputation.

L'officier de paix Deroussel voulut cependant

fournir la preuve matérielle de ce qu'il avait déclaré dans son rapport.

Il se rendit lui-même chez M. Burty, se dit négociant à Brest, et qu'il venait pour lui commander une partie de marchandises dont il avait besoin, et principalement de bretelles avec le portrait de Napoléon et de son fils le roi de Rome; que c'était pour les envoyer dans les colonies.

M. Burty fit quelques observations; il craignait de se compromettre; enfin, il se laissa vaincre par les protestations de probité, d'honneur, de loyauté et de franchise de l'officier de paix Deroussel, et il promit de faire la fourniture.

Deroussel lui promit de le payer comptant, et, avant de le quitter, il lui annonça que dans quelques jours il lui enverrait son commis-voyageur avec une lettre de crédit, pour vérifier les marchandises et s'en livrer.

Ces conditions convinrent à M. Burty, et il assura Deroussel que tout serait prêt pour l'époque fixée.

Quelques jours après, l'agent Desbois, qui se disait commis-voyageur du prétendu marchand de Brest, se présenta chez M. Burty, porteur de la lettre dont il avait été question, et demanda qu'on lui livrât les marchandises.

M. Burty, qui l'avait bien accueilli, lui dit : « Demain tout sera terminé; jetez les yeux sous le » comptoir, et vous y trouverez une grande par-

» tie des bretelles déjà confectionnée ; examinez, » je vous prie, quel soin j'ai apporté dans la fa- » brication ; vous reconnaîtrez que je méritais la » préférence que vous m'avez accordée. »

L'agent lui fit des complimens, après avoir jeté un coup d'œil sur ces bretelles.

Il lui prouva le lendemain toute sa satisfaction, car un commissaire de police et des agens se présentèrent. Les bretelles furent saisies, M. Burty passa en jugement et fut condamné à l'amende.

On voit que M. Burty avait été victime de la plus indigne provocation. Il en avait parlé dans ses interrogatoires, sans pouvoir en désigner les auteurs. Quoiqu'il eût fait des démarches et pris des informations : elles avaient été infructueuses.

Enfin, le hasard vint à son secours ; un jour qu'il entrait au Théâtre-Français pour assister au spectacle, il découvrit sous le pérystile le prétendu commis-voyageur ; dès que celui-ci l'aperçut, il se retira dans l'intérieur de la salle ; mais M. Burty eut le temps de demander quel était ce personnage. On lui dit que c'était un agent de police, nommé Desbois, qui était sous les ordres de l'officier de paix Deroussel.

M. Burty porta le lendemain une plainte à M. le préfet de police, contre ces deux agens provocateurs.

M. Delavau ne put s'empêcher d'y faire droit, surtout lorsque les détails lui en furent connus.

Il ordonna à M. Hinaux, le chef de la police centrale, de faire une enquête. Tout fut avéré, et la conduite de Deroussel fut mise au grand jour.

L'agent Desbois prouva par l'écrit de l'officier de paix, qu'il n'avait agi que d'après ses ordres. On exigeait qu'il remît cette pièce ; sur son refus, il fut destitué. En la livrant, il devenait responsable de tout.

Quant à Deroussel, il ne tarda pas à être renvoyé : il y eut contre lui d'autres sujets de plaintes.

On ne pouvait décemment lui conserver son emploi. C'était même accorder à ces agens prévaricateurs une sorte d'impunité que de les frapper d'une simple destitution, lorsque ceux qu'ils avaient trompés, séduits et entraînés par leurs provocations étaient condamnés à l'amende, et quelquefois même à la détention.

Mais la police était toute-puissante, et quoique les tribunaux fussent bien loin d'approuver sa conduite, elle savait soustraire ses agens à l'action des lois, par l'*incognito* dont elle les aidait à se couvrir.

# M. LEDRU, AVOCAT.

**Réunions soi-disant séditieuses.**

M. Delavau fut informé, en 1823, par divers rapports de ses agens, que des réunions avaient lieu très-fréquemment, de sept à dix heures du soir, rue d'Anjou-Saint-Germain, n° 6.

Les agens Dalloyau et Darès furent chargés d'exercer une grande surveillance dans ce quartier, afin de savoir quelle était la personne chez laquelle on se réunissait, le motif du rassemblement et les individus qui en faisaient partie.

Le premier rapport de ces agens annonça qu'un grand nombre de jeunes gens était sorti de cette maison à dix heures du soir, et que, sans doute, ils s'étaient occupés *de conspirer!*

Un autre agent, nommé Georges, que l'on crut plus expérimenté, fut chargé de faire une nouvelle enquête et d'y apporter tous ses soins, parce que ces réunions donnaient de l'inquiétude, et que de grands malheurs pouvaient menacer la France!

Il fit de nombreuses démarches; il prit avec autant de mystère que d'exactitude des informations auprès de diverses personnes qui lui parurent dignes de foi, et il apprit qu'effectivement il y avait des réunions rue d'Anjou-Saint-Germain, n° 6; qu'elles se tenaient chez M. Ledru, avocat à la cour royale; mais que c'était pour un conseil de famille.

Quelquefois ses amis y venaient aussi pour y faire de la musique : il n'y avait donc rien de dangereux dans tout cela, et les craintes devaient cesser.

La police avait été trop effrayée pour se tranquilliser sur-le-champ. On continua pendant un mois une simple surveillance de précaution, et les agens reçurent des ordres pour se transporter ailleurs, et découvrir de nouveaux conspirateurs.

## CONSPIRATION DE CHARONNE.

Le préfet de police reçut divers rapports qui lui annonçaient qu'un grand nombre d'ouvriers se réunissaient à la barrière de Charonne, chez un marchand de vin, et qu'ils tenaient des propos contre le gouvernement.

Froment et Gannat reçurent l'ordre de s'y transporter, et pour éviter les soupçons, ils prirent le costume des ouvriers.

Arrivés chez le marchand de vin, ils y trouvèrent effectivement une multitude d'ouvriers qui buvaient du vin à huit sous le litre, et fumaient leur pipe en tenant des propos de cabaret, qui n'avaient rien de relatif à la politique.

Ils rédigèrent un rapport en conséquence; mais ils reçurent l'ordre de continuer leurs investigations, en examinant avec soin si parmi ces ouvriers il ne se trouvait point d'anciens militaires.

Les seconds rapports furent tout aussi insignifians.

Il n'en fallut pas moins continuer à explorer ces amis de Bacchus; mais l'affaire devint plus sérieuse. La préfecture désigna un nommé François, qui faisait partie de ces réunions, comme un homme très-dangereux.

Les agens furent assez heureux pour se lier avec ce François. Ils parlèrent politique, c'était de l'alcoran pour ce pauvre diable; il ne savait que boire et fumer sa pipe.

Un rapport des agens annonça que François n'était pas un homme dangereux, même pour le marchand de vin; car il manquait d'argent pour boire.

Quant aux autres habitués de cette maison, ils ne conspiraient que contre les vins de Surène et d'Argenteuil.

La surveillance fut levée.

Deux jours après, Froment et Gannat se trouvaient dans la cour de la préfecture, ils ne furent pas peu surpris de voir venir à eux le *conspirateur* François, qui leur demanda à qui il devait s'adresser pour se faire mettre au dépôt; car il n'avait aucuns moyens d'existence. Tels étaient les hommes que la préfecture de police mettait en surveillance.

Elle eût dû penser que les notes qu'elle avait reçues lui étaient envoyées par quelque marchand de vin jaloux de celui chez lequel se rendaient les ouvriers, et le cher confrère faisait par jalousie, ce que la police exécutait par métier ou par délassement; il créait ainsi des conspirations.

# CAFÉ DUPRÉ.

**La Société des Écureuils.**

Le café Dupré, rue Saint-Denis, fut long-temps surveillé par la police. Une note, remise par M. Duplessis au cabinet particulier, annonçait qu'une société se réunissait au premier étage de ce café, qu'on y avait remarqué plusieurs négocians et marchands du quartier, tous partisans du libéralisme.

Ils tenaient les propos les plus infâmes contre *le ministère;* ils osaient même discuter sur les élections.

L'agent Lavigne fut chargé de surveiller le café et ceux qui le fréquentaient.

Il remit un rapport par lequel il annonçait que plusieurs négocians se réunissaient en société sous l'invocation des *Ecureuils*.

Tous les membres de cette association jouissaient d'une excellente réputation et ne s'occupaient point de politique : ils chantaient; mais ils ne célébraient dans leurs couplets que le vin et le dieu qui présidait jadis aux vendanges. Il n'y avait rien de séditieux dans tout cela; mais la police voulait en avoir la preuve.

C'est en constatant et en voyant ce qui se passe, qu'on parvient à maintenir le bon ordre. Que de grâces n'avait-on pas à rendre à la constante sollicitude de la police, et au savoir faire de ses agens!

Le fondateur et président de la société des *Ecureuils* était un sieur Cousin, ex-bijoutier, étranger à la politique, qui vivait paisiblement de son revenu, sans songer à mal.

Il existait beaucoup de ces sociétés dans Paris, qui ne songeaient qu'au plaisir, quoiqu'en ait dit un ignorant, célèbre par des Mémoires, qui ne sont que les fastes ou les annales des prisons ou des bagnes. Telles étaient les sociétés des Lapins, des Joyeux, des Flambans, du Chat qui p....; il ne se disait pas un mot qui eût trait à la politique, et cependant la police y envoyait ses agens. Elle fit fermer ces sociétés pour tuer la gaîté.

# CONSPIRATION DU QUAI DE GÊVRES.

**Charbonniers. Ouvriers.**

Les ouvriers qui manquaient de travaux, les oisifs et autres gens de cette espèce, qui se promenaient sur le quai de Gèvres et au bas du pont Notre-Dame, qui parlaient entre eux de la pluie et du beau temps, et qui finissaient par se plaindre de la stagnation des affaires, ou de la fermeture des ateliers, en termes peu mesurés et en expressions dont ils ne connaissaient ni le sens ni la juste valeur, furent regardés comme des conspirateurs par certains agens de police qui, en circulant dans les groupes, avaient entendu quelques mots qui leur parurent suspects.

En conséquence, ils remirent des rapports à la préfecture de police.

M. Foudras, inspecteur-général, donna l'ordre à l'officier de paix Souque de surveiller ces ouvriers, et tous les agens de sa brigade furent établis en permanence sur le quai de Gèvres.

Ils se mêlaient dans les groupes et s'introduisaient dans tous les cabarets. Les premiers jours se passèrent sans offrir de grands résultats.

Enfin, il fut tenu quelques propos, et les parleurs indiscrets furent arrêtés.

Il s'en trouva vingt ou trente, tant au dépôt

qu'à la salle Saint-Martin, et dans le nombre on comptait les nommés Chastang, Babillonne et Girard, charbonniers.

Cet exemple rendit les autres plus circonspects, et les rassemblemens de promeneurs devinrent moins considérables.

Le préfet de police donna l'ordre d'interroger tous ces individus, et M. Fleuriais, commissaire de police du quartier de la Cité, fut chargé de cette mission.

Les détenus comparurent devant lui les uns après les autres, et l'instruction de cette affaire dura environ huit jours.

Ce magistrat y mit autant de sagesse que de prudence. Il sut concilier ses devoirs et la sûreté publique avec la justice et l'humanité; il fut bientôt à même d'éclairer l'autorité et de lui fournir le moyen de prononcer sur le sort de tous ces individus.

Il adressa un rapport à M. le préfet, rédigé avec autant de méthode que de clarté. Il prouva que si l'on pouvait reprocher aux détenus des propos répréhensibles, ils étaient plus à plaindre qu'à blâmer, car ils avaient péché par ignorance, et sans qu'on pût même les accuser sur l'intention.

Il observa, en outre, qu'il serait peut-être dangereux de les juger avec sévérité, que l'indulgence ralliait les hommes, les ramenait à eux-mêmes, et que les moyens coercitifs, en aigrissant les esprits, provoquaient à la désobéissauce, excitaient des murmures, et devenaient la source des insurrections et des mouvemens séditieux.

Le préfet pesa ces observations; il sut rendre justice à M. Fleuriais, et ce commissaire de police trouva la récompense de son excellente conduite, dans la mise en liberté de tous ces malheureux ouvriers.

Si la police et ses agens eussent pensé et agi d'après ces principes, que de persécutions, que de maux n'eussent pas pesé sur la France, et porté la désolation dans la société.

C'est une douce jouissance pour nous de pouvoir honorer un magistrat qui se recommande ainsi à l'estime publique, nous ne savons point flatter, mais nous accordons à chacun ce qui lui appartient.

Certains agens de la préfecture de police se fâchent de ce que nous les avons signalés dans cet ouvrage comme coupables de quelques abus d'autorité ou de bévues administratives : ils se permettent d'injurier dans les rues, de provoquer mal à propos l'auteur ou l'éditeur, et ils ont soin d'être accompagnés de leurs collégues, afin de pouvoir se porter comme *juges* et *parties*, et d'annoncer qu'on les a attaqués dans l'exercice de leurs fonctions. S'ils croient avoir raison de se plaindre, il existe des moyens plus honorables que ceux auxquels ils ont recours; ils peuvent en faire usage.

# E. BABEUF, LIBRAIRE.

Le libraire E. Babeuf, qui avait attaché son nom à quelques ouvrages qui avaient d'abord fixé l'attention de l'autorité, et qui, en 1816, avait été condamné à la déportation comme éditeur du *Nain Tricolor*, n'était pas perdu de vue depuis son retour à Paris en 1818.

Les agens de la police rôdaient sans cesse autour de son domicile, et ne pouvant y pénétrer que très-difficilement, ils cherchaient à se lier avec les personnes qui le fréquentaient.

Un agent secret, nommé Royer, qui avait vu une jeune et jolie dame sortir quelquefois de chez le libraire Babeuf, soupçonna qu'elle le connaissait particulièrement, et songea à en tirer parti dans l'intérêt de la police.

Il parvint à faire la connaissance de cette dame, et après plusieurs entretiens où ils parlèrent de choses indifférentes, il fut question de librairie.

La dame, par irréflexion ou par imprudence, dit que le libraire Babeuf avait une grande quantité de livres prohibés ; mais qu'il avait pris la précaution de les déposer rue de l'Arbre-Sec, maison d'un corroyeur, au second, afin de se soustraire aux perquisitions et à la surveillance de la police.

L'agent Royer songea à profiter de cette indiscrétion, et il remit un rapport à la préfecture de police.

Soudain un mandat de perquisition fut décerné, et l'officier de paix Antoine se transporta dans la maison indiquée.

Tous les livres qui s'y trouvaient furent saisis. Il y en avait une quantité assez considérable. Ce qui prouve qu'il est dangereux de confier un secret aux dames. Pourquoi, à tant de qualités aimables qui les caractérisent, ne joignent-elles pas toujours le talent de se taire, ou au moins de ne parler qu'à propos?

## LIBRAIRES, MARCHANDS D'ESTAMPES,

### Boulevard Poissonnière.

L'agent Nicolle cherchait les moyens de se faire un nom dans la police et de gagner de l'argent. Il crut que pour y parvenir il fallait avoir recours à la provocation.

Alors il se présenta chez les sieurs Delaroque frères, marchands d'estampes et libraires, boulevard Poissonnière. Il leur dit qu'il savait qu'ils pourraient lui procurer des gravures représentant l'apothéose de Bonaparte; qu'il en avait besoin d'une assez grande quantité, et que s'ils voulaient lui donner une bonne commission, parce qu'il fallait qu'il vécût de son industrie, en qualité de pays, il leur donnerait la préférence.

Les frères Delaroque ne demandèrent pas mieux. Ils acceptèrent même la proposition avec reconnaissance, et ils promirent de lui fournir tout ce qu'il pourrait désirer.

D'après cette assurance, l'agent se rendit à la préfecture, et annonça la découverte qu'il avait faite; mais pour connaître le lieu du dépôt de ces gravures séditieuses et prohibées, il lui fallait 200 fr. On lui remit 50 fr. à-compte ; il se rendit chez les frères Delaroque.

Ils furent très-contens de le revoir, et sur sa nouvelle demande, ils le firent passer dans leur cuisine.

Ils ouvrirent une armoire près de la cheminée, en tirèrent un carton, et lui donnèrent quelques gravures comme il les désirait.

L'agent Nicolle fut très-satisfait ; il en prit deux pour échantillon, et les paya de suite en annonçant qu'il reviendrait sous peu en prendre d'autres.

Il s'empressa de retourner à la préfecture de police, et, d'un air triomphant, il remit ce qu'il avait entre les mains.

On l'engagea à continuer ce qu'il avait si bien commencé, en lui faisant compliment sur le succès de ses démarches.

Deux jours après il retourna pour faire de nouvelles emplettes ; mais en observant qu'on avait été très-content des deux gravures qu'il avait fournies, il ajouta qu'il serait bien aise d'avoir d'autres sujets, afin d'offrir plus de variété.

On l'invita à revenir dans une heure, et qu'on lui en donnerait à choisir de toutes les façons.

L'agent fut exact au rendez-vous ; il prit ce qui lui convenait, paya, revint à la préfecture, et demanda qu'il lui fût adjoint deux agens pour suivre l'un des deux frères lorsqu'il sortirait pour aller chercher des gravures dans l'endroit où elles étaient déposées.

Les agens Murny et Estre reçurent l'ordre de se rendre le lendemain sur le boulevard Poissonnière, près de la maison des frères Delaroque, afin d'observer quand l'agent sortirait, et de faire exactement tout ce qu'il leur prescrirait.

L'agent rendit une troisième visite aux libraires, pour acheter de nouvelles gravures. On lui observa, comme la seconde fois, que dans deux heures on lui en fournirait, et qu'on irait au magasin.

Il sortit, et se plaça de manière à voir tout ce qui se passerait chez les libraires, afin de faire connaître aux agens qui l'accompagnaient l'individu qu'ils devraient suivre, et connaître, par ce moyen, le lieu du dépôt.

Personne ne sortit, et pendant huit jours on suivit la même marche sans être plus avancé.

La préfecture de police se montait en gravures, mais on ne découvrait point le magasin secret; elle finissait par s'ennuyer, et les marchands étaient enchantés de trouver le débit de leurs gravures, sans éprouver le moindre désagrément; ils se félicitaient de leur bonheur, et d'avoir une aussi bonne pratique.

Ce fut cette grande sécurité qui les perdit.

Un des frères eut assez de confiance dans son acheteur pour lui avouer que toutes ces gravures étaient déposés chez un marchand de porcelaine, leur voisin, que, sans sortir de chez eux, ils pouvaient communiquer chez lui par une fausse porte, et que, grâce à ce moyen, ils étaient à l'abri de toute crainte et des saisies; enfin, qu'ils se moquaient de la police.

L'agent s'empressa d'annoncer cette nouvelle si heureuse..... pour la police.

On décerna suivant l'usage un mandat de perquisition; le commissaire de police Chevreau se transporta chez les trop crédules et trop confians libraires, et on saisit dans leur magasin et dans celui du marchand de porcelaines, toutes les gravures qui s'y trouvèrent.

Soit que le préfet eût reçu des documens particuliers sur cette affaire, ou qu'il voulût en avoir une connaissance exacte, il demanda qu'on lui en fît un rapport très-détaillé et très-exact. Après l'avoir lu et médité avec une extrême attention, il fut convaincu que l'agent Nicolle avait eu recours à la provocation, et il fut destitué sur-le-champ.

Nous serions obligés de croire d'après cela, ou que le préfet ne se faisait pas rendre compte exactement de tous les actes de ses subordonnés, qu'il était trompé, ou qu'il était dans ce moment ennemi des provocations.

Si c'était par esprit de justice, nous la trouvons un peu tardive, et nous ne pouvons nous empêcher de faire une réflexion qui sera sentie et appréciée par tous nos lecteurs. C'est que les fonctions d'un préfet de police sont trop importantes, et que leurs résultats touchent de trop près les intérêts de la société en général et en particulier, pour que ce magistrat perde un seul instant de vue ses employés, sans s'exposer à être compromis et à faire des victimes.

## ÉLECTIONS.

Le ministère trouvait un auxiliaire tout-puissant dans la police, pour diriger à son gré les élections et faire nommer ses candidats.

Les commissaires de police jouaient un grand rôle à l'époque du renouvellement des chambres.

Ils recevaient d'abord des instructions de la préfecture, ensuite, comme ils avaient une sorte d'influence dans leurs arrondissemens respectifs, ils se transportaient eux-mêmes chez les employés des diverses administrations, les boulangers, les épiciers, les bouchers, les marchands de vins, les limonadiers : tous ceux enfin qui avaient quelques rapports avec la police recevaient une visite du commissaire, qui leur indiquait ceux pour lesquels il fallait voter.

On leur promettait, on leur accordait des faveurs, et jamais ceux qui secondaient les intentions de l'autorité n'étaient dans le cas d'encourir l'amende. Il était même défendu aux agens de les inquiéter et de les trouver en contravention.

Les ministériels ou les congréganistes avaient ainsi un brevet d'impunité. O le bon temps, que celui de la police Franchet et Delavau !

Lorsque les colléges électoraux se réunissaient,

c'était autre chose; les commissaires de police dans l'arrondissement desquels se tenaient les séances, recevaient un renfort d'agens qui étaient à leur disposition, pour se rendre chez les électeurs qui tarderaient trop à paraître à l'assemblée. Il y avait des cabriolets, pour leur épargner la peine de faire la route à pied, et les agens remplissaient ces missions diplomatiques.

Il y avait dans chaque collége électoral des hommes du ministère qui dirigeaient les délégués de la police. Tout marchait avec un ensemble parfait.

Comme on vote mal lorsqu'on est à jeun, ou qu'on ne s'est pas fortifié par des mets succulens et du vin généreux, M. le préfet de la Seine envoyait dans chaque collége électoral un maître-d'hôtel suivi de quelques aides, qui transportaient dans de grandes mannes, des poulets froids truffés, des jambons, des pâtés, des saucissons, et autres objets gastronomiques. Le vin du meilleur cru de la Bourgogne était de la partie. L'argenterie, le linge blanc ajoutaient un charme de plus à ces bombances électorales, afin d'assurer le triomphe des ventrus! Nous ne savons pas si ces articles étaient portés *en nature* dans le *budget* de la ville de Paris; mais il y avait des électeurs qui officiaient..... à table avec une grâce toute particulière.

Les maîtres d'hôtel faisaient un peu participer

les agens de police à ces petits festins électoraux, et quelques tranches de jambon arrivaient jusqu'à eux, pour leur donner un échantillon des béatitudes ministérielles et des jouissances que l'on procurait à ceux qui votaient d'après leur *conscience* ou leur estomac.

Les agens de police étaient en outre chargés d'écouter toutes les conversations, de retenir avec soin ce qui pourrait échapper aux électeurs, et de savoir les noms et adresses de ceux qui parlaient, parce que, d'après cela, on pouvait juger dans quel sens ils avaient voté.

Rien, comme on le voit, n'était épargné pour influencer les élections.

Les commissaires de police redoublaient de zèle dans ces circonstances aussi importantes que délicates; ils voyaient augmenter leur crédit; ils jouissaient d'une plus grande considération à la préfecture, et des mandats de gratification sur la caisse leur faisaient bénir le ministère, le directeur-général et le préfet.

Il y eut des mouvemens parmi les élèves des diverses écoles à l'époque des élections. La police y envoya ses observateurs pour surveiller ce qui s'y passait. Les agens Hypolite et Coffignon y parurent. On soupçonna le rôle qu'ils voulaient jouer : les sarcasmes, les quolibets les poursuivirent, et ils rapportèrent à la police que ces jeunes gens tenaient des propos séditieux.

# BIOGRAPHIE DRAMATIQUE

## Des Acteurs et Actrices des différens Théâtres de Paris.

M. Anglès était encore préfet de police, lorsque les journaux annoncèrent la publication très-prochaine d'un ouvrage ayant pour titre : *Biographie des Acteurs et Actrices des différens Théâtres de la Capitale.*

Tous les soutiens de Melpomène et de Thalie furent en mouvement. C'était une rumeur, dans les coulisses, à ne pas s'entendre ; la mémoire devenait infidèle chez les uns, le jeu en souffrait beaucoup chez les autres, et les spectateurs se disaient entre eux : Qu'ont donc ces messieurs et ces dames ?

Ceux qui devaient figurer dans cet ouvrage, disaient : on va nous calomnier, nous accuser, nous trouver des défauts. Est-il possible que l'autorité ne réprime pas une pareille licence ? Autrefois il y avait bien quelques écrits anonymes qui circulaient sous le manteau ; mais aujourd'hui on ne respecte plus rien, on va nous imprimer tout vifs. C'est une horreur, un scandale abominable.

Vous êtes bien moins à plaindre que nous, ajoutaient les dames en parlant aux acteurs. On nous accusera d'intrigues, on cherchera à ternir notre réputation, on nommera tous nos amis, nos connaissances; que d'intrigues on soupçonnera! Enfin, on peut nous faire le plus grand tort. Il faudra renoncer à recevoir quelqu'un, parce qu'il aura plu à un barbouilleur de papier famélique de penser à nous. Qu'on nous vante donc maintenant la liberté de la presse; en voilà les bienfaits.

Ces dames étaient courroucées, et avec juste raison. On pouvait supposer qu'elles ne suivaient pas, dans la vie privée, les principes de morale et de vertu qu'elles annonçaient et professaient sur la scène.

Quoiqu'on soit calme et tranquille lorsqu'on est en paix avec sa conscience et qu'elle ne nous reproche rien, on n'aime pas que le public s'entretienne trop de ce qui touche le cœur et la réputation.

Il fut donc convenu, dans les divers comités publics ou particuliers, d'en référer aux supérieurs et aux puissances.

S. Exc. le ministre de la maison du roi, et MM. les gentilshommes de la chambre, accueillirent leurs réclamations, et principalement celles de ces dames. Ces chevaliers français et courtois séchèrent leurs larmes et calmèrent leurs plaintes et leurs soupirs, en leur annonçant qu'ils allaient s'occuper des moyens de faire cesser leurs craintes et d'arrêter la publication de cet écrit scandaleux.

Les plaignantes se retirèrent; elles avaient repris leur sécurité, le sourire y ajoutait un charme de plus; et c'est ainsi que, du temps de la fable, Jupiter calmait les chagrins de Vénus, en ajoutant un baiser paternel à ses douces consolations.

Son Excellence et leurs seigneuries écrivirent à M. Anglès, préfet de police, pour qu'il avisât aux moyens de découvrir et connaître l'auteur et l'éditeur de la *Biographie dramatique*.

L'inspecteur-général Foudras en fut chargé par le préfet, et il confia l'exécution de cette mesure à l'agent Guillaumot.

Il s'en occupa sur-le-champ, et il apprit bientôt que cet ouvrage avait été composé par le sieur Maurice, qui l'annonçait sous le nom pseudonyme de Guillaume-le-Flaneur, et que le sieur Castaing fils avait un intérêt dans cette publication.

D'après ce rapport, M. Foudras voulut encore qu'on lui procurât des épreuves de cette Biographie, afin de connaître dans quel esprit cet ouvrage était rédigé.

L'agent trouva moyen de remplir ses intentions. Il obtint des épreuves de l'auteur et de son associé, sans qu'ils se doutassent l'un et l'autre qu'ils avaient affaire à un agent de la préfecture; Castaing même lui promit de lui fournir le premier exemplaire qui sortirait pour en faire le dépôt à la direction générale de l'imprimerie avant la publication. Il tint parole. M. Foudras fut très-satisfait : il communiqua les épreuves aux parties intéressées.

Les craintes, les terreurs s'évanouirent, l'amour-propre du sénat comique, tragique et lyrique, n'eut plus rien à redouter. L'auteur critiquait sans amertume, piquait sans blesser, louait sans flatterie. On reconnut que dans tout cela il y avait eu beaucoup plus de peur que de mal.

Cet événement, qui avait mis en rumeur les grands et les petits, ne méritait pas que la police y attachât autant d'importance. La France eût été bien heureuse si ses investigations, ses recherches, n'eussent jamais eu d'autre but que des intrigues de coulisses.

Mais les directeurs et acteurs de Montrouge et de la congrégation voulaient d'autres scènes. Le grand tragique était seul de leur goût : heureusement la pièce qu'ils ont voulu faire jouer est tombée à la première représentation, les sifflets en ont fait justice ; nous espérons qu'elle ne se relèvera pas. Les auteurs et les acteurs ont reçu leur congé.

# POLICE DES AMATEURS.

Quelques individus qui avaient pris les armes dans les départemens de l'Ouest, afin de seconder les mouvemens qui eurent lieu à diverses époques en faveur de la restauration et de la légitimité, se rendirent à Paris pour solliciter les récompenses qu'ils croyaient mériter.

En attendant qu'on fît droit à leurs réclamations, ils crurent que le meilleur moyen de les appuyer était de rendre des services à la police, et de lui adresser des rapports dans lesquels ils lui désigneraient les ennemis du gouvernement royal, et, à défaut de preuves, ils en créaient; ils rapportaient même des propos qu'ils annonçaient avoir entendus. Ils mentaient : mais qu'importe.

Parmi ces agens de police d'une nouvelle espèce, figuraient les nommés Galimée, ex-employé dans les charrois de la république, Palmé, Grou, ex-employé dans diverses administrations, et Doré, domestique chez un avocat, rue du Mont-Thabor, dans la maison duquel logeait également M. le général Vincent.

Ces individus se présentaient chez des personnes en place. Lorsqu'ils ne pouvaient pas approcher des maîtres, ils se liaient avec les laquais, et bâtissaient ensuite des contes, qu'ils rédigeaient à leur manière, et les faisaient copier par un écrivain public, rue de Rivoli, pour les adresser à la préfecture de police.

Le nommé Gallimée était le plus ardent de tous; il sollicitait un emploi, et il ne tarissait pas dans ses rapports; il s'adressait à M. Brunat, chef du personnel à la préfecture, à M. Bonneau, inspecteur-général des prisons. On l'éconduisait presque toujours, malgré les documens qu'il fournissait. Il n'avait aucune espèce de talent, savait à peine écrire, s'exprimait mal, était infirme, et il faisait passer une paralysie fixée sur sa jambe comme une suite des blessures qu'il avait reçues. M. Bonneau avait voulu le placer à Villers-Cotterets, il le refusa. Il voulait un emploi à Paris.

Il était, ainsi que ceux que nous avons déjà nommés, membre d'une société dite *de la Légitimité*, qui se réunissait dans le quartier Saint-Méry; c'est là qu'ils élaboraient leurs dénonciations ténébreuses.

Ce fut ainsi que, dans un rapport, Gallimée annonçait, d'après Doré, que l'avocat, maître de ce dernier, tenait les plus mauvais propos contre le gouvernement royal; que le général Vincent, son commensal, pensait de même, et, en outre, portait sur sa poitrine le portrait de Bonaparte suspendu à un *ruban tricolor*.

C'était à l'époque de l'expédition d'Espagne, commandée par S. A. R. monseigneur le duc d'Angoulême, que ces dénonciations avaient lieu.

M. le général Vincent, qui devait avoir un commandement dans cette armée, fut informé de ce fait par deux généraux qui lui en parlèrent. Ils rirent beaucoup de cette calomnie et la méprisèrent.

Ce Gallimée n'en continuait pas moins à jouer son rôle d'amateur dans la police, ainsi que ses associés. Ils n'épargnaient même pas leurs protecteurs, ceux qui leur rendaient des services et leur faisaient obtenir des secours.

M. le marquis de Vibraye, pair de France et gentilhomme d'honneur de S. A. R. madame la Dauphine, avait eu l'extrême bonté d'accueillir ce Gallimée et de venir à son secours. Eh bien! il en parlait mal, et lui prêtait même des discours qu'il lui faisait tenir sur tel ou tel grand personnage.

Ils poussaient ces dénonciations à un tel point d'exagération, que l'écrivain public de la rue de Rivoli ne voulait plus leur prêter le secours de sa plume, tant cette conduite lui paraissait odieuse.

Ces individus parvinrent cependant à se faire employer.

Palmé devint agent de police; mais il se conduisit si mal qu'il fut renvoyé. Grou obtint aussi une place, qu'il perdit par son inconduite. Doré est, sans doute, encore au service de quelqu'un. Il est facile de se douter de quelle utilité il peut être d'après ses antécédens.

Quant à Galimée, nous croyons qu'il a trouvé le moyen d'entrer comme garçon de bureau dans une administration, et peut-être encore par la protection de quelqu'un qu'il aura dénoncé comme un ennemi du gouvernement; nous n'en serions point étonnés d'après le caractère du personnage.

# DES POLICES

**De Londres, des Pays-Bas, d'Amsterdam, de Hesse-Cassel, et de Paris.**

Chaque peuple a son caractère, son esprit, ses mœurs, et les institutions qui le dirigent doivent y être assorties.

Les lois sont toutes les mêmes pour le fond; mais les gouvernemens, ou ceux qui les dirigent et en influencent les décisions, y ajoutent des modifications, ou les étendent selon les temps, les circonstances, les événemens, ou leurs intérêts personnels.

C'est ce qui est arrivé à la police, en France, dont on a fait un instrument souvent très-utile et plus souvent encore très-dangereux, parce que sa marche étant occulte et cachée, on ne pouvait prévoir ni parer les coups qu'elle portait.

Elle avait pour elle toutes les chances, et ses adversaires devaient s'abandonner au hasard, qui les servait quelquefois, grâce à l'inexpérience de ses agens, ou à l'impunité sur laquelle ils comptaient.

Commençons par offrir une esquisse légère de la police de Londres.

Le peuple anglais, tout en blâmant avec énergie la conduite de son gouvernement et de ses ministres, conserva intact et pur cet esprit national qui manque à beaucoup d'autres peuples.

Il s'immisça dans les affaires des autres gouvernemens, mais il ne mit jamais personne dans la confidence des siennes.

Il y a eu des révoltes dans ses armées, sur ses flottes, dans ses provinces, il n'a jamais imploré des secours étrangers.

Ce sont des affaires de *ménage* qu'il a réglées seul, sans arbitres et sans intermédiaires. Il ne doit son bonheur qu'à lui-même; ses erreurs ou ses fautes lui appartiennent; il les déplore et se tait.

En France, ce n'est plus la même chose; l'expérience ne nous a pas corrigés. Pourquoi cela ?... Il y aurait trop de choses à dire; nous nous taisons.....

La police de Londres ne ressemble point à celle de Paris; une distance de sept lieues nous sépare; il semblerait que nous sommes aux antipodes.

En Angleterre, les magistrats chargés de la police sont nommés par le ministre de l'intérieur, et ne sont révocables qu'après dix ans d'exercice. Ils obtiennent ensuite le titre de baronnet.

La police de Londres est divisée en cinq sections, et vingt-cinq à trente officiers ou agens sont attachés à ces sections.

Il y a encore des *constables* qui sont nommés par les paroisses, et elles peuvent les choisir dans toutes les classes de la société; aucun des élus ne peut refuser cet emploi. Ils ont le droit seulement de se choisir un remplaçant, qui exerce ces fonctions à leurs frais.

Lorsque les circonstances l'exigent, on nomme des *constables* auxiliaires, mais ils cessent d'exercer dès que leurs services ne sont plus nécessaires.

Les *constables* portent pour marque distinctive un petit bâton sur lequel est peint une couronne.

Les autres officiers de police n'ont aucun costume; ils ont seulement adopté un gilet rouge, quoiqu'ils n'y soient pas assujettis.

Au reste, ces agens de la police ne font rien de répréhensible, ils n'agissent qu'au nom de la justice et de la loi. En Angleterre, les fonctions d'agent de police n'ont rien d'infamant, parce que l'arbitraire est inconnu, et que la moindre infraction aux lois fondamentales du royaume serait punie au nom de la société, si celui qui en est la victime ne réclamait pas lui-même contre la forfaiture du magistrat qui aurait oublié ses devoirs.

La police est donc respectée en Angleterre, parce qu'elle ne réprime que les attentats contre la société.

Les délits pour opinions politiques présenteraient des mots vides de sens. On ne fait pas la guerre aux paroles ; il faut des faits et des actions.

Il y a toujours un magistrat en permanence à chaque bureau de police : il prononce sur-le-champ si une arrestation est légale ; dans le cas contraire, l'individu conduit devant lui est mis en liberté.

Les fautes légères ne font encourir qu'une simple réprimande aux délinquans ; dans des cas plus graves, on vous renvoie sous caution.

Le constable requiert souvent l'assistance du premier venu pour lui prêter main forte ; en refusant on s'exposerait à une amende de 100 livres sterlings. D'ailleurs, vous rendez aujourd'hui le service dont vous aurez peut-être besoin demain ; ensuite, on n'arrête jamais un individu sans preuve du délit, et le constable en donne connaissance à celui dont il réclame le secours.

Outre cette police, il existe encore à Londres et dans presque toutes les grandes villes, des agens qui font des patrouilles la nuit ; ils sont armés d'un sabre et de deux pistolets. Ce sont, pour l'ordinaire, d'anciens militaires qui ont donné des preuves de leur bravoure et de leur probité.

Le lord-maire a aussi sa police ; elle exerce ses attributions dans la Cité, et veille à la salubrité. Elle est séparée et distincte de celle dont nous venons de parler, et il n'y a rien de mystérieux dans tout ce qu'elle fait.

Il n'en est pas de même de l'allien-office, ou bureau des étrangers; cette police peut être en quelque sorte comparée à l'inquisition d'Espagne.

Elle est sous les ordres immédiats du ministre de l'intérieur ; ses agens sont inconnus et sont souvent chargés de missions secrètes sur le continent.

Son premier chef fut un nommé Mourgan, qui, à l'époque de la paix générale, devint directeur-général de la poste aux lettres à Lisbonne. Il eut pour successeur le nommé Copper, qui avait été sous ses ordres.

Cette police est très-mal vue en Angleterre, parce qu'elle a pris pour modèle la police de France sous Fouché et ses successeurs. Elle s'occupe de politique, et les Cutters de la Douane sont autant de salles Saint-Martin, où l'on dépose les personnes arrêtées, jusqu'à ce que le ministère ait prononcé sur leur sort.

Les principaux agens de cette police étaient les nommés Andresson, Ivond, Neiriags aîné et Coude.

Les trois premiers se sont faits remarquer par les vexations qu'ils exerçaient contre les détenus.

Quant à Coude il traitait les Français avec assez d'humanité ; aussi avait-il encouru la haine de Copper, son chef.

En 1816, il exista à Londres une police française, qui, jusqu'en 1822, fut assez ostensible.

Le comte de Brivasac-Beaumont, dont nous avons déjà parlé, en était le chef. Il avait sous ses ordres plusieurs agens français, parmi lesquels on comptait les nommés Cariat et La Troupelinière.

Ils surveillaient les Français réfugiés, et Brivasac-Beaumont avait, en conséquence, de fréquens rapports avec Copper.

Ce fut d'après ses sollications que le général Gourgaud fut obligé de quitter Londres, avec tant de précipitation, qu'on ne lui donna pas le temps de mettre ordre à ses affaires.

Brivasac avait des appointemens assez considérables ; mais comme il faisait de grandes dépenses, il fut arrêté deux fois pour dettes, et perdit beaucoup de la considération dont il jouissait.

Alors il se mit à la solde de tous les ambassadeurs. Il se mêla de tant d'intrigues, qu'il eût fini par semer la discorde et la mésintelligence entre eux ; mais M. Decazes le rappela, à la sollicitation de l'ambassadeur de France.

Brivasac-Beaumont se trouvait dans la détresse, et fut trop heureux de quitter l'Angleterre.

Il n'avait pas su se masquer avec assez d'adresse : on avait découvert le bout de l'oreille.

On lui lâchait des brocards, des quolibets, et comme il ne connaissait pas *le fond* de la langue anglaise, il ne pouvait pas repousser ces attaques. On l'avait ménagé par égard pour ceux qui l'employaient.

Un lord qui l'avait admis d'abord dans sa société, parce qu'il ne connaissait pas ses fonctions, se formalisa même un jour de ce qu'il s'était permis de prendre du tabac dans sa boîte. Il lui reprocha cette inconvenance, et depuis il ne voulut plus s'en servir.

La gravité anglaise se dérida un peu aux dépens du pauvre Brivasac, et lorsqu'il se permettait encore de paraître en société, on le désignait sous le nom de M. le comte *tabatière*.

Brivasac-Beaumont revint à Paris et se retira ensuite dans les environs de Bordeaux, où il fut relégué par M. Franchet, avec défense de paraître dans la capitale, sous peine de perdre le traitement qu'on voulait bien lui accorder.

Depuis il a habité Condom; il y était encore en février 1828.

La Troupelinière et Cariat, deux agens sous ses ordres, surveillaient les Français qui étaient à Londres. Le premier a suivi le général Macirone à la Nouvelle-Grenade, et le second s'est embarqué pour Philadelphie.

L'ambassadeur de France à Londres, en 1825,

avait encore une police secrète qui surveillait les réfugiés français.

Un des principaux agens de M. de Polignac était un nommé Després. Il y avait aussi quelques agens qui étaient à la solde de l'ambassade.

Ils surveillaient avec soin l'arrivée et le départ des Français, afin d'en donner connaissance à l'autorité.

On adressait des rapports à M. de Corbière, alors ministre de l'intérieur en France, et ils passaient ensuite entre les mains de M. Treveret, chef de bureau au ministère, qui les conservait dans ses cartons.

La police en Hollande n'était qu'une branche d'administration très-secondaire et à peu près insignifiante.

Le peuple livré au commerce, d'un caractère doux et paisible, abandonnait les soins du gouvernement à ceux qui en étaient chargés, et ne s'occupait que de ses affaires personnelles sans songer à la politique.

Dans le Brabant, c'était autre chose ; la police était plus sévère; les habitans avaient un caractère remuant, et ils étaient faciles à se soulever. Ils en avaient fourni des preuves ; aussi prenait-on des mesures assez rigoureuses contre ceux qui se livraient à quelques écarts.

Lorsque Louis Bonaparte gouvernait en Hollande, il organisa la police comme elle l'était en France; mais en employant des moyens moins coercitifs.

M. Roland de Bussi, frère du comte Réal, en fut le directeur-général. Il avait pour secrétaires les sieurs Gigot et Cagnit. Ils résidaient à Bréda.

M. Villiers-Duterrage fut nommé à Amsterdam, et on établit des commissaires de police et des officiers de paix.

M. Marivaux était commissaire-général à Rotterdam;

M. Le Mosy, à Emden;

M. Trumeau, à Bremerschel;

M. Hermans, à Helvoest-Sluys;

M. Constant de Moras, à Dellzyne;

M. Roula du Colombier, à Vezel;

M. Rosily, à Ostende;

M. Chignard, à l'Ecluse;

M. Roffin, au Texel;

M. Barbut, au Helder;

M. Eymard, à la Haye;

M. Gondeville, à Peltem;

M. Marcandier, à l'île de Gorée.

Lorsque la Hollande et les Pays-Bas ne furent plus sous la même domination, il y eut deux ministres de la police, l'un à La Haye, et l'autre à Bruxelles.

Cet état de choses exista jusqu'à la bataille de Waterloo. Depuis cette époque, la police est dirigée par le procureur-général. Il a sous ses ordres des commissaires de police dont les attributions sont les mêmes qu'en France.

A Bruxelles, M. de Kings est commissaire spécial de police *. Il apporte une extrême vigilance dans l'exercice de ses fonctions, et plusieurs Français en ont été l'objet d'une manière spéciale et particulière.

Ce fut cette police de Bruxelles qui, ayant sans doute pris pour modèle celle de France, inventa cette fameuse conspiration qui, dit-on, dans le temps, avait pour but d'enlever l'empereur Alexandre, de le conduire ensuite en Bourgogne, et de le contraindre à reconnaître Napoléon II empereur des Français.

Des agens provocateurs parvinrent à égarer quelques jeunes gens, qui ne découvrirent pas le piége qu'on leur tendait; ils tinrent des propos indiscrets, qui pouvaient être mal interprétés. Ils furent donc arrêtés et condamnés à une détention plus ou moins longue, qu'ils subirent dans la prison de Vilvorde.

Plusieurs même succombèrent et moururent par suite des mauvais traitemens qu'on leur fit éprouver.

A l'époque où cette prétendue conspiration fut découverte, et où ceux que l'on en supposait les

* Nous prévenons nos lecteurs que cette organisation de la police date de quelques années.

auteurs furent jugés et condamnés, il parut en France une brochure qui rendait compte de toutes les machinations employées pour en prouver l'existence.

On reconnut avec peine que la police de Bruxelles avait voulu trouver des victimes pour prouver sa surveillance et son utilité.

Il y avait même en tête de la brochure le portrait d'un des agens, et une *mouche* qui reposait sur son oreille, tandis qu'une autre était à sa boutonnière, comme une espèce de décoration. D'autres mouches voltigeaient aux environs et suivaient divers individus. Cette allégorie était placée au bas de la gravure.

En Hollande, on voyage sans passeport; mais dans le Brabant et le pays de Luxembourg on ne peut faire un pas sans être arrêté par la gendarmerie.

Ces contrées ayant fait partie de la France, et n'ayant point encore perdu le souvenir de leur ancienne patrie, on craignait peut-être qu'elles n'eussent pas encore un grand attachement pour un gouvernement qui ne serait pas aussi bien assorti à leurs usages et à leurs mœurs. Mais toutes ses institutions étant basées sur la justice et la sagesse, le peuple regarde son souverain comme un père et se rallie près de lui.

La police du landgraviat de Hesse-Cassel avait acquis dans un temps une très-grande et très-funeste célébrité.

Un sieur Meunier, qui en était le directeur-général, avait formé sa police, en prenant pour modèle et pour base tout ce que l'inquisition avait de plus vexatoire et de plus rigoureux, et ce que la police de France lui offrait de plus conforme au plan qu'il avait adopté.

Le directeur-général Franchet et le préfet Delavau, ainsi que tous les agens sous leurs ordres, étaient pour lui des objets d'admiration, et il marchait sur leurs traces avec une scrupuleuse exactitude ; on eût même dit qu'il voulait renchérir sur eux, et les surpasser, si cela eût été possible.

Le pays de Hesse-Cassel, grâce à ce sieur Meunier, était donc sous l'influence directe de la police ; ses agens nombreux envahissaient tout.

Sous les dehors spécieux d'un dévouement sans bornes, qui paraissait tenir de la passion du bien public, il était parvenu à capter la bienveillance de son maître et à s'emparer de toute sa confiance.

Il ne voyait plus que par les yeux du directeur-général de sa police, qui, ne rêvant que conspirations, complots et projets contre l'ordre social, faisait entendre au souverain qu'il n'était entouré que d'ennemis de son autorité et de son gouvernement.

Les arrestations arbitraires se multipliaient à l'infini.

La défiance et la crainte avaient pris, dans

tous les cœurs, la place de l'amour, de la confiance et du respect.

Le directeur-général avait élevé entre le souverain et ses sujets une barrière que la haine eût rendue insurmontable, si la vérité n'eût fini par se faire entendre et porté son flambeau dans ce dédale infâme et honteux.

Les murmures, les plaintes de l'innocence opprimée, les larmes des victimes étaient représentés comme des actes séditieux et des projets de rébellion.

Enfin, les vrais amis du prince, bravant le directeur-général Meunier et sa police, dénoncèrent au prince ces indignes manœuvres. Ils lui firent connaître qu'on le trompait, en aliénant le cœur et l'amour de ses sujets.

On lui administra la preuve de tous les crimes, de tous les délits du directeur de la police; car le plus grand forfait qu'un homme puisse commettre, c'est de troubler, d'altérer, de détruire la douce harmonie qui doit exister entre un père et ses enfans.

Le landgrave de Hesse-Cassel reconnut qu'on avait couvert d'un zèle et d'un dévouement officieux les plus grands abus d'autorité, pour tromper sa religion et sa confiance.

Le coupable fut arrêté, jugé et condamné à une prison perpétuelle; supplice peut-être un peu trop doux en raison de l'énormité du crime.

Puisse ce châtiment frapper tous ceux qui, comme le directeur-général de la police de Hesse-Cassel, ne se sont servis de la portion d'autorité qui leur était dévolue que pour le malheur de l'humanité.

En attendant ce jour de justice, l'opinion publique les a frappés de réprobation.

Toutes ces différentes polices que nous venons de passer en revue laissaient beaucoup à désirer. Elles étaient donc susceptibles de grandes améliorations.

Celle de Paris surtout, qui semblait avoir acquis un degré de perfection extraordinaire, avait encore dans certaines circonstances une marche chancelante, et donnait prise à la malignité par sa conduite et celle de ses agens. Sans avoir la prétention de juger plus sainement que les autres, nous allons exquisser, autant qu'il est en nous, le tableau d'une préfecture de police telle qu'elle devrait être, en annonçant d'abord que nous ne voulons point blâmer ni frapper les bases de cette institution.

Le passé peut éclairer sur le présent et donner d'utiles leçons pour l'avenir. Ce qui est échappé à la sagacité, aux connaissances les plus étendues, peut surgir tout à coup de la pensée d'un homme obscur, et nous allons offrir la nôtre sans amour-propre, sans fard, et sans avoir l'intention d'attaquer ni de blesser personne.

Un préfet de police, essentiellement chargé de tout ce qui tient à la tranquillité publique et à la sûreté des citoyens, doit être un père tendre qui veille avec la plus constante sollicitude sur ses enfans, une sentinelle vigilante dont les yeux sont toujours ouverts pour prévenir le danger.

Chacun doit y trouver encore un magistrat juste, sévère, impartial, sachant distinguer les différens genres de culpabilité, et ne confondant pas celui qui vient de s'égarer, avec l'être endurci dans le crime qui ne cherche à se soustraire au châtiment qu'il mérite que pour en mériter de nouveaux.

Un préfet de police étant obligé d'avoir un grand nombre de subordonnés, s'exposerait en accordant une confiance illimitée à ceux qui l'entourent.

En conséquence, il doit tout voir et tout entendre. On répondra, c'est impossible, et nous répliquerons, rien n'est plus facile; il ne faut que vouloir.

Si cette volonté est au-dessus de son caractère et de ses forces, il renoncera à son emploi, ou il semblerait n'avoir accepté sa place que pour en recevoir les émolumens. En ce cas, il n'aura aucun droit à l'estime publique, et il ne sera plus qu'un homme ordinaire, un ambitieux au-dessous de ses fonctions, et restera confondu dans la foule de ces êtres qui n'ont voulu obtenir un vain titre que pour s'enrichir en laissant subsister des abus qui en feront naître de nouveaux.

Un préfet de police, animé de l'amour du bien public et du désir de remplir dignement ses fonctions, aura un secrétaire-général qui se renfermera strictement dans ses attributions, sans les négliger ni les outrepasser; les employés sous ses ordres suivront la même marche.

Le secrétaire particulier, s'il en faut un, classera les papiers du préfet dans son cabinet, mais n'aura d'autres relations avec les employés des bureaux, que celles qui lui seront permises par son chef.

Le préfet perd de son autorité et de sa considération en la partageant. Il se met d'ailleurs dans la dépendance d'un employé : c'est ce qu'il faut éviter, ou l'homme deviendrait indispensable : on pourrait craindre de le renvoyer s'il a obtenu des confidences. Dès-lors un chef cesse d'être son maître : il est perdu.

Les architectes chargés de veiller aux constructions, aux démolitions, aux réparations, et, par conséquent, à la sûreté des habitans, ne pourraient, sous aucun prétexte, s'écarter de ce qui est prescrit par leurs devoirs; la moindre condescendance serait une faute grave.

Les affaires des familles, leurs secrets, seraient pour le préfet une chose de la plus haute importance; celui qui en serait chargé sous ses ordres mériterait cette honorable distinction par des vertus et un désintéressement à toute épreuve. Étranger à toutes les passions, il ne doit point les servir.

Les affaires politiques seraient traitées avec le plus grand ménagement et après les plus mûres réflexions ; on en a trop abusé pour faire des victimes. Le mot *politique* n'est pas à la portée de tout le monde; il ne peut ni ne doit être prononcé et discuté que de puissance à puissance.

Les réunions tumultueuses, les coalitions d'ouvriers viennent plus souvent de la faute de ceux qui devraient les prévoir pour les empêcher, que des individus qui en sont les acteurs. Sous une administration juste et sage elles n'ont jamais lieu, parce qu'elle protège le faible contre le puissant.

Les passeports et tout ce qui en dépend seraient délivrés avec discernement ; on a reconnu que souvent on les refusait ou on les accordait d'après des considérations répréhensibles. Pourquoi ? parce que dans ces bureaux l'inexpérience et la jeunesse sont exposées à des tentations.

Tout ce qui regarde les cultes ne serait confié qu'à des employés sages, réfléchis, étrangers à l'esprit de parti et à ses tristes et funestes influences.

Les fêtes et cérémonies publiques sont pour le peuple ; laissez-le jouir de tous leurs agrémens ;

ne lui montrez point le triste appareil de la force et de la répression : vous tuez sa joie ; paraissez la partager. En ajoutant à ses plaisirs, vous vous faites aimer. Il oublie que le mal peut exister.

Les suicides, vous les éviterez ; soyez humains et charitables.

Quant aux sépultures particulières, laissez l'amour filial pleurer sur le tombeau de bons parens; une mère arroser la rose qui lui rappelle son enfant ; un amant adorer les restes de son amie. Tandis qu'on s'entretient avec les morts on laisse en paix les vivans.

L'imprimerie, la librairie cessent d'être dangereuses dès qu'on leur permet ce qui est accordé par une liberté légale. Il en est de même des journaux.

Les pamphlets naissent de la contrainte: les écrivains publics ne sont pas dangereux, leur style est à trop bon marché pour qu'on s'en occupe.

Les théâtres, les bals, les feux d'artifice, les sociétés et réunions, les déguisemens, les chanteurs n'auraient jamais dû fixer l'attention de l'autorité d'une manière trop sérieuse. Mais les rattacher à la sûreté du gouvernement, c'est donner soi-même l'idée de faire du mal, pour trouver l'occasion de le réprimer. La police ne doit paraître dans tous ces lieux que pour empêcher les accidens et faire écouler la foule. Laissez agir le peuple, il est souvent plus sage que nous; surveillez-le sans qu'il s'en doute.

Les vols, les assassinats seraient moins nombreux si la gendarmerie faisait des patrouilles avec plus de soin, d'exactitude et de zèle; si les agens de la sûreté ne gardaient pas trop le souvenir de leurs antécédens, et n'avaient pas un peu de partialité pour d'anciennes connaissances et des liaisons qu'ils pourraient renouer; si leurs chefs, séduits par de funestes exemples, ne cherchaient pas dans l'exercice de leurs fonctions un moyen de s'enrichir, avant de songer à purger la société de ceux qui y portent le trouble et la terreur.

Les faussaires sont fréquens par la faiblesse et l'inexpérience de ceux qui se livrent au commerce qu'ils ne connaissent pas.

Les hôtels garnis et les logeurs donnent asile au premier qui se présente, sans se conformer aux obligations qui leur sont prescrites.

1° Parce que les agens sont à leur discrétion;

2° Parce que les commissaires de police ne font jamais de visite le jour, encore moins la nuit. Ils dorment; le crime et l'impunité jouissent du même repos.

Les brocanteurs sont la providence des voleurs; on ne les connaît que par les dénonciations de leurs complices. Encore un reproche à faire aux commissaires; pourquoi ne pas vérifier les registres d'achat avec plus de soin et d'exactitude?

On parle de réprimer la mendicité : c'est un mot qui se prononce ; la chose existe toujours, elle est moins apparente; mais que de gens tendent encore la main dans Paris!

Les fonctions importantes de commissaires-interrogateurs sont confiées à des hommes inhabiles qui voient souvent un coupable dans l'homme timide, et un innocent dans celui qui, accoutumé à subir ces interrogatoires, échappe par des subtilités aux questions que lui font la routine et l'inexpérience.

Les maisons de débauche et la prostitution étant un mal, une plaie nécessaires dans Paris, on peut en adoucir les trop cuisans effets par des moyens plus doux que ceux que l'on emploie. Les agens sont ou trop sévères ou trop indulgens. Les dames de maison sont protégées, et elles sont plus coupables que les malheureuses qui les enrichissent de leur infamie! Sans elles il y aurait moins de prostituées ; elles les séduisent, les encouragent, les entraînent. Elles vont attendre aux barrières, à la descente des voitures publiques, les filles qui ont quitté leur village, leur hameau, pour venir faire fortune à Paris, et, grâce à ces matrones, la Force et Saint-Lazare les réclament. Elles vont dans les bureaux de placemens, et, sous le prétexte d'avoir des filles de service, des cuisinières, on leur vend pour deux ou trois francs des infortunées qui courent à leur perte.

Les prisons, les maisons d'arrêt, de justice, de force, de correction sont encore soumises au plus cruel arbitraire.

Les permissions pour communiquer avec les détenus sont accordées ou refusées, sous le bon plaisir ou le caprice du chef. Leur classement est encore soumis aux mêmes lois, ainsi que les transfèremens.

Malheur au prisonnier qui a déplu au chef de bureau des prisons ou à quelques-uns de ses amis, coupable ou non, il est abreuvé de dégoûts, de vexations.

Les directeurs, les guichetiers, les geôliers, les porte-clés se plaisent à être l'instrument de ses vengeances contre un réprouvé. On ne peut se faire une idée de l'insolente grossièreté de tous ces individus.

Les hospices, les maisons de santé, les enfans abandonnés, les maisons de sévrage, la surveillance des nourrices devraient, d'après les ordonnances affichées avec profusion dans toutes les rues, offrir le spectacle de l'humanité venant au secours du malheur et de l'infortune. Les leçons d'humanité se lisent sur les murs, et dorment dans les cartons. Les comités des prisons se réunissent. On y lit des rapports sur l'amélioration du sort des prisonniers, et aucun des orateurs n'est venu visiter ces tristes demeures où gémissent tant d'infortunés.

Ces discours sont faits, composés, prononcés dans des salons dorés; et les détails offerts aux auditeurs sont tracés, comme l'abbé de Vertot rédigeait autrefois des récits de siéges ou de batailles, sans sortir de son cabinet et coiffé de son bonnet de nuit.

Une visite du préfet de temps en temps dans ces établissemens, diminuerait le mal s'il ne l'extirpait pas entièrement. Il existe, nous le savons, des inspecteurs; mais l'œil du maître vaudrait mille fois mieux.

La police des rivières, des chantiers, des dépôts, des boissons, abandonnée à des chefs particuliers, présente les mêmes abus, les mêmes inconvéniens!

Les marchands de vins vendent celui qu'ils fabriquent dans Paris, et les hospices regorgent des victimes de leurs affreux mélanges, de leurs vénéneuses compositions. Des visites, et toujours l'œil du maître, seraient plus efficaces que toutes les recettes et les ordonnances du dieu d'Épidaure.

La police des bâtimens est négligée; la petite voirie est mal exécutée; les étalages mobiles menacent la vie des citoyens, embarrassent les rues, obstruent les passages; l'épicier envahit la rue avec son fourneau à brûler le café; la fruitière, avec ses falourdes et ses cotterets; le marchand de vins laisse séjourner ses barriques à sa porte; un homme vous étourdit avec une immense cresselle. C'est une confusion à ne pas s'y connaître. Le fripier, le tapissier, l'ébéniste font de la rue une succursale de leurs magasins, et une lézarde vous montre un pan de mur que la moindre secousse peut faire écrouler ; mais le voyer et les agens de police ne craignent rien de sa chûte : ils ne passent pas dans cet endroit.

Les établissemens insalubres, les pharmaciens, les herboristes sont oubliés.

Ceux qui se portent bien, ne songent pas que des exhalaisons fétides, putrides, frappent de mort les habitans de Paris, et qu'il se fait souvent des quiproquos d'apothicaires. Surveillez ; cela n'arrivera pas. On me dira que les tribunaux sont là pour punir les délinquans. Ne punissez pas ; il vaudrait mieux ne point avoir à se plaindre ; faites votre devoir.

Les halles et marchés n'offriraient point aux consommateurs des vivres, des alimens de mauvaise qualité, si chacun était à ses fonctions.

Quelquefois on opère des saisies ; mais faut-il que la putréfaction vous annonce ce que vous avez à faire ? C'est attendre trop tard.

L'illumination de Paris a besoin de fixer l'attention : souvent les réverbères sont éteints avant que le jour paraisse.

Le balayage a lieu dans certains quartiers, sur les ponts, près des palais, des édifices publics, dans les rues qu'habitent les commissaires ; mais, en revanche, il en est d'autres qui sont des cloaques. Pourquoi cette faveur pour les uns, et cette négligence pour les autres ?

Les aqueducs, les puits, les fontaines regorgent d'immondices, et lorsque l'atmosphère de la capitale est chargée de vapeurs, les habitans de Paris marchent au milieu de la peste et des contagions.

Les voitures publiques parcourent les rues avec tant de rapidité, leur chargement est sujet à tant d'oscillations, que si elles ne vous renversent pas d'un côté, elles peuvent vous écraser de l'autre.

Les cochers, les charretiers, font la loi dans les rues, vous injurient si vous vous plaignez, vous coupent la figure en s'amusant avec leurs fouets; d'autres conduisent leurs chevaux en guide, et ne veulent pas aller à pied; ils se moquent des ordonnances, qui sont tombées en désuétude, parce que la gendarmerie et les agens n'y pensent pas.

Les voitures de place sont encore sans cette surveillance exacte dont elles devraient être l'objet. Les cochers ont, comme leurs chevaux, *la bride sur le cou*. Quand ils se rendent sur les places et qu'ils sont plusieurs, ils semblent se disputer le prix de la course. Malheur aux piétons et à ceux qui manquent d'agilité.

Il serait facile de parer à tous ces inconvéniens par une surveillance plus active : alors un agent pourrait dire que ses appointemens lui appartiennent, et la police est bien faite.

La vérification et l'inspection des poids et mesures sont confiées à des employés que la plupart ne peuvent exécuter convenablement; ils ne connaissent pas la différence qui existe entre un mètre et une aune, et ce que le premier est à l'arc du méridien terrestre. Ils ne pourraient pas vérifier si les mesures de capacité sont conformes aux étalons et si un litre en étain n'est pas trop surchargé d'alliage ou de matières étrangères. Ils croient que leurs fonctions se bornent à marquer avec le poinçon la mesure présentée et à recevoir le droit voulu par la loi. Que d'écoliers à instruire!

Nous nous permettrons d'observer que messieurs les commissaires de police parcourent trop rarement leurs arrondissemens et que leur présence serait un bienfait. Plusieurs n'ont pas encore terminé toutes leurs études préparatoires; on s'en aperçoit.

Tous les agens en général, de première, seconde ou troisième classe, s'exposent à faire murmurer après eux, parce qu'ils négligent beaucoup de choses qui sont de leur ressort. Lorsqu'ils prennent des renseignemens ou qu'ils sont chargés de quelques investigations, ils ignorent qu'il est possible d'allier leurs devoirs avec les égards et l'urbanité qui devraient caractériser les agens d'une autorité que l'on désirerait trouver paternelle. Qu'ils se pénètrent de cette pensée, ils en recueilleront les avantages et la société leur en tiendra compte.

Il est encore un objet très-essentiel que l'on pourrait ne point abandonner à des agens. Nous voulons parler de *la politique* et de *l'opinion.* Puisqu'il est reçu maintenant qu'elles entrent dans les attributions de la police, quoique ce soit une monstruosité, un abus que rien ne pourra jamais justifier. Nous pensons qu'un préfet de police rendrait encore un service éminent à la société et acquerrait des droits incontestables à la reconnaissance et à l'estime publiques, s'il s'établissait seul juge dans une matière aussi délicate. Si un individu quelconque lui était signalé comme professant des opinions dangereuses, et qu'il voulût en connaître; en invitant cet homme à se présenter à son cabinet, en lui communiquant ce qui a fixé l'attention de l'autorité, en lui indiquant avec cette éloquence qui part du cœur, qu'il suit une fausse route, il le ramènerait à des sentimens meilleurs, s'il s'égarait; et s'il avait été l'objet d'une fausse inculpation. Quel gré ne saurait-on pas au magistrat qui se conduirait avec autant de bienveillance et de cordialité! Que de conquêtes la police ferait grâces à cette mesure; tout le monde y gagnerait, le gouvernement lui-même y trouverait de grands avantages, et les employés de la police devraient à leur chef une considération à laquelle ils n'eussent jamais dû prétendre, par la faute de ceux dont ils recevaient les ordres à une époque antérieure.

Le choix des agens est encore un point essentiel, qui mériterait de fixer toute l'attention du préfet. Que l'on emploie pour la sûreté et pour découvrir ceux qui ont commis des crimes ou des délits, des hommes qui ont eu le malheur de s'en rendre coupables ; ce moyen paraît aussi simple que naturel ; pour les connaître, il faut avoir vécu avec eux. Mais pour les autres branches de l'administration de la police, on ne devrait y admettre que des hommes d'une probité, d'une moralité reconnues. Celui qui a mérité des reproches pour sa conduite ou pour ses mœurs, sera toujours un mauvais organe de la loi, et le mépris dont il est frappé rejaillit sur l'autorité qui l'emploie : c'est ainsi qu'on perpétue, qu'on éternise ce discrédit, dont jouit la police, ce vernis dont elle est couverte et qui sont devenus aux yeux de tous une tache indélébile.

La police doit se purger avec empressement de tous ces agens provocateurs en chef ou en sous-ordre, qui ont fait sa honte en portant la désolation dans la société. Nos observations, nos réflexions n'ont été dictées que par l'amour du bien public. Nous n'avons eu en vue que la chose, sans songer aux individus; nous n'avons point eu l'intention de donner des leçons, des conseils, des avis, nous avons seulement usé de ce droit que chacun a d'émettre sa pensée, lorsqu'elle est conforme aux lois et qu'elle ne blesse ni la société, ni aucuns de ses membres en général ou en particulier.

Nous ne terminerons point cet article sans répéter ce que nous avons déjà dit, afin d'éviter toute fausse interprétation.

Nous n'avons point entendu parler de l'administration actuelle, elle se recommande trop à la reconnaissance publique pour mériter autre chose que des éloges. Chaque jour voit naître des améliorations qui donnent les plus douces espérances pour l'avenir.

# CABINET NOIR

## DE LA PRÉFECTURE DE POLICE.

**Violation du secret des lettres de l'Ambassade anglaise. — Bris de cachets.**

Les détails qu'on va lire renferment des matériaux pour l'histoire, et seront d'un puissant secours aux écrivains qui, en étudiant notre époque, voudront tracer le tableau du système, des progrès, et des envahissemens de la police moderne. Un jour viendra, sans doute, où l'on écrira l'histoire de cette institution, qui sembla n'être dans son origine qu'un moyen d'administration; mais qui, grandissant avec la démoralisation qu'elle traînait à sa suite, passa bientôt de l'administration dans le gouvernement, et dans la diplomatie, dont elle devint un des principaux ressorts. Le traité de la sainte-alliance crut avoir spécifié, par la première clause, l'alliance de toutes les polices. Le proscrit échappé à la police, qui, le poussant hors de France, retrouva, partout où il porta ses pas errans, une police prête à le poursuivre sans relâche. Les polices de Bruxelles, de Vienne, de Berlin, de Saint-Pétersbourg devinrent les auxiliaires de la police de Paris, et celle-ci, par une juste réciprocité, fut au besoin la succursale des polices de Naples et de Turin, et accueillit, avec une protection toute fraternelle, la police exilée d'Espagne avec les inquisiteurs.

Cet accord si intime entre les polices devait suivre le sort de l'alliance dont il avait été un des principaux moyens d'action. A mesure que les intérêts des puissances contractantes devinrent divergens, chacune retira à elle les moyens qu'elle avait mis en commun. La défiance succéda aux élans de la cordialité et de la reconnaissance. L'union des polices subsista toujours en apparence, mais chacune, en même temps, agit pour son compte. Les agens de la diplomatie, dont le rôle s'était borné pendant long-temps à n'être que les intermédiaires des rapports que les polices entretenaient entre elles, furent alors entourés d'une police ignorée d'eux, qui ne négligea rien pour pénétrer les mystères de leur conduite, de leurs projets, de leur correspondance. C'est en France, c'est à Paris, que ce genre de police sembla avoir acquis plus d'activité, de ressources et d'audace qu'en aucun autre pays de l'Europe.

Le régime impérial contribua beaucoup à donner à la police une influence illimitée. Ce triste héritage d'un gouvernement despotique, qui, bien qu'il eût la conscience de sa force, était, par sa nature même, condamné à ne marcher qu'entouré de défiances, fut recueilli par un gouvernement qui manquait de confiance dans son propre ouvrage, et qui ne savait pas quelle puissance pouvait lui procurer les institutions qu'il avait accordées à la France. Les suppôts de la police impériale devinrent facilement les suppôts de la police royale. Ils trouvèrent même dans les nouveaux venus une sympathie de bassesse, qui, en les mettant dans un rapport plus intime et plus immédiat avec le pouvoir, donna un nouvel essor à leur zèle. Toutefois, cette police, dont on se servait dans les premiers momens, faute de mieux, devait, à mesure que le système contre-révolutionnaire s'affermirait, céder la place à une autre police qui s'organisait spontanément à côté de l'ancienne. Cette police était celle du *parti-prêtre* et du *parti-rentré*; certains congréganistes surtout, qui, trouvant leurs pensions ou leurs traitemens trop modiques, s'attachèrent à la cour et aux hommes puissans, en qualité d'espions surnuméraires, pensant bien qu'un jour viendrait où cette infamie de leur part cesserait d'être purement honorifique, et où l'habileté qu'ils auraient prouvée dans la science de l'espionnage, serait pour eux un moyen de fortune. Ce jour vint avec la création du dernier ministère. La disgrâce de M. Anglès fut le signal de la chûte totale de la police impériale. La police monarchique, et surtout congréganiste, s'établit avec M. Delavau. La préfecture cessa, à dater de ce jour, d'être le centre de la police, elle n'en fut plus qu'une mince succursale. Son chef-lieu fut à Montrouge. Maîtres du secret des familles, par les rapports des domestiques qu'ils engageaient à livrer les secrets et au besoin les papiers de leurs maîtres, les hommes de la congrégation devinrent les premiers agens de cette police, chaque jour plus audacieuse et plus semblable au saint-office, dont elle fit revivre toutes les traditions. La précédente semblait avoir jusqu'à un certain point le sentiment de son infamie, et ne se mettait en scène que le moins qu'elle pouvait. La nouvelle, dirigée par des hommes sur lesquels la honte n'a point de prise, ne connut plus de bornes à ses envahissemens, et, comptant sur la stupidité d'une nation dont l'inertie justifiait sa confiance; c'est au nom de la morale et de la religion qu'elle avança publiquement ce qu'il y a de plus destructif des principes de l'un et de l'autre.

Parmi les nombreux moyens qu'elle mit en œuvre, le plus dangereux pour les citoyens, et le plus efficace pour le succès de ses investigations, fut la violation du secret des lettres confiées à la poste. Ce moyen familier à la police de l'empire, ne devait pas être négligé par la police royale. C'est dans le procès dirigé contre madame Lavalette, et MM. Wilson, Bruce et Hutchinson, pour l'évasion de M. Lavalette, que, pour la première fois, l'on fit un aveu public, j'oserais presque dire légal, de cette honteuse manœuvre. L'accusation dirigée contre les officiers anglais reposait en entier sur une lettre interceptée et décachetée à la poste. Les accusés protestèrent avec une juste indignation contre cette violation du secret des correspondances, contre cet odieux abus de confiance, dont la police osait faire un titre à ses poursuites; et tel était alors l'aveuglement de l'esprit de parti, que parmi les magistrats qui siégeaient, parmi ces magistrats qui devaient être les vengeurs et les gardiens de la foi publique, il ne s'en trouva pas un qui osât élever la voix pour désavouer la turpitude à laquelle la police prenait à tâche de les associer. On les vit avec regret donner suite à une accusation fondée sur un moyen qui était bien plus digne de leur sévérité que l'accusation même à laquelle il servait de base.

Les journaux anglais de cette époque flétrirent, comme ils le devaient, l'infâme manœuvre de la police avouée devant un tribunal français et sanctionnée par le silence des magistrats. C'était un sentiment d'honneur et de loyauté qui dictait les généreuses réclamations des Anglais. Ils ne prévoyaient pas alors que le sentiment de leur orgueil national blessé devait un jour leur arracher, sur ce même abus, des plaintes bien plus vives et bien plus énergiques. Ils ne prévoyaient pas que le représentant de leur gouvernement, que l'ambassadeur de la Grande-Bretagne, enlacé lui-même dans les piéges de la police, environné d'êtres séduits par des manœuvres corruptrices, ne pourrait plus s'entretenir des intérêts les plus intimes de son gouvernement, ni recevoir de lui des communications de quelque nature qu'elles fussent, sans que les dépêches qu'il faisait partir ou qui lui parvenaient eussent été souillées par les regards des agens de la police française. Tel est cependant l'excès d'audace auquel est parvenue cette police; telle est l'odieuse manœuvre dont nous allons offrir les preuves. Ces preuves ne sont pas susceptibles de contestation. L'iniquité a été prise sur le fait, elle voudrait vainement se débattre contre des témoignagnes qu'elle a fournis elle-même. Les personnages cités dans les extraits que nous allons produire, pourront reconnaître les lettres qu'ils ont écrites et celles qu'ils ont reçues. Ils verront leurs épanchemens les plus intimes, leurs confidences les plus secrètes livrés à la curiosité, aux interprétations, aux railleries des commis de la police, pour fournir ensuite des armes à la délation, ou seulement, quelquefois, pour servir de passe-temps à ce qu'il y a de plus vil au monde.

Certains agens ministériels ne manqueront pas de dire que de pareilles pièces ne sont publiées que dans le désir d'exciter du scandale; mais le scandale est dans les manœuvres de la police, il n'est pas dans la publicité qui peut y mettre un terme. Ces extraits ne contiennent, au reste, rien qui dévoile les secrets intérieurs des familles : secrets qui ne doivent jamais être mis au jour, même lorsqu'il s'agit de démasquer une infamie de la police. Nous nous félicitons que les correspondances, dont nous allons prouver la violation, n'offrent que des noms appartenant aux hautes classes de la société ; car ces classes ne sont que trop disposées à approuver tous les actes du pouvoir, sans en examiner la légalité ni la moralité. Il est bon de leur montrer que ces actes, lorsqu'ils violent à la fois les lois et la morale, n'épargnent pas plus les hautes classes que les classes inférieures, et que toutes ont également besoin de lois fortes et de magistrats intègres qui protègent leur honneur et leur repos contre la fraude, l'iniquité et la trahison.

Nous entreprenons une tâche répugnante. Nous allons être forcés de faire pénétrer nos lecteurs dans un dédale de turpitudes, de leur dévoiler un de ces mystères d'infamie, qui composent ce qu'on appelait naguère la *science de la police*. Une seule idée nous a poussé à entreprendre ce travail et nous donnera le courage de le terminer. Ce n'est point en gardant le silence sur les iniquités de la dernière police, qu'on en rendra le rétablissement impossible ; c'est au contraire en déchirant le voile dont elle se couvrait, qu'on éveillera l'horreur et l'indignation des peuples, qu'on parviendra à opérer l'entière destruction de ce fléau des sociétés modernes. Telle est l'idée qui nous encourage à tracer le récit qu'on va lire.

Depuis plusieurs années, il existait à la préfecture de police, des moyens organisés pour se procurer la correspondance de l'ambassadeur anglais avec le gouvernement britannique. Il paraît que le bureau secret, chargé à la direction des postes de décacheter les lettres que l'administration lui renvoyait, ne faisait point ce service d'une manière satisfaisante et ne remplissait pas complètement les vues du gouvernement; on jugea à propos de lui donner une succursale à la préfecture de police. C'est au sieur Foudras, qui, sous l'administration précédente, avait le titre d'inspecteur-général de la police, qu'on dut la création et le perfectionnement de cette ténébreuse institution. Ayant à sa disposition des sommes immenses, cet homme parvint facilement à corrompre, dans la plupart des légations étrangères, des individus qui lui livraient la correspondance des ambassadeurs avec leurs cours respectives. Cependant on mit d'abord trop peu de précaution à exploiter cette bonne fortune. Des plaintes eurent lieu; les personnages, objet de ce manége, conçurent des soupçons qui rendirent moins faciles les intelligences formées avec des ndividus de leur maison. On sentit alors que, pour n'être pas compromis, il fallait agir avec plus de circonspection et en même temps, perfectionner les moyens d'exécution. On fit fabriquer avec le plus grand soin une multitude de cachets dont on prenait l'empreinte à mesure que les paquets scellés arrivant à l'ambassade, tombaient entre les mains des agens de la police. On s'efforçait ensuite de faire disparaître, au moyen d'un fer à repasser, les traces du travail dont ces lettres étaient l'objet. Dans le commencement, on prenait le modèle des cachets avec une pâte trop peu solide pour bien conserver les empreintes, aussi ces empreintes venaient-elles toujours mal, et ne pouvait-on pas, d'après elles, reproduire exactement les cachets que l'on avait rompus. Cette difficulté fut surmontée par le zèle et l'adresse d'un jeune homme, nommé Lenoir, qui était spécialement employé à ouvrir et à refermer les lettres. Il trouva le secret d'une composition métallique qui, après avoir reçu l'empreinte du cachet, devenait d'une dureté extrême; grâces à cette découverte, on eut bientôt imité avec la plus parfaite exactitude les cachets de tous les personnages en correspondance avec tous les ambassadeurs et ceux des ambassadeurs eux-mêmes. Il est à remarquer que, malgré cet éminent service, le sieur Lenoir fut renvoyé plus tard, sans qu'on crût même devoir acheter sa discrétion, soit qu'on pensât que le soin de son propre honneur lui imposerait silence, soit qu'on méprisât assez le public pour ne pas craindre que de tels secrets lui fussent révélés. Heureux qu'une pareille disgrâce l'ait arraché à la carrière d'opprobre où il s'était engagé, ce jeune homme exerce aujourd'hui, dans la province une profession honorable.

Le nouveau moyen que l'on venait d'acquérir permettait de violer les correspondances diplomatiques avec plus de succès et de sécurité que jamais ; aussi s'attacha-t-on à entretenir les intelligences que l'on avait pu conserver encore, depuis les premières maladresses qui en avaient fait rompre quelques-unes. Ce manége continua sans que ceux contre qui il était dirigé parussent en avoir le moindre soupçon.

Cependant un grand changement approchait, annoncé, invoqué à grands cris par le parti triomphant ; le jour arriva enfin où il dut s'accomplir. M. Anglès était regardé comme le dernier représentant de l'ancienne police impériale ; il ne convenait plus au nouveau système. Il fallait un préfet de police qui ne fût plus que le commis de la congrégation : M. Delavau fut nommé. Cet homme qui, dans ses fonctions de magistrat, avait laissé percer à travers des dehors hypocrites, la fureur de l'esprit de parti et la soif des vengeances, vint prendre, au nom de la morale et de la religion, le ministère des délations, de l'espionnage, des prostitutions et de tout ce que la société renferme de plus abject. Lorsqu'il reçut les employés de son administration, il leur déclara, dit-on, qu'il lui fallait *une police franche et loyale*, unissant ainsi des mots qui représentaient des idées en quelque sorte incompatibles et qu'il était moins que personne capable de réconcilier ensemble.

Bientôt après, les épurations commencèrent. L'introduction de la franchise et de la loyauté dans la police, devait faire trembler les commis préposés à la violation des correspondances; quelques-uns furent renvoyés, mais les autres restèrent et continuèrent provisoirement leur service. On a prétendu qu'au changement d'administration, tous les cachets avaient été brisés. Il est certain, dans tous les cas, qu'un agent de police sut conserver ceux du comte de Grote, de madame de Souza et de plusieurs autres personnages.

L'homme qui prétendait introduire la franchise et la loyauté dans la police, avait à prononcer sur l'existence de ce bureau, si soigneusement organisé par son prédécesseur. La décision fut telle qu'on devait l'attendre de la conscience d'un ambitieux et de la morale d'un bigot. Quelques dévots de profession, bien imbus des maximes jésuitiques, ne trouvèrent rien de plus louable qu'un crime de tous les jours commis dans l'intérêt de leur cause. Le bureau fut donc maintenu, et tandis qu'à la direction des postes, on continua de mettre en usage les réchauds, l'eau bouillante, la vapeur et tout ce honteux attirail décrit par M. Girardin, la succursale de la préfecture de police continua d'opérer d'une manière plus ténébreuse et en même temps plus sûre. Un des principaux agens de ce bureau, celui dont on vient de parler, resta chargé d'entretenir les intelligences au moyen desquelles les correspondances lui étaient livrées. C'est principalement aux dépêches de l'ambassade d'Angleterre qu'on parut mettre un grand prix ; c'est aussi sur les intelligences pratiquées à cette ambassade, que nous nous attacherons à donner des renseignemens ; ce sont des lettres qui en partaient ou qui y arrivaient, que nous donnerons des extraits, tels qu'ils ont été pris par la police.

Voici quelle était la marche suivie :

Les paquets et lettres qui arrivaient à l'ambassade d'Angleterre, ou qui en partaient, étaient livrés par le *factotum* de la légation à l'agent de police en question. Il y avait plusieurs années que ce *factotum* exerçait ce genre d'industrie, qui lui a rapporté par mois de 3 à 400 francs, selon les circonstances. Le 14 octobre 1822, il reçut encore 150 francs pour son demi-mois, qui lui furent apportés par le sous-agent de l'agent principal. Chaque lundi et chaque vendredi de très-grand matin, peu de temps après l'arrivée du courrier d'Angleterre, qui vient toujours dans la nuit du dimanche ou du jeudi, l'employé de l'ambassade remettait lui-même chez l'individu attaché à l'agent de la police, les paquets reçus par ce courrier. Il les apportait à son chef, qui demeurait à cet effet, près de l'ambassade anglaise, rue de Surène, n. 8, au deuxième étage au-dessus de l'entresol.

Ils étaient ouverts alors : on prenait copie de ce qu'ils pouvaient contenir d'intéressant, puis, après les avoir remis dans leur état primitif, avec le plus grand soin, on les renvoyait sous couvert à l'ambassade, ou on les faisait mettre simplement à la poste, selon les cas. Le soir des mêmes jours, on répétait le même procédé pour les lettres et paquets que devait emporter le courrier. Mais pour le départ, il y avait deux séances; la première investigation avait lieu de la même manière à 4 heures; on renvoyait le paquet à cinq, et l'on recevait en échange un nouvel envoi, que l'on renvoyait de nouveau à six heures environ; mais pour n'inspirer aucun soupçon et pour faire taire les plaintes des garçons emballeurs de l'ambassade, sur l'envoi tardif de ce dernier paquet, celui-ci était toujours à l'adresse de M. *Joseph*

*Planta, l'un des sous-secrétaires d'état au bureau des affaires étrangères à Londres,* et l'on avait soin de mettre l'adresse en anglais. Cette dernière précaution était employée, parce qu'il se trouvait souvent du monde dans le bureau, à l'approche du départ du courrier. Si l'on demandait de quelle part venait le paquet, question que l'on faisait quelquefois en se plaignant qu'on envoyait les paquets trop tard, on répondait que *c'était de la part de M. Robert.*

Lorsqu'il arrivait des courriers extraordinaires, on tâchait d'en tirer également parti ; mais depuis les changemens qui s'opérèrent lors de la retraite de M. Anglès, on ne put guère profiter de ces occasions, bien que l'on n'ignorât pas quels renseignemens précieux on pouvait se procurer de ce côté. Sous l'administration précédente, on a quelquefois employé quatre traducteurs et autant d'expéditionnaires pour avoir le contenu des *dépêches* adressées aux *ministres anglais*, et principalement à lord Castlereagh; on passait même des nuits à ce travail. Il y avait quatre à cinq traducteurs employés constamment à la préfecture de police. Ils étaient assez bien rétribués, et M. Pasquier, alors préfet, donnait 5 à 600 fr. par mois à M. Foudras pour payer les interprètes.

Tels étaient les moyens en pleine activité à la préfecture de police.

Quant à la manière de défaire les paquets et les lettres, elle présentait peu de difficultés.

Dans le principe on avait un homme fort adroit, (Lenoir, l'inventeur de la composition métallique) qui savait parfaitement lever l'empreinte d'un cachet, l'amollir au moyen de la vapeur de l'eau, défaire et refaire les lettres et paquets sans qu'il y parût. Mais cet homme précieux ayant été atteint par la réforme, un autre agent de police * se chargea non-seulement d'examiner et de distribuer la besogne, mais encore de décacheter, rogner, déchirer, etc., etc. Quand les lettres pouvaient sortir par le côté en déployant l'enveloppe, on rognait un peu celle-ci pour faire rentrer la lettre plus facilement **, et au moyen d'un coup de fer à repasser, il n'y paraissait presque pas. Les lettres qui ne pouvaient sortir par ce procédé étaient souvent maltraitées.

On enlevait le cachet, si c'était de la cire, en passant un couteau en dessous, et on le rétablissait ensuite avec un peu de cire fondue. Il arrivait parfois que les paquets étaient très-serrés, de sorte qu'il était difficile, et souvent impossible de rapprocher le bout détaché, lorsqu'on

* Cet agent n'avait d'autre emploi que la conduite et la direction de ce travail.

** Pour bien concevoir cette manœuvre, il faut connaître le mode des enveloppes anglaises, qui ressemblent à des lettres ordinaires et non aux enveloppes françaises.

avait fait une incision autour du cachet : dans ce cas, il fallait changer l'enveloppe, et l'on imitait l'écriture de l'adresse. Si cela ne réussissait pas, alors le paquet courait de grands risques ; il allait quelquefois ailleurs qu'à la poste. Un accident de cette nature arriva, vers la fin d'août 1822, à un paquet de journaux à l'adresse de *M. Hill, ambassadeur anglais près la cour de Turin ;* et si ces notes passent sous ses yeux, elles pourront lui faire connaître à qui il doit s'en prendre de ne point avoir reçu les journaux anglais à cette époque.

Sous l'administration de M. Anglès, les documens que l'on obtenait par cette voie subissaient des modifications avant d'être remis aux personnages qu'ils intéressaient spécialement. Comme l'inspecteur Foudras tenait à faire sentir l'importance des services qu'on devait à son zèle, il se permettait des additions et des soustractions, qui, souvent, donnaient de la valeur à une lettre qui par elle-même n'en avait que peu ou point ; on en tirait ensuite plusieurs copies. Sous M. Delavau, ce travail se fit avec plus de simplicité ; il passa par moins de mains ; mais une réflexion assez fondée se présente, c'est que l'agent qui opérait sous la direction de l'inspecteur Foudras, étant le même qui est devenu directeur de ce bureau, il a pu se souvenir des moyens que son prédécesseur employait pour faire valoir son zèle et les mettre à profit pour son propre compte.

Il nous reste à prouver la vérité de tout ce que nous venons de dire. Pour y parvenir, il n'est pas de meilleur moyen que de publier les extraits ou résumés des lettres décachetées, tels qu'ils ont été pris à la police. Les personnes intéressées y reconnaîtront leur correspondance, et ce témoignage irréfragable lèvera tous les doutes que l'on pourrait conserver. Nous ne citerons que des lettres écrites depuis le mois de janvier 1822, non qu'il ne nous fût facile d'en citer beaucoup d'antérieures à cette époque; mais on serait trop disposé à rejeter cette manœuvre sur l'administration du prédécesseur de M. Delavau, et il importe de montrer que la sienne l'a adoptée dans toute son immoralité et son infamie.

## NOTES ET EXTRAITS DES CORRESPONDANCES INTERCEPTÉES.

De Paris, le 8 mars 1822.

*Lettre du comte de Grote * au roi d'Angleterre.*

M. le comte, dans cette lettre, entre dans des détails sur le complot de La Rochelle. Il annonce

* M. le comte de Grote est ambassadeur du roi d'Angleterre comme roi de Hanovre, en France.

savoir que chacun des hommes impliqués dans cette affaire avait sur lui une somme de 400 fr. en or. Il termine en parlant des craintes que ces conspirations causent, dans le cas où elles échapperaient à la vigilance de l'autorité.

Même date.

M. Pelletier écrit à M. Viguette, à Londres, et lui annonce, mais d'une manière douteuse, le départ prochain de M. de Châteaubriand pour son ambassade en Angleterre. Il présente ensuite à son correspondant quelques observations sur les élections et la nouvelle session des chambres.

Même date.

M. Angibaud Constance annonce à M. *Street*, éditeur *du Courrier de Londres*, qu'on vient d'apprendre, par une dépêche télégraphique, l'arrestation du général Berton. Il parle aussi de la nouvelle d'un combat entre les Grecs et les Turcs, dans lequel ceux-ci auraient perdu 6,000 hommes.

La lettre est datée à deux heures après-midi.

Même date.

Le comte Woronzow annonce à madame Kotinka, à Londres (sous le couvert de lord Pembroke), qu'il avait eu une conversation avec son père au sujet de son départ; que ce dernier les devancerait de deux à trois jours, et qu'elle espérait qu'ils seraient réunis dans un an.

Même date.

*Madame de Flahaut à la comtesse de Liéven, à Londres.*

Dans cette lettre, madame de Flahaut parle à madame de Liéven de l'affaire scandaleuse de lord Rancliffe avec sa femme, et de leur séparation à l'amiable. « Ils se trouvent par là, dit-elle, libres » de se taire des infidélités (*abusing*) et de se » haïr tant qu'ils voudront. »

Environ à la même époque (fin de mars), M. Benjamin Constant a reçu, par cette voie, une lettre de M. Watters de Londres *. Celui-ci parlait à l'honorable député d'un arrangement qui paraissait avoir rapport à une correspondance à établir, arrangemens qu'il manifestait désirer voir conclure à la satisfaction de tous deux. Il lui parlait aussi de la sensation favorable produite à Londres par un discours que M. Benjamin Constant avait prononcé depuis peu à la chambre des députés.

* Propriétaire du *Times*.

1er avril.

*Lettre de M. Angibaud Constance * à M. Street, à Londres.*

« Je vous envoie le bulletin de la bourse.
» M. Rotschild a fait de fortes ventes. Tout le
» monde s'attend à ce qu'il y aura demain une
» nouvelle baisse. »

« Je reçois à l'instant une lettre pour Nicolas. »

Même date.

*Lettre de M. Louis Fauche-Borrel à sir Charles Flintz, à Londres.*

Dans le commencement de sa lettre, il parle des intrigues des Jacobins pour le desservir à la cour de Berlin. « Mais toute leur haine, dit-il,
» ne servira qu'à augmenter l'intérêt du roi et de
» son chancelier pour moi, etc., etc., etc.

» Les choses, continue-t-il, se brouillent de
» plus en plus ici. Les deux partis sont en pré-

* Aide-de-camp du général Wilot. Il était fils d'un architecte de Paris. Fait prisonnier à Constance (Suisse) par l'armée de Condé, il y prit du service.

» sence, et des deux côtés on fait des chansons
» qui ne font qu'irriter le peuple. On parle de
» mettre en état d'accusation un certain nombre
» de membres du côté gauche. »

Il approuve cette intention : « Sans cela, se-
» lon lui, le mal se fera et deviendra général,
» parce que partout maintenant, dit-il, les révo-
» lutionnaires se montrent.

« Vauversin *, ajoute-t-il, est maintenant à
» Bordeaux; il vous écrira. »

« Dans une conversation, dit-il encore, qu'il a
» eue avec le vicomte de Châteaubriand, avant
» son départ, celui-ci lui a dit qu'il n'employe-
» rait point M. Pelletier comme son secrétaire. »

Il pense, lui, Borel, qu'on sera très-content à Londres de M. de Châteaubriand.

Même date.

M. Flahaut écrit à M. Newmann, à Londres, une lettre assez insignifiante. Il lui parle de l'affaire scandaleuse des Rancliffe. « Cette pauvre
» femme, dit-il, s'est bien compromise, et pour
» qui!.... »

* Vauversin, espion employé sous l'inspecteur-général Foudras. Il a surtout travaillé comme agent provocateur, dans l'affaire des troubles du mois de juin.

Du 4 avril.

*Lettre du comte Woronzow à lord Pembroke, à Londres.*

Il exprime des doutes sur la rupture entre la Russie et la Turquie. « Si la guerre, dit-il, n'é- » clate pas entre la Russie et la Turquie d'ici à » six semaines, elle n'aura pas lieu cette année. »

Même date.

*Le comte Michel Woronzow, fils du précédent, au même.*

Le comte annonce à lord Pembroke son départ pour le 21 du même mois. En lui parlant de la guerre, il lui dit : « Cette affaire sera bientôt termi- » née, si on la dirige comme elle le sera probable- » ment. La modération de l'empereur Alexandre » est tellement au-delà des soupçons, et les » Turcs sont si complètement dans leur tort, que » personne ne saurait prendre leur parti, etc. »

« Je désire et j'espère fermement qu'avant » 1823 nous serons tous réunis à Witton-House. »

Même date.

Une lettre sans signature, adressée à lord Lowther, à Londres, portait ce qui suit : « Les libé» raux de la chambre, les Foy, les Etienne, les » Corcelles, etc., parlent avec beaucoup d'au» dace. Le seul moyen, selon eux, de sauver les » Bourbons, c'est de déposer le roi, son frère et » son neveu, et de former un conseil de régence » pour le duc de Bordeaux, dont l'éducation se» rait confiée aux *hommes de la révolution* *. »

Dans cette même lettre, on parle beaucoup des affaires de la Turquie. « Une considération sé» rieuse, y est-il dit, est l'effet que des hostilités » à l'étranger produiront dans l'intérieur de la » France..... »

Du 8 avril.

*Lettre du baron Binder à M. de Neumann, premier secrétaire de l'ambassade d'Autriche, à Londres.*

« Les nouvelles du commerce sont à la guerre, » cependant tout espoir n'est pas perdu, etc., etc. »

* Il est malheureux que le correspondant anonyme de lord Lowther ne lui apprenne pas qu'il a entendu les députés qu'il cite, parler de leur projet de régence et dans quels salons. Cela serait très-utile pour notre instruction, et peut-être plus encore pour notre conviction.

Il parle ensuite des menées auxquelles on a recours pour exaspérer le peuple. « Des espèces » de chauffeurs, dit-il, parcourent les campa- » gnes et incendient les granges et les habita- » tions qui se trouvent à l'écart. »

Il termine en parlant du départ de M. de Châteaubriand, « départ, pense-t-il, qui sera bien » plus nuisible au *Journal des Débats* que favo- » rable à la politique du gouvernement (que le » gouvernement n'y gagnera en politique).

Même date.

*Lettre de M. Marshall à M. Ridgeway, libraire, à Londres.*

« Ne croyez point ce qu'on dit au sujet des » affaires de la Turquie dans tous les jour- » naux, excepté les journaux libéraux. Ouvrez » bien les yeux et défiez-vous de vos oreilles. » Quant à l'Italie, le fruit est mûr, et il ne faut » qu'un choc pour que tout éclate, etc.

» Faites bien attention au général Pépé, car » je crois qu'il ne restera pas long-temps avec » vous *. Je vous écrirai incessamment; j'es-

* On a vu qu'en effet le général Pépé était de retour en Espagne depuis peu.

» père vous communiquer, par la prochaine occasion, quelque chose d'intéressant.

» Si mes affaires me permettent d'aller à Londres, j'aurai bien des choses à vous dire. »

Du 11 avril.

*Lettre du comte de Grote au roi d'Angleterre.*

Dans cette lettre, l'ambassadeur hanovrien parle au roi du mémoire que lui a adressé M. Zéa, en le priant de lui en accuser réception ; ce qu'il n'a point cru devoir faire, S. M. n'ayant point reconnu la république de Colombie, dont M. Zéa se dit l'envoyé et le ministre plénipotentiaire.

« Je me suis trouvé hier, ajoute-t-il, avec plusieurs de mes collègues; j'ai conseillé et leur » intention est de ne faire aucune réponse à ce » sujet. »

M. le comte attribue cette démarche de M. Zéa à quelques *révolutionnaires* français; il pense que M. Zéa voudrait se prévaloir de la réponse qu'on lui ferait, quand même elle n'aurait simplement pour objet que d'accuser réception de son mémoire.

« On commence, dit-il ensuite, à se faire à la » vraisemblance d'une guerre entre la Russie et

» la Porte, et aux suites que cela pourrait avoir en » Europe. On espère cependant que les négociations sont renouées, et, dans le cas contraire, » on parle d'une déclaration de l'Angleterre, de » la France, de l'Autriche et de la Prusse, qui » rassurerait sur le maintien de la tranquillité » dans le reste de l'Europe. On partage cette opi- » nion à Vienne.

» Les journaux ont annoncé que le général » Berton était arrivé à Saint-Sébastien, en Es- » pagne, mais le ministère croit qu'il est encore » caché ici en France *. »

M. le comte termine en parlant des arrestations qui ont lieu à Strasbourg, à Rennes, à Nantes et à Paris, et de la confiance que donne *l'activité que déploie l'autorité*.

Du 18 avril.

*Lettre du comte de Flahaut à J. Murray, écuyer, à Londres.*

« Les élections *sont bonnes*. On dit que la ma- » jorité du cinquième à élire *sera libérale*. Je » n'en serais pas étonné; la crainte fait souvent » faire bien des choses, et le peuple commence » à craindre les ultras, qui vont grand train. »

* Cette nouvelle n'était que trop vraie.

Il parle ensuite de son départ pour Londres vers le milieu du mois de mai, du plaisir qu'il a eu de revoir M. Clerck, qui s'est trouvé à une réunion à laquelle assistaient aussi MM. Decazes, Casimir Perrier et d'autres membres du côté gauche.

Du 22 avril.

M. Darby écrit deux lettres sous cette date; l'une à lord Lowther, et l'autre à M. Mackensie, écuyer.—Ces deux lettres contiennent à peu près la même chose. (*On aurait pu donner des extraits d'un plus grand nombre de lettres de lord Lowther, mais comme, en général, elles ne roulent que sur des intrigues de coulisses et sur les danseuses de l'Opéra, nous n'avons pas cru devoir le faire.*)

M. Darby dit que l'opinion générale ici (à Paris), est que la guerre entre la Russie et la Porte est inévitable. Il s'étend longuement sur la convocation des colléges électoraux, dont les résultats semblent se prononcer en faveur des libéraux.

Dans la lettre au vicomte Lowther se trouve ces phrases : « Qui jamais a entendu parler de » MM. François, l'Abbé, etc. *, tandis que vous » et moi, *quoique étrangers*, sommes familia- » risés avec les réputations commerciales et mi-

* Candidats ministériels pour Paris.

» litaires de MM. Ternaux, Lafitte, Perrier, gé» néral Gérard, etc. *.

» J'oubliais de vous dire qu'il y a du refroidis» sement entre Villèle et Corbière, ce dernier » étant jaloux des talens bien supérieurs de son » collègue. »

Du 25 avril.

*Lettre du comte de Grote au roi d'Angleterre.*

« L'attention publique est principalement di» rigée maintenant vers les élections, dont le ré» sultat, dit-on, donnera douze voix de plus au » côté gauche. »

Il parle ensuite du reproche que le côté droit fait au gouvernement et surtout à MM. de Villèle et Corbière, ministres prépondérans, de sévir avec trop de lenteur contre ses adversaires; il parle aussi d'un changement partiel qui pourrait avoir lieu dans le ministère actuel.

Même date.

*M. de Joinville écrit au comte de Munster à Londres.*

« Mon plan, à moi, serait d'organiser une nou» velle croisade contre les infidèles, pour chasser » les Turcs de l'Europe.... »

* Candidats libéraux élus.

Il tourne en ridicule les vues mesquines de certaines puissances dont les projets d'agrandissement ont pour but de vendre un peu plus de leurs marchandises, telles que du vin, des modes, etc.

Du 16 mai.

*Lettre du comte de Grote au roi d'Angleterre.*

« L'activité et l'adresse que le gouvernement » déploie (au sujet des élections) ne sont point » sans fruit. »

Il parle ensuite des troubles qui ont eu lieu à Lyon.

« On a fait entendre, est-il dit, les cris de *vive » l'empereur! la Charte, et rien que la Charte!* »

M. le comte parle aussi du bruit qui court que le cordon sanitaire doit être renforcé; et d'autres rumeurs d'après lesquelles la France interviendrait dans les affaires d'Espagne, « projet, dit-il, » qui n'est ni probable ni fondé. »

Cette dépêche se termine ainsi : « Il est arrivé » hier un courrier de Saint-Pétersbourg; une per» sonne de ma connaissance a reçu par cette oc» casion des lettres datées du 30 avril. On disait » que l'empereur Alexandre devait aller passer » une revue de ses armées, mais qu'il serait ab» sent peu de temps. Du reste, cette lettre gar-

» dait le silence sur la question de la paix ou de » la guerre, silence qui était peut-être nécessaire » pour qu'elle pût parvenir par cette occasion. »

---

Ces extraits suffisent pour prouver ce que nous avons dit en commençant; nous pourrions en citer beaucoup d'autres, qui, sans doute, piqueraient la curiosité, mais leur publication est inutile au but que nous nous sommes proposé. Nous nous bornerons aux deux extraits suivans, pour prouver que les mêmes moyens étaient encore mis en pratique à une époque plus récente.

Dans les premiers jours de septembre 1823, le comte Bathurst, ministre anglais, adressa des circulaires à tous les envoyés d'Angleterre dans les cours étrangères. Il les invitait à envoyer au duc de Wellington, chargé par S. M. britannique d'être son représentant au congrès de Vérone, des rapports sur tout ce qui pourrait être utile à la mission du noble lord; c'est, du moins, en ces termes qu'était conçue la circulaire adressée à M. Hill, ambassadeur à Turin, et qui passa entre les mains de la succursale de police. Cette pièce, quoique peu importante, fut traduite par les commis du bureau, parce qu'elle ne laissait plus de doutes sur le choix fait du duc de Wellington pour remplacer lord Castlereagh au congrès.

Enfin, le 9 septembre même année, le prince de Castelcicala, ambassadeur de Naples à Paris, écrivait au comte Woronzow à Londres, et lui parlait de l'état alarmant dans lequel se trouvait le duc d'Escars, premier maître d'hôtel du roi de France, par suite de l'indigestion qu'il s'était donnée le dimanche matin en mangeant à déjeûner des crépinettes et de la gibelotte de sanglier : tous les convives furent malades. « Il en est résulté, disait le prince de Castelci- » cala, ce que vous appelez à Londres un *stop-* » *page* (obstruction). » On avait permis que la duchesse, qui était allée voir son fils à Metz, fût instruite de l'état de son mari par le télégraphe *.

Nous croyons, comme nous l'avons déjà dit, en avoir fait connaître assez pour prouver tout ce que nous avons avancé. On ne peut, toutefois, se faire par ces extraits qu'une bien faible idée de l'étendue des renseignemens acquis par les moyens que nous avons signalés.

Sans citer les noms de toutes les personnes dont les correspondances ont été explorées, on peut

* Quelques personnes s'étonnent peut-être que le télégraphe ait été employé à des messages si peu importans. Mais la France serait trop heureuse si l'on ne s'en fût jamais servi que pour annoncer des indigestions de cour, et si sa meurtrière activité n'eût pas, en plus d'une occasion, hâté les coups du bourreau et donné le signal des supplices.

sans inconvéniens indiquer ceux de quelques-unes d'entre elles. Le peu qu'on se permettra de révéler du contenu de ces correspondances, leur fera assez connaître que les missives des simples particuliers n'étaient pas plus épargnées que celles des personnages diplomatiques.

M. de Montalembert, par exemple, correspondait assez régulièrement avec sir Charles Flint à Londres. Le comte se fiait peu à la discrétion de ceux auxquels il confiait le transport de ses lettres, ainsi qu'il le témoigne plus d'une fois à son correspondant. Aussi avait-il fini par ne plus vouloir parler dans ses lettres d'affaires politiques. Il n'entretenait son ami, M. Flint, que de choses particulières, de ses projets d'acquisition, de Beaujon *, de ses affaires dans les Antilles, etc.

Sir Robert Wilson et sa correspondance avaient, comme on peut bien le penser, une grande part à l'attention de la police. Ses brouillons de lettres, aussi bien que les lettres originales qu'il déchirait en petits morceaux, quand il était à Paris, étaient ramassés avec soin, et aucun effort de patience n'était épargné pour en obtenir le sens. Avant son dernier voyage à Paris, on savait, par la même voie, ce que lui et son frère s'écrivaient. Le général Wilson montrait, à l'égard des Français, des sentimens très-différens de ceux de son frère. Ce

* Beau jardin situé dans les Champs-Élysées, à Paris.

dernier manifestait dans ses lettres une aversion tellement britannique pour tout ce qui est Français, qu'on peut croire qu'il est peu jaloux de l'estime dont son frère jouit en France. Les lettres de sir Robert Wilson, dans lesquelles il parlait de divers projets, et surtout de l'intérêt qu'il prenait à la cause des Grecs, étaient traduites d'un bout à l'autre, du moins autant que son écriture le permettait; car sir Robert Wilson écrit d'une manière presque illisible.

La correspondance du vicomte et de la vicomtesse Chabot offrait, en général, un faible intérêt; mais on paraissait attacher du prix à en avoir des extraits, parce qu'ils tenaient tous deux à des personnages élevés.

Une personne qui, dans le temps, ne laissait pas d'occuper la *succursale des renseignemens et des explorations*, c'est M. Mill, qui habita plus tard Meudon (joli village près Paris). Indépendamment de ce qu'il paraissait prendre beaucoup de part aux affaires de la France, on était assez curieux de voir les moyens qu'il mettait en œuvre pour intéresser la feue reine d'Angleterre en sa faveur; mais depuis la mort de cette princesse il écrivit des choses si peu importantes, qu'on ne parut lire ses lettres que faute de mieux.

Les lettres qui intriguaient le plus, sont celles de M. Marshall, dont nous avons déjà parlé, à M. Ridgeway, libraire, à Londres. Il n'est pas d'efforts que l'on n'ait fait pour trouver la clé de sa correspondance mêlée de chiffres; mais la science des plus habiles y échouait. « J'ai vu » M. 154, disait-il; il m'a dit que lord 237 a eu » une entrevue avec le duc 121, etc. » Qu'on juge, d'après cet échantillon, des difficultés que présentait un pareil amalgame.

Une correspondance dont on regretta vivement de se voir forcé de suspendre l'examen, est celle du comte de Grote. Il paraît que S. Exc. soupçonna que ses lettres étaient lues avant d'arriver à leur adresse; car, tout à coup, il multiplia tellement les cachets et les enveloppes, pour lesquelles on employait communément la cire et le pain à cacheter, qu'il était très-long et très-difficile d'arriver aux dépêches de ce ministre; on crut même prudent, pendant quelque temps, de s'abstenir de prendre copie des lettres qu'il adressait à S. M. britannique. On finit même par cesser totalement de livrer ses dépêches.

La correspondance de M. le prince de Castelcicala et du comte de Woronzow, avait cela d'agréable, que très-souvent on avait le matin, par le courrier de Londres, la lettre du comte, et le soir la réponse du prince. . . . . . . . . .

L'amitié qui unit ces deux personnages a un caractère et un langage peu ordinaires. Attentions, petits soins, détails minutieux auxquels une tendresse mutuelle peut seule donner de l'intérêt, voilà ce qui remplissait presque toutes les pages de ces lettres, où les expressions d'*adorable, incomparable, unique ami*, étaient tour-à-tour employées par chaque correspondant. Cependant le style habituellement affectueux de M. le comte de Woronzow, prenait de l'énergie et de l'âcreté, quand il parlait d'un parti dont il ne partageait pas les opinions. Alors les épithètes les plus dures, les plus injurieuses, coulaient de sa plume; et, s'il y a une nation recommandable aux yeux de M. le comte, on peut croire que ce ne sont pas les Français en général.

La noble et respectable lady Holland fut aussi au nombre des personnes qui, dans le temps, occupèrent beaucoup les pourvoyeurs de la préfecture de police. Ses lettres offraient un intérêt puissant à leur curiosité. Cette femme, digne de tant d'affection et de respect, était recherchée dans un si grand nombre de sociétés; elle voyait tant de personnes, et de celles surtout dont on avait intérêt à épier les démarches, que ses lettres avaient le privilége de la traduction entière.

Enfin, si l'on devait parler de tous ceux qui alimentaient, sans s'en douter, le *bureau des renseignemens*, il faudrait citer le nom de MM. de Souza, baron Binder, baron de Vincent, Alfiéri de Sostegno; de madame de Flahaut, du général Bertrand, du baron de Vignet, de mademoiselle Goldsmith, fille de l'auteur du *Cabinet de*

*Saint-Cloud* et d'un *journal hebdomadaire* de Londres; de M. de Wynn, envoyé en Suisse; de lord Steward, ambassadeur à Vienne; de M. Campbell, auteur d'un ouvrage qu'il a fait imprimer depuis à Londres; et enfin, de presque tous ceux dont les lettres étaient envoyées à l'ambassade d'Angleterre à Paris, pour être expédiées à leur destination par cette voie.

Peu de personnes, sans doute, soupçonnaient le sort de leur correspondance; il en est même probablement plusieurs d'entre elles qui, en envoyant leurs lettres à l'ambassade, se félicitaient de les avoir soustraites aux investigations dont elles eussent pu être l'objet dans les bureaux de la poste. C'était mal connaître la marche de l'arbitraire; quand on ose violer la correspondance des simples particuliers, les hommes puissans et les ambassadeurs eux-mêmes ne doivent pas croire que la leur sera long-temps respectée. L'ambassadeur d'Angleterre paraît avoir soupçonné de loin à loin la fidélité des gens de sa maison, par les mains desquels passait sa correspondance. Chaque fois que ses soupçons acquéraient quelque consistance, il renvoyait un ou deux de ses domestiques, qui presque toujours étaient innocens, et sa sécurité renaissait ensuite. Maintenant il saura quels étaient ceux qui trahissaient sa confiance, et par qui était prodigué l'or qui payait leur infidélité. La nation anglaise aussi apprendra comment on a respecté le caractère de de son ambassadeur, et à quelles mains un gouvernement étranger livrait les lettres du roi et des ministres de la Grande-Bretagne.

Nous reviendrons sur cet article dans le troisième volume, en parlant du cabinet noir de M. Vaulchier, et nous donnerons les détails les plus étendus sur les employés et sur leurs travaux.

## CONSPIRATION

### Des Officiers en retraite.

Quelques officiers en retraite et en traitement spécial se réunissaient de temps en temps chez un marchand de vins nommé Lebel, rue de l'Université; là, ils parlaient de leurs anciennes campagnes, de la gloire de nos armées, et de celle qu'elles acquerreraient encore, si la France était appelée à cueillir de nouveaux lauriers.

L'agent de police Marchal, l'un de ceux dont le nom a figuré dans le *Livre noir*, eut connaissance de ces réunions; il s'empressa d'annoncer, dans un rapport, que ces officiers conspiraient, et que quelques-uns d'entre eux avaient l'intention de se rendre en Espagne pour servir sous les ordres de Mina.

Cet agent s'introduisit chez le marchand de vins sous un prétexte spécieux.

Il lia connaissance avec ces officiers, et il dit quelque temps après qu'il avait l'intention de se rendre au port de Cette, et de s'embarquer ensuite pour passer en Espagne.

Un rapport de Marchal fit part de ce projet à la préfecture, comme s'il eût été formé par ces officiers, et la police le chargea de les surveiller.

Un seul de ces militaires céda aux insinuations mensongères de l'agent, et il consentit à partir pour Cette avec lui.

Le jour du départ étant arrêté, ils montèrent dans la diligence. En arrivant à leur destination, l'agent Marchal s'empressa de se transporter chez M. Forêts, commissaire de police de cette ville.

Il se fit connaître, communiqua à ce fonctionnaire la mission et les ordres dont il était chargé. Il peignit son compagnon de voyage sous les couleurs les plus défavorables, enfin avec le pinceau de la police. Le malheureux officier fut arrêté et conduit à Paris.

Il fut détenu pendant quelque temps, subit des interrogatoires. La vérité se fit jour. On reconnut la ruse de l'agent; mais comme il avait eu l'intention d'être utile, il fut excusé. On lui recommanda seulement de faire ensorte de ne pas employer une autre fois l'argent de la préfecture aussi inutilement.

L'officier fut mis en liberté. Il n'obtint d'autre indemnité que ses souffrances et les inquiétudes auxquelles il avait été livré.

L'agent conserva encore son emploi pendant quelque temps et finit par être renvoyé. Il compromettait la préfecture par son extrême facilité à trouver des conspirateurs et à faire des dupes pour son compte particulier.

## M. AGIER,

**Conseiller à la Cour royale.**

M. Delavau craignait toujours que le gouvernement, se rendant enfin aux vœux des habitans de la capitale et de ceux qui y séjournaient momentanément, ne lui choisît un successeur, afin de mettre un terme aux vexations arbitraires de la police.

Le jour de la justice n'était pas encore arrivé, grâce et les yeux n'étaient pas tout-à-fait dessillés, au zèle de ses patrons et à l'empire qu'ils avaient pris sur les esprits et sur les consciences.

Le préfet de police devait donc regarder son règne comme éternel, parce que la crédulité est, de toutes les erreurs humaines, la plus difficile à déraciner.

Enfin, il fut question que M. Agier, conseiller à la Cour royale, était sur les rangs pour être élevé à la dignité de préfet de police.

Les talens, le caractère, les vertus publiques et privées du candidat inspirèrent une grande frayeur. Le chef et les agens en chef de la préfecture tinrent conseil, et M. Duplessis, le secrétaire intime, ayant donné son avis pour la surveillance, afin de connaître les démarches de M. Agier, les personnes qu'il fréquentait et ceux qui lui rendaient visite, l'agent Vinard fut chargé de cette mission.

Il rôdait sans cesse sur le quai Voltaire, près du domicile de M. le conseiller Agier, sans pouvoir rien découvrir.

Il fut tenté de s'adresser à la portière de sa maison. Il paraît qu'elle n'avait rien dans sa manière d'être qui annonçât qu'elle était facile à corrompre ou à séduire. Il renonça à ce projet.

L'agent Vinard ne fit que des rapports insignifians assaisonnés de quelques mensonges, suivant l'usage de la police. On finit par lui donner l'ordre de cesser cette surveillance : il n'y entendait rien.

L'affaire était trop importante pour l'abandonner ainsi; elle touchait personnellement M. Delavau, et il crut être plus heureux en remettant ses destinées entre les mains de l'agent Lavigne, attaché au cabinet particulier, sous les ordres de M. de Pins.

Lavigne reçut des instructions, et il parvint, en employant quelques subterfuges, à être introduit près de M. Agier.

Il eut un entretien avec ce magistrat, et il n'en fut pas plus instruit sur ce qu'il désirait savoir.

Il s'était fait suivre par cinq à six agens qui

l'attendaient dans la rue ; il leur montra M. Agier qui sortait de chez lui; ils le suivirent, et furent ainsi sur ses traces pendant plusieurs jours sans rien découvrir de ce qui les intéressait, et ils rentrèrent à la préfecture de police après avoir essuyé ce triste désappointement.

Le préfet en fut pour des démarches inutiles et pour des inquiétudes qui lui restèrent, malgré les consolations que lui offraient sans cesse ses protecteurs et ses amis.

Les premiers lui disaient : il faudrait que l'ordre de la nature fût interverti pour que vous fussiez révoqué. Que de choses passeront avant nous. Les seconds appuyaient ces réflexions : vous êtes trop utile, trop nécessaire pour qu'on songe à vous donner un successeur. Et, jusqu'à nouvel ordre, la préfecture de police fut encore dirigée par celui qui inspirait tant d'intérêt à certaines gens qui, de toute éternité, ont vécu de fourberies, de ruses et de persécutions.

## M. DE ZÉA,

**Envoyé de la république de Colombie. — Dîner à Beaujon. — MM. Lafitte, B. Constant.**

MM. Lafitte, Benjamin Constant, et autres députés du côté gauche, manifestèrent l'intention de donner un dîner à M. de Zéa, envoyé à Paris par la république de Colombie.

Ils voulaient célébrer son arrivée, et ils choisirent le jardin Beaujon comme le lieu le plus convenable pour cette réunion.

Ils n'avaient d'autre intention que de passer quelques heures ensemble, loin du bruit et du fracas de la ville.

Ils n'en firent aucun mystère; mais la police crut y découvrir ce qu'elle voyait partout, une conspiration.

Elle avisa aux moyens d'introduire ses agens dans le jardin : c'était un peu difficile. Les convives ne voulant pas que le souffle de la police pût corrompre l'air qu'ils respiraient, avaient pris toutes les précautions pour empêcher le moindre point de contact avec les membres de cette administration. Toutes les issues étaient gardées avec soin; mais comme on ne peut lire sur la physionomie d'un homme ce qu'il a dans l'âme, l'agent du cabinet particulier, Lavigne, trouva moyen de s'y introduire, en se présentant comme un surveillant chargé d'empêcher que la consigne donnée ne fût violée par des gens que l'on voulait repousser et exclure du jardin.

Il assista donc à la réunion comme *écouteur aux portes*.

Son rapport ne satisfit pas la préfecture; il ne fut rien dit qui pût lui servir d'aliment, et elle fut obligée de ronger son frein; peut-être se mordit-elle ne pouvant se ruer sur les autres.

Au reste, si elle en vint là, ce fut avec précaution, car nous n'avons pas entendu dire qu'elle en fût morte.

M. de Zéa voulut prendre sa revanche, et, huit jours après, il invita divers députés à une soirée qu'il donnait dans son hôtel. Rien n'y fut épargné; le goût, la magnificence et la délicatesse avaient présidé à tout.

Quelques-uns de ceux qui avaient été invités se présentèrent; mais ils restèrent peu de temps.

Le nommé Ronquetti, agent du cabinet particulier, avait trouvé moyen de se faire admettre comme domestique de louage, et pour aider à faire le service, dans le cas où la foule aurait été considérable.

Comme il y avait très-peu de monde, tous les

laquais et les valets furent bientôt libres de s'amuser.

Après avoir copieusement dîné à la cuisine, Ronquetti proposa aux convives de danser. Les servantes, les laveuses de vaisselle figurèrent dans ce bal improvisé, avec les laquais de toutes les classes et l'agent Ronquetti.

Il rendit compte de tous ces événemens à la préfecture de police, qui s'attendait à ce qu'on lui procurerait quelques jouissances; mais son espoir fut déçu, on ne conspira pas.

Telles étaient les occupations de cette fourmillière d'agens qu'elle lâchait sur tous les points de la capitale et de sa banlieue; c'était ainsi qu'elle employait son énorme budget, qui eût pu alimenter cinq cents familles, et les rendre heureuses; mais elle préférait se nourrir des tourmens de ses victimes et s'abreuver de leurs larmes.

## CASENEUVE, CHEF DE BATAILLON.

M. Delavau reçut, en 1822, une lettre qui lui annonçait que le sieur Caseneuve, se disant chef de bataillon, parcourait les environs de Paris, et principalement ceux de la commune de Saint-Denis. On le représentait comme un personnage très-dangereux et recrutant pour les constitutionnels d'Espagne.

Cette nouvelle fixa l'attention de la police, et M. de Pins reçut l'ordre de diriger des agens sur Saint-Denis.

L'agent Lavigne, qui déjà avait visité ces contrées, s'y transporta. Il parcourut les environs. Il paraissait même s'envelopper d'un si grand mystère, qu'il devint suspect et finit par éveiller l'attention de l'autorité locale.

On le surveilla lui-même. Il fit connaître quelle était sa mission, et chacun reconnut qu'on s'était effarouché pour rien.

Le chef de bataillon, Caseneuve, était venu de Bordeaux à Saint-Denis pour des affaires particulières, sans songer même à celles du gouvernement.

L'agent Lavigne rendit compte à ses chefs de

ses démarches infructueuses. La préfecture avait ajouté foi à une calomnie. On était dupe d'une mystification; et le maire de Saint-Denis craignait d'être obligé de se justifier, parce qu'il avait pris pour un homme suspect un agent de la préfecture de police.

On voulut bien ne pas lui tenir rigueur, et ce fut très-heureux, car à cette époque les agens publics ou secrets de la préfecture Delavau avaient toujours gain de cause.

Nous avons déjà eu occasion de prouver que la police multipliait ses surveillances à l'époque où elle était en faveur, pour inquiéter le gouvernement et lui laisser penser que les Français, et principalement les militaires, se mettaient en opposition ouverte avec lui.

Nous le répéterons, la police était seule en état d'hostilité contre le trône, contre le roi, et depuis la chûte de la préfecture Delavau, les faits parlent beaucoup mieux que nous.

## MM. LAFITTE, MANUEL.

### Dîner à Maisons.

M. Lafitte inspirait de grandes frayeurs à la préfecture de police. Comme il était *libéral* en pensées et en actions, elle s'imaginait qu'il était en état permanent de conspiration.

Il y avait des agens à poste fixe dans son quartier. Toutes les issues de sa maison étaient gardées à vue, et il ne pouvait faire un pas sans être escorté d'un agent de police.

Un jour qu'il voulait se distraire de ses occupations et fuir le tracas de la ville, il invita plusieurs de ses amis à venir lui demander à dîner à sa maison de campagne de Maisons, et il annonça qu'il s'y rendrait avec M. Manuel.

Le portier eut connaissance des ordres qu'il avait donnés pour que tout fût disposé de manière à recevoir convenablement ceux qui devaient être de la partie. Il en fut dit un mot dans la loge du portier, et l'agent qui rôdait près de la maison en entendit parler. Il fit son rapport. On pensa à la préfecture que cette réunion cachait au moins une conspiration, et l'agent Lavigne reçut l'ordre de se rendre sans délai à Maisons, pour voir ce qui s'y passerait.

Il partit le soir, et comme il ne réfléchit pas aux inconvéniens d'un voyage et à ses suites, surtout lorsqu'on part pour un village, il arriva tard. Tous les habitans étaient couchés; ils ne pouvaient se douter qu'ils allaient jouir de la présence d'un personnage aussi important qu'un agent de police; ensorte que le nommé Lavigne ne pouvant décemment réveiller le village pour lui donner l'hospitalité, fut réduit à passer la nuit à la *belle étoile*.

MM. Lafitte, Manuel, et les convives arrivèrent le lendemain; ils passèrent la journée dans les doux épanchemens de l'amitié et de la franchise. On but à la santé de tous, et au bonheur de la France.

L'agent Lavigne n'avait pu s'introduire dans la maison. M. Lafitte, qui savait que la police s'occupait de ce qui se passait dans son intérieur, avait donné des ordres pour la mettre en défaut.

Tout ce que put faire le délégué de M. Delavau, ce fut d'apprendre par un garçon jardinier que ces messieurs, qui étaient venus de Paris, avaient dîné d'un bon appétit et s'étaient bien amusés.

L'agent Lavigne rédigea son rapport en conséquence, et nous sommes persuadés que M. Delavau partagea la joie des convives.

---

## CONFLANS-SAINTE-HONORINE.

La préfecture de police fut informée, en 1822, qu'il s'ourdissait une conspiration à Conflans-Sainte-Honorine, et que des officiers s'y réunissaient.

L'agent Lavigne fut chargé de se rendre dans cette commune, pour prendre des informations et fournir à l'autorité les moyens de déjouer tous ces projets.

Lavigne parut avoir des ailes. Il partit, et fut bientôt arrivé à sa destination.

Il s'adressa d'abord à un homme public, à celui qui voyait beaucoup de monde en exerçant ses fonctions, au batelier qui recevait dans sa nacelle tous ceux qui voulaient passer l'eau.

Il apprit de cet individu, qui était la gazette du canton, que le maire de la commune était visité par beaucoup de personnes qui avaient un ruban rouge à leur boutonnière.

L'agent Lavigne devina aisément, sans être un grand sorcier, que tous ces visiteurs étaient des militaires décorés, et, en style de police, des conspirateurs. Il ne lui en fallut pas davantage; il revint à Paris, et fit un rapport *ad hoc*.

La chose parut tellement importante, et les faits énoncés si graves, qu'une seconde enquête fut jugée nécessaire. Il en résulta que M. le maire de Conflans-Sainte-Honorine était un très-honnête homme, un fonctionnaire ami du gouvernement et de ses devoirs ; que ceux qui venaient le visiter étaient de ses amis et lui ressemblaient.

Le batelier était donc un bavard, la préfecture de police une administration trop crédule en conspirations, et l'agent Lavigne un gobe-...... mouche.

Nous sommes presque honteux de raconter à nos lecteurs tant de billevesées ; mais nous avons promis les délits et les sottises de la police, il faut tenir parole. Nous espérons qu'on nous saura gre de notre véracité. Nous voulons instruire le présent et prémunir la postérité.

## BARGINET, DE GRENOBLE.

Le sieur Barginet, de Grenoble, homme de lettres et employé à la rédaction du *Pilote*, fixait depuis long-temps l'attention de la police.

Il passait pour professer des opinions libérales très-exaltées. On savait, en outre, qu'il avait joué un rôle dans les mouvemens qui avaient eu lieu à certaines époques dans le département de l'Isère.

On pensait encore qu'il avait pu être lié avec le sieur Didier, qui avait joui dans ces contrées d'une triste et malheureuse célébrité.

Dès-lors, le sieur Barginet fut mis en surveillance, et la police attachait une grande importance à savoir quelles étaient ses liaisons, ses habitudes, et même à connaître jusqu'à ses discours.

Il paraît que les agens chargés de ces explorations en firent un personnage dangereux, car l'officier de paix Antoine reçut un mandat pour l'arrêter. Les agens Gannat et Mazières, qui étaient sous ses ordres, firent de leur mieux pour le seconder; mais on ne put découvrir son domicile à Paris, quoiqu'on fût parvenu à savoir qu'il avait un frère qui était chapelier, et qui travaillait dans une maison près la rue Dauphine, sur le quai en face le Pont-Neuf.

L'agent Gannat fut le trouver pour lui demander des nouvelles de son frère. Il lui répondit qu'il ignorait ce qu'il était devenu, qu'il en était même très-inquiet, et la maison du chapelier fut également surveillée.

On dit ensuite que le sieur Barginet s'était réfugié à Versailles. L'officier de paix Antoine, et les agens Gannat et Mazières se rendirent dans cette ville. Ils la parcoururent dans tous les sens, prirent des informations, s'adressèrent même au conservateur de la bibliothèque publique, qui passait pour connaître le sieur Barginet. Toutes ces démarches furent aussi inutiles qu'infructueuses; il était absolument inconnu à Versailles, et les agens de police revinrent à Paris, sans avoir rempli leur mission comme on le désirait.

Enfin, on apprit que le sieur Barginet logeait rue Cassette, chez le sieur Bourq, dit Saint-Edme, homme de lettres-compilateur. L'agent Gannat s'y transporta, et Barginet fut arrêté.

Il fut détenu pendant quelque temps; il subit plusieurs interrogatoires. Il n'y eut rien dans sa conduite, ni dans ses discours qui pût motiver sa mise en accusation et en jugement; quelques propos inconsidérés n'étaient point un délit ni un crime dignes du supplice. On le mit en liberté, sans cependant le perdre de vue, car la préfecture Delavau ne lâchait pas prise facilement. Mais on ne put le trouver assez coupable pour le persécuter plus violemment, quoiqu'il fût accusé de libéralisme, et qu'il fût admis chez quelques députés du côté gauche.

## M. REY, DE GRENOBLE, AVOCAT.

M. Rey, de Grenoble, avocat, demeurant à Paris rue des Grands-Augustins, avait toujours été le point de mire de la police, parce qu'on lui supposait des opinions très-libérales, qu'il fréquentait MM. d'Argenson et Gévaudan, et qu'il était, en outre, membre de la société des Amis de la liberté de la presse qui se réunissait chez ce dernier. Il l'avait même présidée dans une séance, et la préfecture le considérait comme un des membres les plus influens.

On savait encore qu'il voyait M. Flory, banquier, rue de Paradis-Poissonnière, qui était également surveillé.

L'agent Cliche était chargé de suivre les pas de M. Rey, et comme il était d'un facile accès et très-obligeant, il se présenta plusieurs fois chez lui, sous le prétexte spécieux de le consulter sur divers points de droit. M. Rey donnait ses avis *gratis*, ce qui servait encore merveilleusement l'agent de police.

Il parvint encore à savoir qu'il avait fait une espèce de quête chez plusieurs députés libéraux, pour payer l'amende d'un malheureux condamné pour délit de la presse, et tous ces faits réunis, qui ne prouvaient que sa bienfaisance et sa philanthropie, parurent des crimes, et le montrèrent encore plus dangereux aux yeux de la police.

Enfin, on résolut de le perdre, et il fut regardé comme complice de la conspiration du 19 août 1820, et complice de Nantil et autres conjurés.

Il fut mis en accusation. On décerna un mandat contre lui ; mais il trouva moyen de se soustraire aux poursuites, et se réfugia en Angleterre.

Il paraît qu'il est rentré en France, et que toutes les poursuites dirigées contre lui ont cessé.

M. Rey est un de ces hommes dont toutes les pensées sont dirigées vers le bien public ; il n'a pas d'autres inspirations, et, pour le prouver, nous nous appuyons sur les actes du gouvernement qui l'ont rendu à sa patrie.

## FLOCON,

**Sténographe et Journaliste.**

Le sieur Flocon, qui sténographiait les séances de la chambre des députés pour les journaux, qui, en outre, rédigeait quelques articles pour *le Pilote*, passait pour afficher une opinion très-libérale. Il n'en fallait pas davantage pour effrayer la police. Aussi fut-il mis en surveillance, et l'agent Cliche ne le perdait pas de vue.

On sut qu'il logeait rue du Chevalier-du-Guet; qu'il avait une parente rue Saint-Jacques-la-Boucherie, dans la maison d'un marchand de vins, près la place du Châtelet; qu'il allait, en outre, dans un café rue de l'Odéon.

Tous les rapports remis par Cliche le peignaient comme un homme très-exaspéré et même dangereux. On disait encore qu'il voyait très-fréquemment MM. Casimir Perrier et Benjamin Constant, ce qui, aux yeux de la police, ne lui était pas favorable.

Enfin, il semblait que ce jeune homme était un colosse qui allait tout bouleverser.

On sut qu'il devait se réunir avec plusieurs jeunes gens au café rue de l'Odéon.

Le commissaire de police de ce quartier s'y présenta; comme il était heure indue, Flocon et quelques autres gens furent arrêtés, et conduits à la préfecture de police par les agens Gannat et Mazières qui accompagnaient le commissaire.

Le sieur Flocon fut interrogé. Son frère informé de sa détention, vint à Paris, fit des démarches, et, comme les faits articulés contre lui n'offraient aucune gravité, après avoir habité huit jours la salle Saint-Martin, il fut mis en liberté.

Il continua à être surveillé tant que M. Delavau fût préfet de police.

Nous pensons qu'on ne s'occupe plus de lui, et qu'il se livre tranquillement à ses travaux.

On donnait au sieur Flocon, ainsi qu'à beaucoup d'autres jeunes gens, une importance qu'ils ne méritaient pas. Nous en avons connu plusieurs, ils couraient après la renommée libérale. L'opinion qu'on avait d'eux les grandissait à leurs propres yeux. Mais comme il faut toujours un *hochet* aux hommes, n'importe à quel âge, on pouvait sans crainte leur laisser celui qu'ils avaient adopté. N'avons-nous pas tous la preuve qu'il n'était pas dangereux; l'état actuel des choses en dit plus que nous!

## LIVRES SÉDITIEUX ET OBSCÈNES.

**Provocation. — Estaminet, place Saint-Sulpice.**

Le sieur Lavocat, tenant un estaminet, place Saint-Sulpice, fut mis en surveillance par ordre de M. Delavau.

Il était accusé, ainsi que son épouse, de vendre clandestinement des ouvrages séditieux et obscènes, pour le compte de divers libraires de Paris.

Comment en acquérir la preuve ? Le dénonciateur annonçait le délit, sans fournir les moyens de le découvrir. La police se chargea d'y suppléer.

En conséquence, l'agent Charles se présenta au café, avec deux volumes de *Justine*. Il avait déjà paru plusieurs fois dans cette maison, et il pria madame Lavocat de lui garder pendant quelque temps les deux volumes qu'il venait d'acheter, et qu'il reprendrait dans une heure, ayant une course à faire.

Cette dame mit les volumes dans son comptoir, sans même y jeter un coup d'œil.

Plusieurs agens de police étaient dehors, et ils attendaient que M. Lavocat et son épouse sortissent l'un ou l'autre, pour les arrêter et s'emparer de ce qu'ils porteraient. Alors ils auraient fait une perquisition dans la maison, et la culpabilité eût été prouvée, puisqu'ils auraient trouvé dans un tiroir un exemplaire de *Justine*.

Les agens de police furent trompés dans leur espoir. Le provocateur échoua dans sa perfide machination. Le sieur Lavocat et son épouse avaient été calomniés de la manière la plus infâme. Ils ne s'occupaient que de leur estaminet et des moyens de le faire prospérer.

L'agent Charles en fut quitte pour reprendre ses deux volumes, et la préfecture vit ses espérances déçues; elle n'eut point de coupables à punir, ni à se plaindre de la démoralisation. S'il en existait quelques semences dans la société, elles y étaient répandues par ses agens. Nous avons eu déjà occasion de le prouver, et malheureusement elle renaîtra encore.

Si l'infâme ouvrage qui porte le titre de *Justine* a été répandu, a obtenu une grande publicité, ce fut la police qui assura ce succès. Son auteur échappa au supplice, grâce à l'intérêt qu'inspirait sa famille. Il mourut à Charenton, où il était renfermé comme atteint de *démence*.

## M. MATHIEU.

**Officier en retraite.**

Le sieur Mathieu, officier en retraite, demeurant quai aux Fleurs, fut dénoncé au préfet de police comme pensant très-mal et capable de se porter aux plus grands excès.

Le dénonciateur ne donnait pas de preuves suffisantes de tous ces faits, on crut qu'il était nécessaire de lui tendre quelques piéges, et même d'user de provocations.

En conséquence, l'agent Hussard se transporta chez l'officier Mathieu, se présenta comme un marchand d'habits, et lui dit qu'il avait une très-belle paire de pistolets à vendre et qu'il pouvait les donner à bas prix. Il venait les lui offrir, parce qu'on lui avait annoncé qu'il était amateur des bonnes armes.

L'officier répondit qu'il pourrait en faire l'acquisition lorsqu'il les aurait vus, et Hussard promit de les lui montrer le lendemain, rue de Rivoli, dans un endroit qu'il lui indiqua.

Chacun s'y rendit de son côté. Les pistolets convinrent à l'acheteur ainsi que le prix, et il les paya.

A peine l'officier eut-il quitté Hussard, qu'il fut arrêté par l'agent de police Dalloyau, qui s'empara des pistolets et conduisit le militaire à la préfecture de police.

On exerçait contre cet officier un acte aussi arbitraire que révoltant, parce que son dénonciateur avait ajouté qu'on le soupçonnait capable de commettre un assassinat contre un des princes de la famille royale. Il avait même été question du duc de Bordeaux.

On lui fit subir un interrogatoire; on prit des informations; l'intrigue et la perfidie ne purent triompher de la vérité et de l'innocence, et l'officier fut mis en liberté.

Nous gémissons d'être obligés de retracer des faits semblables : ils prouvent dans leurs auteurs une si grande dépravation, un oubli si prononcé de tous les principes sociaux, que l'on rougit pour eux en songeant qu'il existe des hommes qui se souillent de sang-froid d'une telle infamie.

## M. MONET, AVOCAT, A CASSEL.

M. Monet, avocat et avoué à Cassel, département du Nord, où il jouit à juste titre de la considération que méritent la probité, les talens et la délicatesse, devait venir à Paris pour suivre un procès d'un de ses cliens, sur lequel la Cour de cassation aurait à prononcer.

M. le baron de Merssemann, colonel du 5e régiment de hussards, alors en garnison à Laon et maintenant à Valenciennes, qui était lié avec la partie adverse du client de M. Monet, qui se rendait à Paris, écrivit à un de ses amis, officier supérieur employé à l'état-major de la place de Paris : *Un sieur Monet, avoué à Cassel, département du Nord, où il demeure, vient de partir de cette dernière ville pour se rendre à Paris, chargé d'une mission secrète pour les révolutionnaires, et ce même Monet emploiera tous les moyens pour cacher à la police ses démarches et son arrivée à Paris.*

L'officier supérieur, employé à l'état-major de la place de Paris, connaissait, à ce qu'il paraît, l'agent de police Maréchal, et celui-ci, en vrai suppôt de la préfecture, n'eut rien de plus pressé que de faire un rapport sur le sieur Monet, et de le remettre à son chef, M. Gullaud, l'officier de paix.

Celui-ci le transmit à M. Hinaux, chef de la police centrale, qui en donna connaissance au préfet.

Alors M. Delavau, qui jugea que M. Monet était un homme très-dangereux, écrivit à M. Hinaux en ces termes :

« J'invite M. Hinaux à charger M. Gullaud,
» qui a fourni cet avertissement, de prendre les
» moyens nécessaires pour surveiller le sieur Mo-
» net au moment où il arrivera à Paris, et à m'en
» donner avis sur-le-champ, pour que je puisse
» donner les ordres que je jugerai nécessaires. »

M. Hinaux remplit les intentions *bénévoles* du préfet. L'officier de paix Gullaud reçut l'ordre de surveiller le sieur Monet, et l'agent Charles fut chargé de ces investigations; mais pendant que la préfecture se tourmentait, élaborait tous les moyens de faire tomber dans ses filets un *ami des révolutionnaires,* le sieur Monet, qui n'était venu à Paris que dans l'intérêt de ses cliens, s'était occupé de leurs affaires, et, après les avoir terminées, il avait quitté l'hôtel où il était descendu, rue Notre-Dame-des-Victoires, et s'était empressé de retourner à Cassel.

L'agent Charles, pour répondre à la confiance et aux désirs de ses chefs, annonça dans son rap-

port : « S'il faut en croire les gens de la maison,
» rue Notre-Dame-des-Victoires, n° 6, qui ont
» été *ressassés* dans tous les sens., à diverses re-
» prises et sous divers prétextes, le sieur Monet
» n'a vu que peu de monde pendant son séjour
» dans cette même maison. Depuis son départ,
» plusieurs personnes sont venues y demander
» des renseignemens sur son compte. Du reste,
» *ce particulier est encore dans la capitale*
» *dans un logement bourgeois que l'on ne peut*
» *désigner : on croit seulement que c'est chez*
» *un de ses pays à lui, Monet. Ces dernières in-*
» *dications, tout-à-fait vagues, résultent des*
» *conversations qu'on a entendues entre Monet*
» *et des personnes qui sont venues le voir.* »

Que de mensonges et de médisances entassés les uns sur les autres, et dans le style le plus plat, par l'agent Charles. Le sieur Monet n'était point logé chez un pays, il était parti ; il n'avait vu personne à son hôtel pendant son séjour à Paris. On n'avait pu l'entendre, car il sortait le matin et rentrait le soir. Mais l'agent Charles servait ses patrons suivant leurs désirs, et il *inventait*, *créait* ce qu'il n'avait pu savoir ni entendre ; tels étaient les agens de M. Delavau.

En dernière analise, que voulait le baron de Merssemann? que la préfecture de police fît arrêter le sieur Monet, qu'il peignait comme un conspirateur, un homme dangereux, et pendant qu'on l'eût tenu sous les verroux, il n'eût pu servir la cause de ses cliens, il eût été condamné par défaut, et l'ami ou le parent de M. de Mersemann eût gagné son procès, grâce à la petite dénonciation *anodine* et loyale, adressée à la préfecture de police par l'*officier supérieur employé à l'état-major de la place de Paris;* lequel la tenait du colonel du 5e régiment de hussards.

Mais la fortune ou le hasard, qui déjouent parfois les projets des *humains*-dénonciateurs, en ont ordonné autrement.

Qu'est-il arrivé ensuite? M. Monet, avocat à Cassel, vient à Paris; ses amis lui annoncent qu'il est question de lui dans le *Livre noir*, t. 3, pag. 252 et 253. Il entre dans un cabinet littéraire, compulse l'ouvrage, et reconnaît qu'on l'a traîtreusement calomnié et dénoncé. Il se rend chez M. Moutardier, libraire-éditeur dudit *Livre noir,* rue Gît-le-Cœur, n° 4, se fait connaître, et demande qu'on lui communique *la pièce originale* qui le concerne, et d'après laquelle il a eu les honneurs de l'impression.

M. Moutardier le renvoie à M. Etienne fils, rue de Grammont, n° 11, qui est possesseur du manuscrit du *Livre noir.*

Il s'y présente, et d'après ses réclamations, à laquelle on fait droit, il lit, sur le manuscrit du *Livre noir,* folio 70 du 2e volume, les mots suivans : « Nous sommes informés que, *par une lettre* de M. le baron de Merssemann, » les mots *par une lettre* sont biffés, mais on peut encore les lire.

C'est une petite variante qu'on s'est permise dans l'impression du *Livre noir*, qui n'est donc plus *la vérité*, à moins qu'il n'y en ait deux.

M. Monet, avocat de Cassel, qui eût désiré connaître l'auteur de la lettre qui le peignait sous des couleurs qui ne pouvaient lui convenir, demanda encore qu'on la lui communiquât ; on lui répondit qu'elle n'était pas jointe au manuscrit, et que, sans doute, elle se trouverait dans les cartons de la préfecture.

Ajoutant encore une observation sur *la note de l'éditeur*, qui se trouve au bas de la page 252 du *Livre noir*, portant : « Est-ce par M. le marquis » de Vaulchier que M. le préfet a été informé de » cette confidence? » Le dépositaire du manuscrit répliqua que l'éditeur jetait par-ci par-là des notes dans son ouvrage, sans motif, ni intention de les attribuer à telle ou telle personne. Il croyait pouvoir se permettre cette licence, sans que cela pût tirer à conséquence.

M. Monet ayant eu connaissance de notre ouvrage, est venu nous trouver en nous invitant à rectifier toutes ces erreurs, nous nous en sommes fait un devoir ; il nous a même communiqué la lettre qu'il a insérée dans *le Constitutionnel* du mois de mai, où il se plaint avec juste raison de la conduite tenue à son égard par les amis et les partisans de la partie adverse de ses cliens.

Il n'a tenu à rien, comme on le verra, que cet avocat ne devînt la victime de la calomnie et des vexations arbitraires de la police. Mais la France est délivrée de ces funestes entraves, la justice, la raison et l'humanité ont recouvré leurs droits, et les actes de la préfecture de police paraissent dictés par leurs inspirations.

## PLACARDS SÉDITIEUX.

**Agent provocateur.**

Nous avons déjà parlé de l'agent de Rochemont, et en le présentant sous le jour et les couleurs qui lui conviennent, nous allons ajouter quelques traits au tableau; un peu plus tard nous l'achèverons pour qu'il ne laisse rien à désirer.

Le nommé de Rochemont, voulant renchérir sur ce que la police pouvait exécuter de plus répréhensible, imagina de tapisser les murs de Paris d'affiches séditieuses.

Mais, comme il était assez perfide pour commettre un pareil délit et trop lâche pour se mettre en évidence, il ne trouva d'autre expédient que d'emprunter à l'agent Lavigne des caractères en cuivre qui lui servaient à faire des étiquettes pour les cartons de son bureau.

Lavigne les lui confia sans difficulté et sans défiance.

De Rochemont, à l'aide de l'encre de la Chine, des caractères qu'on lui avait prêtés et d'un pinceau, fabriqua des placards injurieux et séditieux, et il les dénonça ensuite à M. de Pins, en ayant soin de lui en remettre plusieurs exemplaires.

Le chef du cabinet particulier en parla à Lavigne, en le chargeant d'en découvrir les auteurs.

Lavigne parcourut inutilement les différens quartiers de Paris, et l'annonça à M. de Pins.

Le noble Comte, l'accusa d'impéritie et de maladresse, et, pour le lui prouver, il lui montra les placards qu'il tenait de Rochemont; il ne lui fit pas même un mystère du nom de celui qui les avait remis.

Lavigne se douta alors de la vérité, et lui annonça que l'agent de Rochemont avait été en même temps l'auteur et le dénonciateur des affiches, et il lui en fournit la preuve par les caractères qu'il lui avait prêtés.

Il engagea M. de Pins à garder le silence jusqu'à ce qu'il eût confondu l'agent de Rochemont, en démasquant sa conduite, et, d'après sa promesse, il dressa ses batteries en conséquence.

Il fit dire à de Rochemont de se rendre au bureau. Il arriva. Alors Lavigne l'invita à lui remettre les caractères qui lui appartenaient.

De Rochemont répondit qu'ils étaient chez lui et qu'il les apporterait. L'autre observa qu'il en avait besoin sur-le-champ, et qu'il fallait qu'il allât les chercher de suite.

De Rochemont partit et revint peu de temps après; les caractères qu'il rendit à Lavigne n'étaient point ceux qu'il lui avait confiés. Il en avait acheté de neufs, afin qu'on ne découvrît pas sa fourberie.

Il ne put tromper Lavigne, qui le lui fit remarquer, en exigeant qu'il remît ceux qu'il avait reçus.

De Rochemont parut embarrassé; mais, enfin, il fallut se décider à la restitution.

Alors Lavigne vint trouver M. de Pins, lui donna les anciens caractères, et, en les appliquant sur *les placards,* les lettres se trouvant de la même dimension, il acquit la preuve matérielle de l'indigne conduite de l'agent de Rochemont.

Il le réprimanda très-sévèrement, et quoique M. de Pins fût un chaud partisan de tous les actes de la police, il ne put s'empêcher de blâmer cette action. Il est des choses qui répugnent même à ceux qui souvent se sont égarés par un faux zèle.

L'agent de Rochemont en fut quitte pour la mercuriale : c'était bien peu de chose. Mais ces messieurs de la police avaient à se reprocher tant de fautes et de peccadilles, qu'ils ne manquaient pas d'indulgence les uns pour les autres.

Pour nous qui avons promis la vérité, nous ne pouvons nous empêcher de dire que cette conduite de l'agent de Rochemont était en quelque sorte un attentat social. Il calomniait traîtreusement toute la population de Paris.

Le gouvernement pouvait croire que c'était l'opinion de tous, et c'est ainsi que les haines s'élèvent entre le prince et les sujets.

Il fallait que cette police fût bien imprégnée du penchant au trouble et à la discorde pour employer de tels moyens.

C'était un raffinement de perfidie qu'il serait difficile de qualifier. L'être qui a pu lui donner naissance, le créer, force tous ceux qui liront cet article à concevoir de lui l'opinion la plus défavorable. C'est un empoisonnement moral. Il y a calcul, préméditation! une telle calomnie est, ainsi qu'on l'a dit, l'arme d'un lâche qui n'a pas le courage de vous assassiner.

Après avoir témoigné toute notre indignation, nous ne pouvons nous empêcher de plaindre celui qui a pu se livrer à de tels excès.

## SURVEILLANCE DE LA BARRIÈRE

### De Vaugirard.

La préfecture de police fut informée par quelques rapports qui lui furent adressés, et qui étaient l'ouvrage d'*amateurs* en police, que les militaires qui se rendaient à la barrière de Vaugirard tenaient des propos séditieux dans les guinguettes.

Elle n'avait pas le bon esprit de penser qu'un soldat ne va dans ces maisons que pour oublier, le verre à la main, ou en dansant avec quelque *bonne d'enfans*, l'exercice, la corvée, la salle de discipline et autres gentillesses du métier de soldat.

Les agens André et Estre furent chargés d'explorer cette barrière, et ils s'y rendirent.

Soit qu'ils eussent commis quelque indiscrétion, ou qu'ils eussent été trahis par quelqu'ancien collègue, ils furent reconnus; il se fit un *houra* général sur eux. L'affaire devint même un peu sérieuse, car il y eut un engagement où les coups de pied, de poing, et autres accessoires jouèrent un certain rôle.

Les agens de police n'eurent que le temps de battre en retraite.

Les surveillances des barrières offraient des chances très-désagréables aux agens de la police; le vin montait les têtes, et la raison ne pouvait plus se faire entendre, sa voix était trop faible.

Ensuite, les marchands de vin n'aimaient pas à voir chez eux des agens de police; ils tuaient la gaîté et nuisaient à la *consommation* : ce qui était le plus grand inconvénient.

Il est arrivé parfois que des marchands de vin ont réclamé la protection de quelques agens, pour que leur maison ne fût pas interdite aux militaires. Il y avait de ces cabaretiers qui présentaient leurs confrères sous un jour défavorable, afin de diminuer la concurrence, et celui dont on invoquait l'influence promettait de s'intéresser au succès de la demande quand on savait s'y prendre.

Il y avait encore un conflit de juridiction qui avait aussi ses inconvéniens, l'autorité militaire et la gendarmerie faisaient leur police aux barrières, et la plus parfaite harmonie ne régnait pas toujours parmi ces divers observateurs.

De là des rapports mensongers, des faits controuvés. Chacun avait son style; voyait bien ou mal; et ce qui était un délit à l'état-major, trouvait grâce rue de Jérusalem.

La multiplicité des rouages et des pouvoirs nuit donc à l'action, et la société en souffre. *Moins de polices*, et les choses en iront mieux, parce que la justice sera seule de la partie.

## INVALIDE MIS EN SURVEILLANCE.

**Amour malheureux. — Danger d'être franc-maçon.**

La police ne pouvait avoir le moindre accès dans un endroit sans y causer quelque mal. C'était une espèce de *trombe* morale qui traînait à sa suite le désordre et la dévastation.

L'asile de la gloire et du courage, le temple de Mars, où tant de vieux guerriers se reposent à l'ombre des palmes qu'ils cueillirent sur les champs de bataille, a ressenti l'influence du souffle de la police.

Le nommé Joseph, soldat invalide, fut consigné à l'hôtel, en 1823, comme ayant tenu des propos. On avait adressé un rapport à M. le gouverneur, et il écrivit à M. le préfet de police pour faire surveiller cet invalide à l'expiration de sa peine.

1° En raison de son opinion.

2° Parce qu'il s'était marié sans avoir préalablement obtenu la permission de ses chefs. C'était une faute contre la subordination et la discipline.

3° Parce qu'il s'était fait recevoir franc-maçon.

Ces trois griefs méritaient donc qu'on ne le perdît pas de vue.

L'agent Lavigne fut chargé de suivre ce militaire, d'explorer ses démarches, afin de connaître ses habitudes et ses liaisons.

Lavigne se mit en mouvement, surveilla l'invalide Joseph. Il annonça, dans un rapport, qu'il s'était rendu chez son épouse, rue Notre-Dame-de-Nazareth ; ensuite qu'il avait fait partie d'une réunion maçonnique qui avait eu lieu dans une loge, rue Saint-Médéric, n° 41.

Le compte que rendit l'agent de police ne fut pas à l'avantage du militaire ; il oublia que Mars et Vénus ont toujours vécu en bonne intelligence.

Lavigne joua dans cette affaire le rôle de Vulcain.

Quant à la maçonnerie, ce ne pouvait être un sujet de reproche pour l'invalide : tout ce qui tient à cette association est tellement connu, que c'est le secret de la comédie.

Pour l'opinion de Joseph, elle n'était pas très-influente dans la société.

Quoi qu'il en fût, quelque temps après ces investigations, l'invalide Joseph fut mis à la pension et obligé de quitter l'hôtel.

La police, comme on le voit, ignorait l'art de faire des heureux. Espérons qu'elle renoncera à faire usage de ces sortes de recettes, et qu'elle les renfermera dans la boîte de Pandore, ayant soin d'en perdre la clé pour ne plus la rouvrir.

## LE PRINCE DE LA CISTERNA.

Tous les réfugiés piémontais donnaient de grandes inquiétudes à la police. Elle s'imaginait qu'ils allaient opérer une révolution en France. Ils ne s'y rendaient que pour échapper à des persécutions, et vivre tranquilles sous la protection des lois et de la Charte, qui assurait et consolidait le bonheur d'un peuple généreux.

Mais la police y mettait un obstacle. Elle fut informée que M. le prince de la Cisterna était arrivé à Paris et gardait l'incognito.

Ses soupçons s'en accrurent, et les agens de police du cabinet particulier reçurent l'ordre de ne rien négliger pour découvrir le domicile du prince.

On parvint à savoir qu'il logeait rue de l'Université, mais sous un nom supposé. Plusieurs jours se passèrent sans en apprendre davantage; enfin, l'agent Hussard connut le numéro de l'hôtel.

Il s'y rendit sous le déguisement d'un marchand d'habits, et, comme ce costume ne donnait aucun ombrage à la portière, il put lui faire des questions et lui demander si M. le prince de la Cisterna n'habitait pas dans cette maison.

La portière répondit sans hésiter qu'il y logeait ; mais qu'il fallait garder le secret, parce qu'il voyageait incognito ; qu'il avait seulement deux domestiques avec lui, afin qu'on ne se doutât pas de sa présence à Paris.

Hussard fit un rapport à la préfecture, qui se donna carrière et tira des conjectures à perte de vue.

Le mystère dont voulait s'envelopper le prince de la Cisterna annonçait nécessairement des intentions coupables ; peut-être même une conspiration. Ce qui venait encore à l'appui de cette opinion, c'est qu'on le soupçonnait d'avoir eu des liaisons avec le comte de Santa-Rosa, autre réfugié piémontais que la police avait contraint à quitter Paris. Nous en avons parlé précédemment.

Les agens Lavigne et Georges furent chargés de suivre constamment le prince. Ils annoncèrent qu'il allait se promener tous les matins aux Tuileries et aux Champs-Elysées ; qu'il était suivi d'un seul domestique. Rentré chez lui, il ne sortait plus que le soir, et visitait le boulevard de Gand.

On connaissait, d'après cela, ses habitudes, ses pas et ses démarches ; mais le point essentiel eût été de s'emparer de sa correspondance, et la chose présentait de grandes difficultés. Cependant, la police fit faire des propositions à l'un des domestiques du prince ; elles furent repoussées avec indignation et mépris.

Un nommé Bénédict, autre agent de la police, plus adroit ou plus entreprenant que les autres, s'empara d'une lettre que le prince écrivait en Piémont, et qui avait été remise chez le portier pour être jetée à la poste.

Il la donna à la préfecture, qui, sans difficulté, se permit de l'ouvrir et d'en prendre lecture. Elle comptait y trouver l'acte d'accusation du prince et une liste nombreuse de conspirateurs. Pas du tout : il parlait avec éloge de la France, de la sagesse de son gouvernement et de la tranquillité dont il jouissait dans Paris. Il accusait en même temps réception d'une somme d'argent que son chargé d'affaires lui avait fait passer.

La police ne put donc rien entreprendre contre ce Piémontais. M. de Pins jugea que cela ne valait pas la peine de l'occuper plus long-temps. On renvoya cette surveillance au chef de la police centrale pour la continuer. Ses agens auront, sans doute, fait un de ces mille et un rapports insignifians dont le *Livre noir* a fourni tant de modèles.

Le prince de la Cisterna continua à résider à Paris, sans se douter que la police s'était tant occupée de lui, et cela très-inutilement. Mais c'était la tactique du temps; puisse-t-il ne jamais renaître.

## COCARDES TRICOLORES.

### Gendarmes provocateurs.

Les provocations n'étaient seulement pas exercées par des agens de police, cette affreuse manie avait aussi gagné les gendarmes. Ils oubliaient que si la délicatesse, la probité et l'honneur doivent agiter toutes les âmes, c'est sous l'habit militaire que ces précieuses qualités doivent aussi trouver constamment un asile.

En 1822, deux gendarmes se rendirent à sept heures du soir chez la femme Julien, qui tenait une maison de débauche, rue Saint-Honoré, n° 112.

Après avoir passé leur temps avec les filles qu'ils y rencontrèrent, ils partirent et laissèrent tomber dans la maison des cocardes tricolores.

La femme Julien les ramassa, et en rendit compte au nommé Blot, agent secret de la préfecture de police.

Celui-ci en informa M. de Pins, qui ordonna de suite une enquête, et de faire comparaître la fille Adèle, qui avait connaissance de tous ces faits.

L'agent Lavigne fut chargé d'aller la chercher

chez la femme Citerne, à la Halle-au-Blé, où elle se trouvait alors.

Cette fille avoua qu'elle avait reçu chez elle deux gendarmes le jour indiqué par le rapport; mais elle déclara ne pas les connaître.

Elle dit seulement qu'elle croyait qu'ils faisaient partie de la brigade de Versailles.

Le préfet donna l'ordre que l'agent Lavigne se rendît dans cette ville, et fît toutes les démarches nécessaires, ainsi que dans les communes environnantes, afin de découvrir ces deux gendarmes. Il prescrivit, en outre, que Lavigne emmenât avec lui la fille Adèle, pour qu'elle pût les reconnaître et constater l'identité.

L'agent partit avec Adèle. Ils trouvèrent les deux coupables : l'un habitait Versailles et l'autre Saint-Cloud.

Il les virent l'un et l'autre, et se trouvèrent ensemble. Lavigne les fit venir dans un cabaret, et, sans qu'ils se doutassent du motif de cette visite, les deux gendarmes fournirent dans la conversation des renseignemens sur ce que la police désirait savoir.

D'après le rapport qui en fut fait au préfet, qui l'adressa lui-même à l'autorité qui devait en connaître, les deux gendarmes changèrent de résidence, et furent envoyés dans le département des Pyrénées-Orientales.

Ces gendarmes étaient d'autant plus coupables,

qu'ils étaient chargés de réprimer ces délits.

L'espèce d'impunité qui leur fut accordée, prouve qu'ils avaient agi d'après des ordres qu'ils avaient reçus. Il est difficile de se rendre compte de l'intention de ceux qui les avaient dirigés. Il existait alors une perversité d'action parmi certains fonctionnaires, qui ne tendait rien moins qu'à semer le désordre dans la société.

## GRAVURES SÉDITIEUSES.

### Provocations.

Tous ces agens provocateurs que la police mettait en avant, étaient mille fois moins coupables que les chefs qui les dirigeaient.

Ils abusaient de la misère des uns, de l'ignorance des autres, ou de leur stupidité.

Il y en avait bien quelques-uns qui avaient un peu de penchant pour ces turpitudes administratives et qui agissaient de leur plein gré. La corruption avait gagné tout le monde.

Le nommé Leblanc, agent de la brigade de M. de Pins, parcourait fréquemment le quartier de la Bourse, portant sous le bras un carton vert, qui renfermait des gravures séditieuses ou prohibées, telles que le portrait de Bonaparte et de toute sa famille.

Il entrait dans les restaurans, chez les marchands de vin, et les offrait mystérieusement à ceux qu'il y rencontrait.

Il se présenta plusieurs fois au coin des rues Jocquelet et Notre-Dame-des-Victoires, et chez le marchand de vin en face la Bourse.

Un sieur Delfy, qui s'y trouvait un jour que Leblanc y parut, lui dit : « Monsieur, je crois » que vous venez pour nous tendre des piéges et » vendre des objets prohibés. Vous pouvez aller » ailleurs; vous ne réussirez pas ici. »

Leblanc, qui ne s'attendait pas à une telle réception, fut interdit, et se retira tout confus et sans dire mot.

Il fut encore très-heureux d'en être quitte à si bon marché.

Toutes ces avanies ne corrigeaient point la police. Elle recommençait sur nouveaux frais. Qu'avait-elle à craindre alors? L'impunité lui était assurée : elle avait la force et l'autorité entre les mains. On en a fait justice depuis, il est vrai; mais quelle indemnité ont obtenu ses nombreuses victimes? aucune. On n'ose remonter à la source et rechercher la cause de ce qui s'est passé, on craindrait de trouver trop de coupables. Il faut donc s'estimer très-heureux de ne plus être en butte à toutes ces vexations.

## BIOGRAPHIE DES MÉDECINS.

### Provocation.

Molière avait mis les médecins de son temps sur la scène, sans qu'ils s'en plaignissent à la police de Louis XIV. Nos aïeux avaient l'esprit mieux fait que nous. Ils riaient avec les autres des ridicules qu'on leur prêtait, et répondaient aux sarcasmes et aux épigrammes de Thalie par des talens, des vertus et de l'humanité.

Les Purgon, les Diatoirus et les Mirobolan de notre époque sont plus chatouilleux; ils veulent bien que la terre couvre leurs bévues, et ils ne permettent pas qu'on en jase. Pour réprimer les audacieux, ils invoquaient la police de M. Delavau. C'est ce qui arriva, lorsque la *Biographie des Médecins français vivans* et de toute la faculté vint à paraître.

D'après les plaintes portées par les descendans d'Esculape et d'Hypocrate, sur la publication du livre ou libelle qui attaquait le *docte corps*, la police mit en marche ses éclaireurs. L'agent Dupont fut chargé de découvrir les imprimeurs, vendeurs, colporteurs et distributeurs de cet ouvrage.

Le sieur Poulton, commissionnaire en librairie, fut soupçonné d'être un des coupables. Une fille, nommée Rose, et l'agent Julien ne le perdirent pas de vue; mais Poulton ne donna pas prise sur lui. Il ne s'occupait pas de vendre cette Biographie et n'en avait aucun exemplaire.

Cependant il fallait le trouver en défaut, le saisir, lui faire un procès. La police avait jeté ses vues sur lui, et lui accordait la préférence pour le compromettre.

Afin d'arriver à son but, elle ne trouva pas de meilleur moyen que de charger un de ses agens, nommé Gustave, qui avait été employé dans la librairie, de proposer cette Biographie à Poulton.

En conséquence, il se munit d'un exemplaire, se rendit à son domicile, et lui en offrit un assez grand nombre, en lui annonçant que cet ouvrage aurait beaucoup de débit, car il devait piquer la curiosité.

Poulton ne se laissa point séduire par ces offres brillantes, et refusa cette Biographie, en observant qu'il avait déjà été saisi plusieurs fois, et qu'il ne voulait plus s'exposer à avoir des démêlés avec la police.

Elle n'en persista pas moins dans ses projets, et des agens furent placés à poste fixe dans sa rue.

Dès que le sieur Poulton fut sorti, l'agent Gustave se présenta de nouveau chez lui avec une douzaine d'exemplaires de cette Biographie des Médecins, et, les remettant à son neveu, il le pria d'en prévenir son oncle lorsqu'il serait de retour.

Gustave sortit, et s'empressa de se rendre à la préfecture de police pour annoncer le succès de sa perfidie.

M. de Pins, chef du bureau particulier, pour seconder l'intelligence honteuse de son agent, s'empressa de solliciter du préfet un mandat de perquisition. On ne le fit pas attendre ; il s'agissait de persécuter et de mettre la dernière main à une provocation, et consommer une œuvre d'iniquité.

La moderne lettre de cachet fut signée tout courant, et le commissaire de police Roche fut chargé de l'exécution.

Il se transporta au domicile de Poulton. Les exemplaires de la Biographie des Médecins furent saisis, ainsi qu'un exemplaire de celle des Archevêques qui s'y trouvait également.

Poulton ne put échapper aux poursuites, ni à la condamnation. Il chercha en vain à prouver qu'il était coupable sans le vouloir et sans le savoir. La preuve était là.

Il ne pouvait deviner que la police avait joué un rôle dans cette affaire, et qu'elle l'offrait en holocauste à cet infâme désir qui la tourmentait de trouver des victimes à tout prix. Dans quel abîme elle voulait plonger la France! Si les faits n'étaient pas aussi avérés, aussi notoires, on se refuserait à croire qu'il existât des hommes aussi coupables et qui eussent perdu tout sentiment de respect humain, au point de ne plus savoir rougir.

Il s'est trouvé des libraires eux-mêmes qui ont dénoncé leurs confrères. Guidés par une basse jalousie, ils abusaient des confidences de l'amitié et de la confraternité.

Des commis trahissaient ceux chez lesquels ils demeuraient. D'autres entraient dans la police, et fournissaient des armes contre ceux dont ils avaient été les salariés et les confidens. Nous les signalerons en parlant de la librairie et de l'imprimerie.

# PRÉTENDUE CONSPIRATION

## De la Cour du Dragon.

Les bévues multipliées des divers agens de la police ne pouvaient faire ouvrir les yeux aux chefs de cette administration.

La passion et la soif du mal qui les aveuglaient leur ôtaient toute espèce de jugement, et légitimaient à leurs yeux les actes les plus arbitraires et les mesures les plus contradictoires. Elle ne cherchait à rien approfondir, et, sur le rapport d'un simple agent, elle ordonnait ce qui eût dû n'être exécuté qu'après un mûr et sévère examen.

L'officier de paix Roussel annonça que six individus, qui demeuraient Cour du Dragon, n° 2, avaient chez eux des réunions secrètes et nocturnes, et que, sans doute, ils conspiraient contre le gouvernement.

L'agent Lecocq fut chargé de prendre des informations, et, après avoir fait une enquête, il annonça qu'effectivement des individus, qui logeaient au second étage, se réunissaient la nuit; mais il ajouta qu'il soupçonnait que c'était une bande de voleurs.

D'après ces indications, on lança un mandat d'arrestation et de perquisition, et; dès trois heures du matin, le commissaire de police Coutans, les officiers de paix Dabasse et Roussel, accompagnés des agens Froment, Giraud, Foissy, Fournier et Charmont, stationnèrent dans la cour jusqu'à ce que le jour parût.

Alors ils pénétrèrent dans la maison, et le commissaire de police Coutans se fit ouvrir la porte de l'appartement du second.

En entrant dans la première pièce, ils trouvèrent trois lits dans lesquels étaient couchés des hommes et des femmes.

Le commissaire de police leur communiqua l'ordre dont il était porteur, pour faire perquisition dans leur domicile et les arrêter même si les circonstances l'exigeaient.

Alors ces individus voulurent opposer de la résistance, et il s'engagea une lutte assez sérieuse.

Deux de ces hommes voulurent se sauver et frapper M. Dabasse, l'officier de paix; il les repoussa vigoureusement avec sa canne, et les agens ayant des pistolets parvinrent à leur en imposer et à les contenir.

On les somma de montrer leurs papiers : ils n'en avaient pas. Alors on les saisit et on les attacha, afin d'éviter les voies de fait et les mettre hors d'état de se révolter.

La perquisition eut lieu. On trouva une grande

quantité de cuivre, de franges, d'argenterie, et autres objets provenant de vols.

On s'empara de tout. Les hommes, les femmes, et le produit de leur coupable industrie furent conduits et transportés à la préfecture de police.

On reconnut des forçats dans tous ces coquins.

Ils étaient bien des conspirateurs, mais la politique n'était pour rien dans leurs projets. Ils n'en voulaient qu'à la bourse des habitans de Paris.

Ces complots étaient bien plus dangereux que ceux que voulait trouver la police, et qu'elle créait même au besoin. Nous ne pouvons qu'applaudir au zèle et à l'activité que montrèrent, dans cette circonstance, le commissaire de police, les officiers de paix et les agens. Pourquoi nous ont-ils forcés à faire si rarement leur éloge ?...

## LE SIEUR FRANC.

**Franc-Maçonnerie.**

Le sieur Franc, qui jouissait d'une grande réputation et d'une sorte de considération dans la franc-maçonnerie, fixa sur lui l'attention de la police.

Il lui fut signalé comme vendant des brevets et tenant chez lui une loge clandestine. On supposait que la franc-maçonnerie était le prétexte et la politique le véritable motif.

Pour éclaircir tous ces faits, M. de Pins chargea l'agent secret Sauge, de suivre le sieur Franc et de lui rendre compte de toutes ses démarches.

Mais le sieur Franc ne sortait jamais qu'en cabriolet. Il fallait donc en avoir un pour le suivre.

Le sieur Franc s'occupait bien effectivement de maçonnerie, et faisait payer les brevets qu'il délivrait; mais, comme il avait été un des agens particuliers de M. Decazes, on pensait qu'il mêlait les affaires publiques à la maçonnerie. Il avait eu des appointemens de 500 francs par mois.

M. Delavau s'imagina qu'il connaissait beaucoup de choses relatives à M. Decazes, et il lui fit proposer d'entrer à la préfecture de police et de le servir.

Le sieur Franc y consentit, mais à condition qu'il aurait les mêmes appointemens qu'on lui donnait au ministère sous M. Decazes.

On ne voulut lui accorder que 200 francs par mois. Il refusa, et ne voulut point entendre parler de la police.

On ne continua pas moins de le surveiller. L'officier de paix Gullaud en fut chargé, et l'agent Denier exécuta cet ordre.

Il remit plusieurs rapports qui étaient conformes à ceux de l'agent Sauge.

M. de Pins demanda, à deux reprises différentes, un mandat de perquisition contre le sieur Franc; mais le préfet de police s'y refusa toujours. Le chef du cabinet particulier ne lui pardonnait pas d'avoir refusé de s'enrôler sous ses drapeaux.

Il était très-vindicatif le noble comte. Heureusement que son autorité était un peu bornée; sans cela il se fût donné carrière pour servir ses petites haines.

Au reste, tout cela tenait peut-être à son état maladif et cacochyme. Il paraît qu'il souffrait beaucoup et qu'il avait besoin de frictions un peu violentes; car son agent Lavigne lui frottait parfois la *moëlle épinière* avec une brosse assez forte, afin de rétablir la circulation et ranimer ses esprits.

*Nota.* On ne connaissait pas ces faits lorsqu'il a été question de M. de Pins.

## MADAME DE BURTZ. M. DUPLESSIS.

M. Duplessis, secrétaire particulier et intime de M. Delavau, avait aussi sa petite police, ainsi que nous l'avons déjà dit.

Un soir qu'il se promenait sur le boulevard de Gand, pour se distraire de ses nombreux et importans travaux, oubliant tout à coup qu'il était membre de la congrégation, il jeta les yeux sur toutes les dames qui embellissaient cette promenade. Une d'entre elles fixa plus particulièrement ses regards, et, comme il était à ce qu'il paraît assez prompt à convoiter, mille désirs s'emparèrent de lui, et il désira connaître ce que c'était que cette aimable enchanteresse qui portait ainsi le trouble dans ses sens.

Il prit quelques informations à la manière de la police, et il sut que cette belle se nommait madame de Burtz, qu'elle était Anglaise, et qu'elle venait fréquemment sur ce boulevard, accompagnée de sa femme-de-chambre.

M. Duplessis la mit aussitôt en surveillance, et l'agent Georges fut chargé de la suivre avec beaucoup d'exactitude, afin de connaître ses démarches, ses habitudes et ses liaisons.

Georges apprit que cette dame logeait rue de

Clichy. Il se présenta à son domicile, et, s'adressant à l'un des domestiques, il lui témoigna le désir d'avoir un entretien avec lui, ayant quelque chose à lui demander. . . .

Le domestique lui donna rendez-vous pour le lendemain, à 6 heures du matin, chez un marchand de vin hors la barrière. . .

L'agent s'y trouva, et lui dit : « M. Dekine,
» qui vient souvent chez madame de Burtz, doit
» 15,000 francs à mon maître ; si vous pouviez
» m'être utile dans cette affaire et me procurer
» les moyens de lui parler, vous me rendriez le
» plus grand service..... »

Le domestique répondit que M. Dekine avait un pied à terre chez madame de Burtz, mais qu'il ne venait que tous les huit jours ; qu'il fallait attendre son arrivée ; au reste, qu'il tâcherait de l'obliger.

Georges rendit compte de tout à M. Duplessis, qui fut un peu désappointé dans ses projets, car il fit cesser la surveillance. Il paraît que M. Dekine lui inspirait trop d'intérêt pour qu'il voulût le contrarier. Voilà de la charité, si jamais il en fut.

Quoi qu'il en soit, cette surveillance coûta environ 200 francs à la préfecture. Il faut avouer que c'était de l'argent bien employé, et si toutes les promenades de M. Duplessis étaient payées au même prix, on conviendra que c'était un *très-cher* secrétaire intime. Mais la caisse était là pour les menus-plaisirs de ces messieurs.

## MM. AUVERNAY ET SIMON,

### Commissaires de Police.

Les commissaires de police Simon et Auvernay furent mis en surveillance par ordre de M. Anglès, et l'inspecteur-général Foudras chargea le nommé Cliche de rendre compte de leur conduite publique et privée.

Le commissaire Simon, ex-notaire dans le département de la Sarthe, où il avait porté les armes en 1815, ne conserva pas son emploi long-temps. M. Decazes trouva qu'il avait péché par un excès de zèle pour la cause royale, et il fut éliminé. Cependant il obtint, pour ses bons et loyaux services, la croix de Saint-Louis et la pension de retraite de chef de bataillon, avec une place d'inspecteur dans les jeux. Ce qui lui fournissait les moyens de vivre très-honorablement dans Paris. Il vient d'être nommé commissaire de police à Vaugirard.

M. Auvernay était dans une autre catégorie; on avait trouvé quelque chose à redire sur son compte d'après plusieurs dénonciations vagues et insignifiantes qui étaient parvenues au préfet, et dont les auteurs étaient ses collègues et des agens subalternes, car à la préfecture de police on mettait en défaut certain vieux proverbe, et *les loups s'y mangeaient*.

L'agent Cliche était un être aussi précieux qu'extraordinaire pour ces dénonciations mensongères et calomnieuses. Il semblait que la perfidie, la calomnie et la médisance l'eussent allaité en nourrice.

Comme il suivait les pas de M. Auvernay et qu'il ne le perdait pas de vue, il se trouva avec lui dans un café au moment où l'un de ses agens lui remettait un paquet venant de la préfecture.

Le commissaire leva le cachet, jeta l'enveloppe à terre, prit lecture du contenu de la dépêche, et la mit ensuite dans sa poche.

L'agent Cliche ramassa l'enveloppe, la conserva avec soin, et, rentré chez lui, il fit un rapport portant que M. Auvernay était indigne de remplir ses fonctions et de la confiance qu'on lui accordait; qu'il avait reçu, dans un café qu'il fréquentait habituellement, une lettre de M. le préfet, et qu'il en avait donné connaissance à tous ceux qui se trouvaient dans le café en la lisant hautement. Cliche joignait à l'appui de son rapport l'*enveloppe de la lettre*, on y ajouta foi sans autre examen, et M. Auvernay reçut des reproches sanglans qui amenèrent ensuite sa destitution. Il voulut se justifier, on refusa de l'entendre. Cet agent Cliche, dont nous avons déjà parlé dans le premier volume, en agissait ainsi avec tout le monde.

Au reste, il y était autorisé par ses chefs. La délation était tellement en vogue à la préfecture, que pour être bien vu il fallait s'y livrer; sans cela point de considération, ni de confiance à espérer, et encore moins de gratifications.

Il y avait des agens qui recevaient journellement des primes d'encouragement, outre celles qui, tous les trimestres, étaient accordées par le chef de la police centrale, sur des états que faisait signer le commis Decampeaux, avec une feuille découpée qui ne laissait à découvert que l'emplacement de la signature de celui qui recevait, afin qu'il ne pût connaître la somme qu'un autre agent plus ou moins calomniateur avait obtenue.

On voit que la préfecture avait des principes rémunérateurs qui n'appartenaient qu'à elle seule. Ce code de déloyauté est, sans doute, déposé dans ses archives; un jour viendra peut-être où il sera permis de le compulser et de le mettre au grand jour; la postérité y gagnera. On pourra faire alors un supplément à la *Police dévoilée*.

## M. HINAUX,

**Commissaire de Police.**

L'inspecteur-général Foudras jugea à propos de mettre M. Hinaux en surveillance. Il en chargea l'agent Cliche, qui pouvait y réussir beaucoup mieux qu'un autre ; il avait un facile accès dans la maison de M. Hinaux. Ils avaient été employés ensemble dans les bureaux de la trésorerie. Cliche était admis à sa table, et même dans diverses circonstances il était venu à son secours. Il devait encore à M. Hinaux une somme de soixante francs à l'époque où il était chef de la police centrale.

Par reconnaissance, Cliche avait remis des rapports contre son ancien collègue de la trésorerie. Il le calomniait à dire d'experts, rendait compte de tout ce qui passait dans son intérieur, jusqu'à blâmer les excès et la somptuosité de sa table, quoiqu'il en prît sa part.

Il ajoutait à tout cela que M. Hinaux était adonné au jeu et qu'il y perdait des sommes assez considérables. Il était donc vu d'un très-mauvais œil à la préfecture.

Chaque jour Cliche allait *piquer* l'assiette de sa victime, et *trinquer* de la même main dont il traçait son acte d'accusation.

Il n'était pas le seul dans la préfecture de police qui se conduisît ainsi; nous en avons déjà cité plusieurs, et la mine n'est pas épuisée.

Que sera-ce donc lorsque nous traiterons la police des salons? Que nous ferons connaître les agens en habits brodés, qui brûlaient le pavé de Paris dans des calèches, des tilburys attelés de superbes coursiers nourris par la police! Lorsque nous montrerons des Laïs, des Aspasie, des Ninon de notre époque donnant le ton et les modes, grâce à la caisse de la police, et ajoutant à ce salaire honteux les cadeaux, les bijoux qu'elles recevaient de ceux qui soupiraient à leurs genoux, et dont elles vendaient les secrets et les tendres aveux.

Il est telle de ces syrènes qui surpassait Médée en méchanceté, et dont la main a tracé un billet doux pour annoncer un rendez-vous, après avoir rédigé un rapport pour la préfecture, qui peignait comme un conspirateur celui auquel elle venait de faire un tendre aveu.

Cet article, avant-coureur de ces révélations, pourra peut-être effrayer les coupables. Nous jouissons d'avance de leurs craintes. C'est une petite vengeance que nous nous permettrons. Nous sommes persuadés qu'on nous en saura gré, et qu'on ne nous accusera pas de manquer d'égards pour les dames et de ne pas connaître la galanterie. La vérité avant tout.

## M. COUESNON, FONDEUR,

**Rue aux Fèves. — Provocations.**

M. Couesnon, fondeur en cuivre, rue aux Fèves, était soupçonné de fabriquer et de vendre des bustes de Bonaparte. La police voyait dans un morceau de cuivre ou dans une gravure une conspiration, un signe de ralliement, et, par suite, le renversement de la monarchie.

L'agent de la préfecture, Mery, se présenta chez le sieur Couesnon, et, marchant sur les traces de tous ces provocateurs que nous avons déjà signalés à la vindicte publique, il lui commanda une fourniture assez considérable de bustes de Bonaparte. Il mit en œuvre tous les moyens oratoires dont la police faisait usage en pareil cas. Mais ce fut avec tant de maladresse, que le fondeur découvrit le bout de l'oreille, et se douta que le négociant était un des commis de la maison de commerce de la rue de Jérusalem.

Pour en acquérir la preuve, il le fit suivre lorsqu'il sortit de son atelier. Il lui avait cependant promis de fournir les bustes de Bonaparte à une époque fixée entre eux et à un prix convenu.

L'agent Mery, tout aussi peu rusé que beaucoup de ses collègues, se rendit droit à la préfecture de police, pour rendre compte du succès de sa mission.

Quelques jours après il revint chez le sieur Couesnon afin de se livrer des marchandises. Le commissaire de police, les officiers de paix et une escouade d'agens étaient non loin de là pour saisir les objets séditieux, et se présenter à un signal convenu.

Mais voici bien une autre fête ! Lorsque le *négociant* Mery fut entré chez le fondeur Couesnon, on le fit passer dans l'atelier, et les ouvriers s'étant armés de quelques manches à balais et autres instrumens de ce genre, accueillirent le délégué de la préfecture avec des démonstrations et des gestes qui lui laissèrent quelques souvenirs douloureux; il ne se fit pas prier pour sortir, et rendit compte de son aventure à ceux qui l'attendaient : aucun ne fut jaloux de la gratification qu'il avait obtenue, et cependant combien de ses collègues en eussent mérité une pareille !

Ce qui est différé n'est pas perdu. Le temps est un grand maître. Espérons que ces individus n'auront rien à envier à ceux qui ont déjà reçu le prix de leurs méfaits.

## CADET-VINCENT, AGENT DE POLICE.

Le nommé Cadet-Vincent a été de temps immémorial agent de la police. Sous M. Decazes il était employé aux appointemens de 600 fr. par mois.

Lorsqu'il quitta le ministère pour être ambassadeur à Londres, Cadet-Vincent annonça qu'il avait entre les mains des papiers importans et précieux qui pouvaient faire connaître beaucoup de choses qui s'étaient passées sous l'administration de M. Decazes.

M. Duplessis, secrétaire intime de M. Delavau, manda ce Cadet-Vincent; il comparut devant lui, et offrit une somme assez considérable pour qu'il livrât ses papiers.

Vincent refusa. Il paraîtrait assez probable que cet agent avait fait un mensonge, qu'il n'avait aucunes pièces entre les mains, et qu'il avait seulement voulu se rendre intéressant.

On le mit en surveillance. Il tenait alors un débit d'eau-de-vie rue Planche-Mibray. Des agens secrets se rendaient chaque jour chez lui pour s'assurer de ce qui s'y passait, leurs rapports ne contenaient rien d'important.

M. de Pins fit aussi venir près de lui Cadet-

Vincent, et il finit par l'enrôler dans la police. Il rendit quelques services, et fut conservé dans cet emploi.

Ce Vincent avait acquis une espèce de célébrité sous l'administration Delavau, par son zèle à seconder les petites machinations qui l'ont illustrée. Il savait suivre la route qui lui était tracée et ne s'en écartait pas.

Il est maintenant inspecteur d'une place de voitures publiques. C'est ce qu'on appelle devenir d'*évêque meûnier*. Mais le sieur Cadet-Vincent s'en console, et se dit : « Le mérite n'est pas récompensé.. »

Peut-être un jour se vantera-t-il d'avoir entre les mains la correspondance autographe des cochers de fiacre et des conducteurs de cabriolets des divers quartiers de Paris. On en fera des mémoires qui vaudront bien ceux de MM. tels ou tels, et un éditeur audacieux et entreprenant la publiera pour enrichir la bibliothèque des amateurs et les cabinets littéraires de la capitale.

## SOCIÉTÉ

## DES AMIS DE LA LIBERTÉ DE LA PRESSE.

**MM. Gévaudan, Rey et Simon Lorière.**

La société des *Amis de la liberté de la presse* était un épouvantail pour la police; cependant le caractère public et privé de ceux qui la composaient, eût dû la rassurer sur leurs intentions.

Les amis de la Charte, de ce don précieux d'un auguste monarque, ne voulaient rien de contraire à ce Palladium de la France; mais la police n'entendait pas tout cela ou ne voulait pas l'entendre.

Tous ceux qui faisaient partie de cette société, ou du moins qui en paraissaient les membres les plus influens, étaient l'objet d'une exacte surveillance, principalement MM. Gévaudan et Simon Lorière, chez lesquels elle se réunissait.

La police savait à point nommé tout ce qui se passait dans ces réunions; elle avait copie du procès-verbal des séances, le soir même de leur tenue : Un jour M. Rey, de Grenoble, la présida; il fut tout étonné d'apprendre par un étranger ce qui s'était dit à la séance, avant qu'il eût signé le procès-verbal. Il fallait bien qu'il y eût un faux-frère, agent de la police; on le soupçonnait sans en avoir la preuve : on ne pouvait donc le nommer.

Ce qu'il y a de certain, c'est qu'un agent secret, nommé Le Tartre, avait trouvé moyen de pénétrer chez M. Gévaudan, rue du Faubourg-Poissonnière; il le voyait même à l'hôtel des Messageries et lui parlait d'affaires publiques. Ce fut à cette époque que la police fit courir le bruit que M. Gévaudan allait être en faillite. Ne pouvant tuer ceux qu'elle haïssait, elle les calomniait.

Le même agent visitait également M. l'avocat Rey, rue des Grands-Augustins, qui, naturellement confiant, parlait assez volontiers de la Société des amis de la liberté de la presse; il communiquait même à cet agent quelques écrits dont il s'occupait, et la police était informée de tout.

Ces renseignemens, ces confidences, ont aidé dans le temps à rédiger l'acte d'accusation contre M. Rey, et à motiver son arrestation; heureusement qu'il sut s'y soustraire. M. Simon Lorière fut également surveillé par le même agent, à l'époque où il logeait rue Taitbout, lorsqu'il faisait le commerce de vins.

L'agent Le Tartre se présenta un soir pour prendre des renseignemens auprès du portier et savoir si M. Simon Lorière chez lui. Comme il faisait ces questions, le colonel rentra, et le portier l'avertit que quelqu'un le demandait ; l'agent ne se déconcerta point et lui dit qu'il était très-flatté de le rencontrer, et qu'il venait de la part d'un M. Lefebvre, qui demeurait rue du Faubourg du Temple, pour lui demander s'il avait du vin de Bordeaux de première qualité et quel en était le prix. Le colonel, qui ne voyait qu'un chaland dans le questionneur, l'accueillit avec beaucoup d'honnêteté et lui donna la note de ses prix.

L'agent sortit en promettant de revenir le lendemain, mais il n'en fit rien.

M. Simon Lorière a dû une grande partie des persécutions qu'il a éprouvées à son titre de membre de la société des amis de la liberté de la presse. M. Simon Lorière ne doit plus s'étonner si ses réclamations ont toujours été repoussées, quoi qu'il fût appuyé par les hommes les plus respectables, et même, à ce qu'on prétend, par un personnage auguste.

Il a eu des ennemis qui l'ont poursuivi avec le plus grand acharnement, et qui ont calomnié ses intentions les plus pures avec une rare et constante méchanceté.

Il a trouvé des persécuteurs parmi ceux qui ont suivi la même carrière que lui, qui ont servi dans les mêmes rangs, mais chez qui l'esprit de parti a étouffé la voix de la franchise et de cette douce et noble fraternité qui devrait toujours unir les enfans de la gloire. M. Simon Lorière a été leur victime, et il est pénible de penser qu'il lui sera plus difficile de vaincre les ennemis obscurs, que ceux qu'il a mis en fuite en Pologne, à Sommo-Siera, à Talaveyra et à Montereau; mais qu'il s'en console, il jouit de l'estime de ses honorables amis, et ses persécuteurs, cachés dans l'ombre, moins heureux que lui, craignent toujours d'être connus et découverts.

Il doit espérer que le jour de la justice arrivera et le rétablira dans ses droits. Il ne cessa pas d'être en surveillance tant que MM. Franchet et Delavau furent à la tête de la police; quelques agens des autres polices avaient aussi les yeux sur lui. Il n'avait donc rien à craindre; il ne marchait jamais sans escorte.



FIN DU TOME SECOND.

# TABLE

## DU TOME SECOND.

FIN DE LA TABLE DU TOME SECOND.